金融工程学

孔刘柳　刁节文　张　婷　王美娇　编著

上海财经大学出版社

图书在版编目(CIP)数据

金融工程学/孔刘柳,刁节文,张婷,王美娇编著. —上海:上海财经大学出版社,2017.5
ISBN 978-7-5642-2646-6/F・2646

Ⅰ.①金… Ⅱ.①孔… ②刁… ③张… ④王… Ⅲ.①金融学-高等学校-教材 Ⅳ.①F830

中国版本图书馆 CIP 数据核字(2017)第 002959 号

□ 责任编辑　何苏湘
□ 书籍设计　张克瑶

JINRONG GONGCHENGXUE

金 融 工 程 学

孔刘柳　刁节文　张　婷　王美娇　编著

上海财经大学出版社出版发行
(上海市中山北一路 369 号　邮编 200083)
网　　址:http://www.sufep.com
电子邮箱:webmaster @ sufep.com
全国新华书店经销
上海华业装潢印刷厂印刷装订
2017 年 5 月第 1 版　2017 年 5 月第 1 次印刷

787mm×1092mm　1/16　13.25 印张　330 千字
印数:0 001—2 000　定价:42.00 元

前　言

我国经济体制改革的实践，使人们越来越认识到一个健全的金融体系的重要性。20世纪70年代初，布雷顿森林体系崩溃，这是人类货币史上一个具有里程碑意义的事件，标志着货币与实物挂钩的世界货币体系时代的结束。之后，金融危机发生的频度和深度逐步升级。为了规避利率和汇率的风险，或为改善企业的财务结构，或为投资的需求，或银行为了摆脱管制、扩大经营规模等目的，金融创新产品不断涌现，一个全新的学科领域终于在20世纪90年代初诞生，即金融工程学的诞生。伴随着金融工程学的成长过程，实体经济在世界范围内相继出现了几次大的金融危机，例如，1997年的亚洲金融危机和2008年世界范围的金融危机，使得人们对金融产品创新颇有微词，甚至对金融工程学本身也产生了怀疑。这是没有道理的，打一个比喻：如果说桥梁工程本身是一门专业学科，如果社会上有人建造了一些质量差的桥梁，造成了社会的危害，这只能说具体产品本身，即桥梁本身出了问题，桥梁工程这门专业学科还是应当发展和探索的。因此，对金融工程的研究和学习的必要性是毋庸置疑的。而且，正是基于金融危机的严重性和危害性，人们对规避金融风险的需求更显得必要，对金融工程知识的普及也更显得紧迫和必要。正因如此，目前我国的高校中，金融工程这门课不仅是金融专业本科生的必修课程，也是其他专业同学选修的热门课程之一。

20世纪90年代之后，陆续有一些体系还不够成熟的金融工程学方面的初期教材进入我国高校，渐渐地相关教材开始增多。这些教材从内容上看，差异颇大，有的看起来像一本数学著作，有的却像一本普通的读物。从体系上看，有的以金融产品实物为主，有的以探索理论为主。当然，也有一些逐步完善的教材。本书作者从自身的本科教学实践出发，试图编著一本在内容安排、深浅程度、课时长短等方面符合本科教学的教材。本书在内容安排上强调了金融工程理论体系的规范严谨，同时注重了金融产品在实践中的具体形式。全书以金融产品创新和定价为主线，主要内容在表述上有学习重点提示，产品的实践形式及理论表达，定价的原理及其必要的理论推演，结合例题分析，归纳章节小结，加上思考与练习等，力图做到教学角度上的完整性。

本书可以作为经济管理类本科生学习金融工程课程的教材，也可作为理工科专业本科生的选修课程教材。通过本课程的学习，使得学生能够懂得金融工程学的基本原理，清楚基本概念，认识产品形式，对定价的基本原理和过程推演有必要的掌握。

本书配有免费的教学资源，请读者登录上海财经大学出版社网站http://www.sufep.com 或与策划编辑(hsx62@163.com)联系获取。

作　者

2017年1月27日

目 录

前言 1

第一章 绪 论 1
第一节 金融工程的理论基础 1
第二节 金融工程的定义 3
第三节 金融工程的适用范围 4
第四节 金融工程的基本工具 5
第五节 金融工程发展的推动因素 6
    本章小结 7
    思考与练习 7

第二章 MM 命题 8
第一节 MM 第一命题 8
第二节 MM 第二命题 10
第三节 无套利原则 11
第四节 有税收情况下对 MM 命题的修正 13
    本章小结 16
    思考与练习 16

第三章 远期利率协议 17
第一节 远期对远期(远期利率) 17
第二节 远期利率协议 FRA 20
第三节 FRA 的应用举例及其价格的估计 24
    本章小结 27
    思考与练习 27

第四章 远期外汇综合协议 28
第一节 远期汇率 28
第二节 传统的外汇远期业务 31
第三节 远期外汇综合协议(SAFE) 33
    本章小结 38
    思考与练习 38

1

第五章 期货基础知识 ... 39
第一节 期货的基本概念 ... 39
第二节 期货交易的市场机制及参与者 ... 45
第三节 账户监管及结算 ... 47
第四节 金融期货的定价原理 ... 48
本章小结 ... 51
思考与练习 ... 51

第六章 外汇期货 ... 52
第一节 外汇期货市场的基本概念 ... 52
第二节 外汇期货的定价原理 ... 55
第三节 外汇期货的交易行为 ... 56
第四节 外汇期货与外汇远期的不同及应用 ... 61
本章小结 ... 62
思考与练习 ... 62

第七章 利率期货 ... 63
第一节 利率期货的产生与定义 ... 63
第二节 利率期货合约的主要内容和交易规则 ... 64
第三节 利率期货的定价原理 ... 67
第四节 基差 ... 68
第五节 利率期货的用途 ... 71
本章小结 ... 74
思考与练习 ... 74

第八章 债券期货 ... 75
第一节 债券期货的内容 ... 75
第二节 转换因子 ... 78
第三节 债券期货的定价 ... 80
第四节 债券期货的应用:案例分析 ... 83
本章小结 ... 85
思考与练习 ... 85

第九章 债券久期的基本概念 ... 86
第一节 麦考利久期 ... 86
第二节 久期与债券到期期限、票息率以及市场利率之间的关系 ... 90
第三节 债券的风险免疫 ... 92
本章小结 ... 95
思考与练习 ... 95

第十章 股票指数期货 ... 96
第一节 股票指数期货合约 ... 96
第二节 股票指数期货的定价及贝塔系数 ... 99
第三节 股票指数期货的运用和市场功能 ... 102
本章小结 ... 106
思考与练习 ... 106

第十一章 期权市场概述 ... 107
第一节 期权市场的基本概念 ... 107
第二节 期权的价值 ... 114
本章小结 ... 120
思考与练习 ... 120

第十二章 期权的交易策略 ... 121
第一节 期权组合图形的算法 ... 121
第二节 标的资产与期权的组合策略 ... 123
第三节 差价期权的组合策略 ... 125
第四节 跨式期权组合策略 ... 130
本章小结 ... 131
思考与练习 ... 131

第十三章 期权定价模型 ... 132
第一节 二叉树期权定价模型的推导 ... 132
第二节 二叉树期权定价模型的扩展应用 ... 136
第三节 布莱克——斯科尔斯期权定价模型 ... 139
第四节 维纳过程与证券价格变化过程 ... 142
本章小结 ... 145
思考与练习 ... 145

第十四章 互换 ... 147
第一节 互换的概述 ... 147
第二节 与互换的定价相关的收益率概念 ... 154
第三节 互换的估价 ... 158
本章小结 ... 162
思考与练习 ... 162

第十五章 基金及基金产品创新 ... 163
第一节 基金的基本概念 ... 163
第二节 LOF 基金 ... 165

  第三节 ETF 基金 ··· 166
  第四节 分级基金 ··· 168
    本章小结 ··· 169
    思考与练习 ··· 169

第十六章 奇异期权 ··· 170
  第一节 奇异期权的产生与定义 ·· 170
  第二节 奇异期权与标准期权的比较 ··· 171
  第三节 几种常见的奇异期权 ·· 173
    本章小结 ··· 180
    思考与练习 ··· 180

练习题 ··· 181

参考文献 ··· 201

第一章 绪　论

【本章学习要点】

本章涉及的重要概念有：金融工程的理论基础和发展历程、金融工程的定义；要求掌握金融工程的应用范围，金融基础产品和衍生产品的概念，了解金融工程发展的推导因素。

第一节　金融工程的理论基础

金融工程是金融学的一个分支。这里的金融学的概念是指西方商学院里讲授的金融学。而在我国学界，传统认为金融学的研究范畴要更大一些。其中一部分内容在西方学界来看是属于经济学的研究范畴。例如，货币理论与货币政策，央行理论等。这里所讲的金融学偏重于微观。西方理论界公认金融学的发展大致经历了三个主要阶段：定性描述阶段、定量分析阶段、工程化阶段。而金融工程正是工程化阶段的体现。

一、定性描述阶段

欧文·费雪（Irving Fisher）[①]（1867～1947）耶鲁大学教授、经济学家，主要贡献是在货币理论方面，论述了利率是如何确定的并且阐明了货币数量与物价的关系。他提出了费雪方程式：$MV=PQ$（货币量×货币流通速度＝价格水平×交易的商品总量）。他提高了现代经济学对于货币量和总体物价水平之间关系的认识。费雪方程大概是解释通货膨胀原因的理论中最成功的，认为可以保持总体物价水平的稳定，而价格水平的稳定会使得整个经济保持稳定。

1944年冯·纽曼（John Von Neumann）和摩根斯坦（Oskar Morgenstern）[②]提出期望效用的公理体系后，运用逻辑和数学工具，建立了不确定条件下对理性人（rational actor）选择进行分析的框架。风险决策理论得到了巨大发展，取得了许多重要的研究成果。

此前的凯恩斯（John M. Keynes）有关利率理论的开创性工作，弗里德曼（Milton Friedman）的货币主义学说等金融理论也都可被划为定性描述阶段的理论。

---

① Irving Fisher, Theory of Interest (Reprints of Economic Classics) (Hardcover), Augustus M. Kelley Pubs, June 1956.

② （美）冯·诺伊曼,（美）摩根斯坦,博弈论与经济行为；王文玉,王宇译,三联书店,2004.

二、定量分析阶段

金融学从一门描述性的科学向分析性的科学转变始于哈里·马柯维茨(Harry Markowitz)的创造性的工作,20世纪50年代初哈里·马柯维茨提出了投资组合理论[1]。

20世纪50年代后期,莫迪格里亚尼(F. Modiogliani)和米勒(M.Millier)[2]在研究企业资本结构和企业价值的关系时,提出了"无套利"(No-Arbitrage)假设。

威廉·夏普(William F. Sharpe)[3]等在20世纪60年代(Sharpe,1964;Lintner,1965;Mossin,1966)创造性地提出了著名的资本资产定价理论(Capital Asset Pricing Model,CAPM)。

现代经济学提到的有效市场假说(EMH)是法玛(E. Fama)[4]在1970年经典论文《有效资本市场:理论和实证研究回顾》中系统总结出来的。此后,有效市场假说的内涵不断加深、外延不断扩大,最终成为现代金融经济学的支柱理论之一。

20世纪70年代,以迈耶斯(Mayers)、罗伯特·莫顿(Robert Merton)、艾尔顿(Elton)和格鲁伯(Gruber)为代表的学者,放松了资产定价模型中的某些假定条件,得出一些有意义的结论。

以费歇·布莱克(Fisher Black)和梅隆·斯科尔斯(Myron Scholes)[5]、罗斯(Ross)[6]为代表的学者,基本放弃CAPM假定,以新假定条件为出发点重新建立模型,从而分别提出了第一个完整的期权定价模型和套利定价理论(Arbitrage Pricing Theory,APT)。

在布莱克—斯科尔斯的期权定价模型发表后,金融学领域中分析技术发展的速度显著加快。20世纪80年代达莱尔·达菲(Darrell Duffie)[7]等人在不完全资产市场一般均衡理论方面的经济学研究为金融工程的发展提供理论支持,从理论上证明了金融创新和金融工程的合理性及其对提高社会资本资源配置效率的意义。由金融工程作为技术支持的金融创新活动不仅转移价值,而且通过增加金融市场的完整性和提高市场效率而实际地创造价值。从而,金融科学的工程化可以为整个社会创造效益。

有人把马柯维茨的工作与布莱克和斯科尔斯提出第一个期权定价公式这两项有较强数学性的工作称为"华尔街的两次数学革命"。其实,金融学真正建立自己的研究方法论,应当是莫迪格里亚尼和米勒所提出的MM理论。该理论为对金融市场中的资产头寸进行估值和定价奠定了理论基础。

---

[1] Harry Markowitz, Portfolio Selection, *The Journal of Finance*, Vol. 7, No. 1. (Mar., 1952), pp. 77—91.

[2] Modigliani, F.; Miller, M. (1958). "The Cost of Capital, Corporation Finance and the Theory of Investment". *American Economic Review* 48 (3):261—297. http://www.jstor.org/stable/1809766.

[3] Sharpe, William F. (1964). Capital asset prices: A theory of market equilibrium under conditions of risk, *Journal of Finance*, 19(3), 425—442.

[4] Fama, Eugene F. (September/October 1965). "Random Walks In Stock Market Prices". *Financial Analysts Journal* 21 (5): 55—59.

[5] Fischer Black and Myron Scholes, The Pricing of Options and Corporate Liabilities. *The Journal of Political Economy*, Vol. 81, No. 3 (May — Jun., 1973), pp. 637—654.

[6] Ross, S.. The Arbitrage Theory of Capital Asset Pricing. *Journal of Economic Theory*. 13:1976.341—360.

[7] Darrell Duffie, Dynamic Asset Pricing Theory, Third Edition. Princeton University Press; 3 edition (November 1, 2001).

三、工程化阶段

20世纪80年代末期,金融学开始了由分析性科学向工程化科学的转变。海恩·利兰德(Hayne Leland)和马克·鲁宾斯坦(Mark Rubinstein)开始谈论"金融工程新科学"。1988年约翰·芬纳蒂给出金融工程的正式定义,但金融工程作为一门独立的学科直到90年代才得以确立并获得迅猛发展,许多具有创新思想的银行家和金融业从业人员开始从新的角度认识自己的行为,"金融工程"的说法逐步为人们接受,有人以"金融工程师"作为其职业名称,为数不多的金融机构创立了金融工程部门,例如大通曼哈顿银行和美洲银行。金融工程确立的重要标志是1991年"国际金融工程师学会(IAFE)"的成立。该学会的宗旨是"界定和培育金融工程这一新兴专业"。

第二节 金融工程的定义

金融工程是20世纪80年代末90年代初出现的一门新兴交叉学科。在它的发展历史上,由于学者的研究角度或侧重内容的不同而有着多种不同的定义。

一、芬纳蒂的定义

美国金融学家约翰·芬纳蒂(John D. Finnery)[①]在1988年为金融工程做出如下解释:金融工程包括创新性金融工具和金融过程的设计、开发和运用以及对企业整体金融问题的创造性解决方略。该定义中的"创新"和"创造"这两个词值得重视,它们具有几方面的含义:首先对已有的观念做出新的理解和应用,如将期货交易推广到以前没能涉及的领域,发展出众多的期权及互换的变种等;其次金融工程领域中金融产品的创造,如创造出第一个零息票债券、第一个互换合约等;最后对已有的金融产品和手段进行重新组合,以适应某种特定的情况,如远期互换、期货期权、互换期权的出现等。

按照芬纳蒂关于金融工程定义的思路,金融工程可以划分为以下3个方面的内容:

1. 新型金融工具的设计和创造。
2. 创新性金融过程的设计和开发。
3. 针对企业整体金融问题的创造性解决方略。

二、史密斯和史密森的定义

美国罗彻斯特大学西蒙管理学院教授克里弗·史密斯(Clifford W. Smith)和大通曼哈顿银行的经理查尔斯·史密森(Charles W. Smithson)[②]认为:金融工程创造的是促成"非标准现金流"的金融合约。它主要是指用基础的资本市场工具组合而成的新工具的过程。

在社会经济生活的发展过程中,市场和客户对金融服务的个性化需求越来越多,新的金融产品也越来越向个性化方向发展,金融工程要解决的问题是为客户量体裁衣,设计出非标

---

① John D Finnery, Financial Engineering in Corporation Finance: An overview, *Financial Management*, Vol.7(4), 1988.

② Clifford W. Smith & Charles W. Smithson, "The Handbook of Financial Engineering", Harper & Row, 1993.

准的现金流工具。

三、洛伦兹·格利茨的定义

英国金融学家洛伦兹·格利茨(Lawrence Galitz)[①]于1994年,在其著作《金融工程学——管理金融风险的工具和技巧》一书中,对金融工程给出了这样的定义:金融工程是应用金融工具,将现有的金融(财务)结构(financial profile)进行重组以获得人们所希望的结果。这一定义指出金融工程在于实现某种特定的财务目标。例如,对于不同背景的筹资者,设计符合其还款条件的筹资方案。对于各种风险偏好的投资者设计出承担不同风险,以及预期获利也不同的投资方案等。

四、本书的定义

总结以上定义,可以看出:金融工程是以一系列现代金融理论作为基础,运用一定的金融工具和技术,分析客户的金融服务需要,设计出创新性的金融产品和创造性的解决方案。为此本书将金融工程定义为:金融工程是以现代金融理论为基础,运用金融技术,依据风险态度和效率需求,设计创新性的金融产品和创造性的解决方案。

该定义包括的要素有:(1)金融工程以一系列现代金融理论作为基础;(2)金融工程运用一定的金融技术,是为了满足特殊需要而出现的;(3)金融工程是一个过程,它的结果是产生创新性的金融产品和创造性的解决方案。

第三节 金融工程的适用范围

根据前面对金融工程的定义,可以看出"创新"和"创造"是金融工程的重要特征。

一、创造面向大众的金融产品

尽管很多人认为金融工程师主要是为特殊客户进行"量体定制"式的金融服务,然而,在美国,有很多富有创造性的金融创新是面向大众消费者的。它们包括可调整利率的按揭贷款、现金管理账户、可转让提款单账户(NOW账户)、退休保险账户(IRA)等。可见,设计面向大众的新的金融产品也是金融工程的一项工作。

二、在投资银行业务中的应用

从金融工程的活动来看,其与投资银行的业务联系更为紧密。实际上,在商业银行为公司客户提供金融工程范畴的问题解决方案的业务中,金融工程师往往属于从事投资银行业务的部门。无论是在传统的投资银行、开展金融工程业务的商业银行,以及参与财务建构和风险管理活动的其他机构中,金融工程师视公司客户为服务的主要客户,原因是公司客户所需要的金融服务往往具有复杂性和综合性。只有通过随时需要创新和创造,才能提出可行的解决方案。而零售层面的客户是次要的。

在公司财务方面,金融工程师常常受命开发新的金融工具以确保大规模经营活动所需要

[①] Lawrence Galitz, Financial Engineering Tools and Techniques to Manage Financial Risk, Pitman Publishing 1994.

的资金。有时出于对所要求的融资性质或成本方面的考虑,有必要采用某种特殊的工具,或者必须将多种工具的组合综合地加以运用。在投资银行业务中,最多的是兼并与收购活动。此类业务将金融工程的创新与创造性体现得淋漓尽致。

三、证券交易及金融衍生产品的设计和交易

在此类业务中,金融工程师开发出具有套利性质或准套利性质的交易策略。这些套利策略可能涉及不同金融工具、不同的风险态度、不同的利率结构,或者不同的税率方面等的套利机会,也可能涉及地点、时间、法律法规等内容。金融工具之间的套利机会导致了"复合"金融工具和现金流"重新包装"的新发展。例如,复合期权、零息票债券,以及以按揭贷款为担保的债券(CMO)等。风险的不对称性、进入市场难度的不对称性,以及在税收方面的不对称性都创造出新的套利机会。这些不对称性也是互换协议的出现、优先股的多方面应用,以及具有特殊目的合伙企业出现的原因。在投资和货币管理方面也同样需要金融工程的知识和应用。例如"高收益"共同基金、货币市场共同基金,以及回购协议市场等都是金融工程发展的结果。

四、风险管理

金融工程与资产风险管理往往联系在一起。风险是指未来某件事情的不确定性。不确定性事件可能对公司带来损害,也可能带来利益。将不确定的未来事件转化为确定的且满意的事件是风险规避的基本理念。不同的公司会有不同的风险态度,同一公司在不同的时候,对待不同事件也会有不同的风险态度。上述所说"满意事件"也表明了不同客户的有着不同的承担风险的态度。风险规避也是不同程度的风险规避。公司客户提出要为公司的风险头寸寻求避险解决方案,金融工程师的任务是与公司方面的相关人员进行充分的沟通和交流,结合金融工程的方法和金融工具的创造性运用加以完成:(1)识别风险。要仔细地考察公司所面临的一切金融和财务的风险。有些风险是明显的,而另一些风险则是间接的、不明显的。另外,风险与风险之间可能在某些时候会彼此抵冲,而在另一些时候却可能相互加强。(2)测度风险。包括对某些因素的敏感性测量,以及公司方面的风险态度的确定等。(3)设计与公司管理层满意的期望结果相适应的风险规避组合解决方案。

第四节　金融工程的基本工具

金融工程工具包括基础金融产品和金融衍生产品,且主要是指金融衍生产品。金融衍生产品建立在相应基础金融产品或其他基础商品之上。例如,债券、股票等是基础金融产品,它们通常是现货市场上的金融工具。例如,衍生金融产品股票期权是以股票作为基础产品。可以说股票期权就是从股票衍生出来的金融衍生产品,股票是股票期权的基础产品。再例如,大豆期货合约是衍生产品,大豆则是其相对应的基础产品。

尽管衍生金融产品很多,但是基本的衍生金融产品可以分为4大类:远期、期货、互换、期权。而其他的衍生金融产品是在基本衍生金融产品的基础上加以组合变化而创造出来的。

(一)远期(远期合约)

远期合约是指交易双方同意将来某一确定的日期,按事先规定的价格和数量交易的某种资产的协议。远期合约对应的基础产品很多,包括农产品、国库券、外汇以及利率等等。

（二）期货

期货市场最早起源于19世纪中叶，芝加哥是期货市场的发源地。期货合约是买卖双方之间签订的一种标准化协议，协议规定在将来某个确定的日期按规定的价格买卖某种资产。期货合约具有两种重要的特征：一是可交易性；二是流动性。期货作为一种金融衍生工具，其最显著的特点还在于它具有放大收益的杠杆作用，利用期货只需投入少量资金，获取数倍乃至更高的收益率。当然，期货最基本的功能在于消除资产价格变动所产生的风险。

远期合约比较适合交易规模较小的交易者。在交易规模、到期期限，以及交易资产的类别和质量等方面，远期合约可以按照交易者的具体要求在上述几方面进行灵活调整。期货合约在交易规模、到期期限等方面都是标准化的合约，一般很难满足中小交易商的需求。远期合约的另一个优势在于远期交易不需要交易保证金。

（三）期权

期权是一种可转让的标准化合约，它赋予期权的持有者在规定的有效期内以规定的价格买入或出售一定数量的某种资产的权利。期权是一种有价值的金融衍生产品。期权品种按内容划分主要有以下几大类：股票期权、债券期权、外汇期权、股票指数期权以及期货期权等等。如果要将期权按形式分类的话，可以把期权分为看涨期权和看跌期权两类，看涨期权的持有者有权以某种特定价格买入某种资产。看跌期权则授予期权的持有者以某种特定价格出售某种资产的权利。

（四）互换

互换是交易双方约定以某种标的进行交换的一种协议。例如，互换A方同意在未来1年时间里，按固定利率每年向B方支付利息，作为交换，互换B方则同意在未来1年时间里，按浮动利率每年向A方支付利息。这是典型的利率互换。最基本的互换类型有两种：利率互换和货币互换。

互换市场的起源可以追溯到20世纪70年代末，当时货币交易商开发出货币互换品种作为金融创新技术来逃避英国政府对外汇流动的管制。第一份互换交易诞生于1981年，互换的双方分别是IBM公司和世界银行，互换的内容是利率。

第五节　金融工程发展的推动因素

金融工程自产生到现在，发展十分迅速。它并非仅仅是金融学家们理论研究的成果的累积，它是在特定的国际金融体系发生本质性重大变化的背景下，由各种因素共同推动的结果。这些因素主要包括以下几个方面：

首先，从国际金融体制的变革的角度看，布雷顿森林体系崩溃以后，国际货币制度进入到以浮动汇率为标志的多元化阶段。主要发达国家相继取消外汇管制，允许资本自由流动，还取消了利率管制和金融机构业务范围的限制。放松管制、鼓励自由竞争成了一股不可逆转的潮流。国际金融环境的动荡导致了金融风险的加大，促使人们去寻找有效的方式和方法减少不确定性，只有有效地规避风险才能保障世界经济的稳步发展。因此，金融风险管理是金融工程出现的最主要的因素之一。

其次，从世界经济的发展角度看，全球经济一体化的浪潮也是重要的推动因素。它推动了资本的国际流动。20世纪60年代以来，跨国公司和跨国银行迅速膨胀，离岸金融市场的蓬勃发展,使生产、经营、融资活动完全打破国界,企业和银行经营活动日益复杂,相应风险日益加大。此间,欧洲货币市场和欧洲资本市场发展迅速。这两个市场不受任何国家中央银行的单独管理,资金进出自由,利率变动灵活,其范围覆盖全球,为市场参与者利用市场失衡获取超额利润提供了方便。为了在新的市场环境下增强竞争能力,实现稳健经营,改善管理,有效控制成本,发掘潜在利润,各企业和银行都在谋求创新的金融工具和风险管理手段。

再次,从银行和其他金融机构的业务竞争的角度看,20世纪70年代以后,非银行中介机构以其富有竞争力的产品与银行展开争夺资金和市场的激烈竞争,银行在传统市场上的份额不断下降。激烈的竞争迫使银行寻找新的业务方式,而银行表内业务的规模又受到《巴塞尔协议》规定的资本充足率的限制。这样,拓展表外业务就成为必然的选择。而金融工程中的各种交易作为表外业务的重要内容成为各银行研究和发展的重要内容,众多商业银行的金融创新是金融工程发展的重要组成内容。

最后,新的信息技术和计算机技术的发展为金融工程的发展提供了重要的技术支持。20世纪50年代开始的以信息技术为核心的新技术革命,极大地提高了生产力,改变了社会面貌,也为金融工程的产生和发展奠定了坚实的技术基础。

新的信息技术为金融工程学的发展提供的技术支持推动力在以下几方面得到充分的体现:其一是降低了信息处理的成本,不仅节约了时间,而且使金融工程模型所涉及的复杂计算和大规模数据分析变得可行。其二是电子网络将过去分割的国际金融市场联系起来,大大降低了信息传递的成本,使得大型金融数据库的建立和信息共享成为现实。其三是交易成本的降低使得金融工具的广泛使用变为现实。许多金融工具的创新离开了现代化的信息和计算机技术是难以实现其实用价值的。

本章小结

本章讲述了金融工程发展的历程,包括定性描述阶段、定量分析阶段和工程化阶段。总结分析了几种典型的金融工程的定义;阐述了金融工程的应用范围,金融基础产品和衍生产品的概念,总结了金融工程发展的推动因素。

思考与练习

1. 在金融学的定量分析阶段,有哪些重要的金融理论?
2. 金融工程学诞生的重要标志是什么?
3. 芬纳蒂关于金融工程的定义是什么?
4. 史密斯和史密森关于金融工程的定义是什么?
5. 洛伦兹·格利茨的"金融工程"的定义是什么?
6. 金融工程的基本工具有哪些?
7. 金融工程发展的推动因素有哪些?

第二章
MM 命题

【本章学习要点】

本章涉及的重要概念有：MM 第一命题、MM 第二命题、无套利原则等；要求掌握 MM 条件及其经济学含义，理解 MM 命题在现代金融学中的地位，能够对 MM 第二命题进行推导，理解税收因素对企业价值的影响等。

第一节 MM 第一命题

一、传统资本结构与企业价值理论

在企业的收购或兼并过程中，交易的双方都会考虑到交易标的企业的价值问题，没有价值，交易自然无法进行。一般而言，企业创造价值的能力是由其股本和长期负债形成的，所以，在收购一家企业时，首先要问的问题是目标企业的权益资本是多少价值，收购者可以出资金购买目标企业的全部股本。如果目标企业有长期负债，收购者还必须承担起企业的长期负债的偿还，如果收购者在收购后不想继续承担起偿还长期负债的责任，他就必须在收购时同时出现金偿还长期负债。这样，收购者在收购企业时，实际上为企业的收购支付了企业股本的价值和长期负债的价值。因此，一个企业的价值由企业的股本价值和长期负债价值两部分组成。在传统的企业价值理论中十分看中企业的长期资本的构成，即企业的股本与长期负债的比例关系。以下是几种西方的传统的企业价值理论。

（一）净收益理论

净收益理论（the net income approach）认为，利用债务可以降低企业的加权平均资本成本。负债程度越高，加权平均资本成本就越低，企业价值就越大。该理论的前提是债务成本低于权益成本，当企业的负债比率达到 100% 的极限时，企业加权平均资本成本最低。

（二）营业净收益理论

营业净收益理论（net operating income approach）认为，企业增加成本较低的债务资本的同时，企业的风险也增加了，这会导致股权资本成本的提高，企业的加权平均资本成本没什么变动。不论企业的财务杠杆程度如何，其整体的资本成本不变，因而不存在最佳资金结构。

（三）传统折中理论

传统折中理论（the traditional theory）是净收益理论和营业净收益理论的折中。该理论认为,企业负债多、风险大的同时,尽管会导致股权成本的上升,但在一定程度内不会完全抵消利用成本较低的债务所带来的好处,因此会使加权平均资本成本下降,企业价值上升。但一旦超过其限度,股权资本成本的上升就不再能为债务的低成本所抵消,加权平均资本成本又会上升。由下降变为上升的转折点,便是加权平均资本成本的最低点。此时,企业的资本结构达到最优。

二、MM 第一命题

现代金融理论起始于 20 世纪 50 年代初马柯维茨(Harry M. Markowitz)提出的投资组合理论。此前,金融学的研究是描述性的。金融学在研究方法上完全从传统经济学中独立出来,应当是从 50 年代后期莫迪格里亚尼(Franco Modigliani)和米勒(Merton H. Miller)发表《资本成本、公司财务与投资理论》(The Cost of Capital, Corporation Finance and the Theory of Investment)[1],此文经修改后发表于《美国经济评论》1958 年 6 月期上,该文提出:公司价值取决于投资组合,而与资本结构和股息政策无关(称之为"MM 理论")。1961 年他们又合作发表了《股利政策、增长及股份估价》(Dividend Policy, Growth and the Valuation of Shares)[2]一文,进一步阐述并发展了这一理论,并因此而获得了 1990 年诺贝尔经济学奖。该理论表面上揭示的是企业的价值仅取决于企业创造价值的能力,并不依赖企业的资本结构,但其中隐含的无套利均衡思想却对金融工程学奠定了思想基础。

MM 第一命题:在 MM 条件下,企业的价值与其资本结构无关。

MM 条件:

1. 市场是无摩擦的,也就是交易成本、代理成本和破产成本均为零,不存在公司所得税和个人所得税;

2. 个人和公司可以同样的利率进行借贷,同时不论举债多少,个人和公司的负债都不存在风险;

3. 经营条件相似的公司具有相同的经营风险;

4. 不考虑企业增长问题,所有利润全部作为股利分配;

5. 同质性信息,即公司的任何信息都可以无成本地传导给市场的所有参与者。

MM 命题的重要性在于它揭示出了研究金融问题的科学假设条件,以及在此条件下企业的金融活动本身并不创造价值这样一个本质规律。在学术地位上,它的发现相当于普通物理学中人们对惯性定律的认识。人们在认识了惯性定律之后,才使得力学研究能够建立在真正的科学假设的基础之上。人们才能够剥去表象的东西,终于看到了一门学科的最本原的实质规律。当人们对一门学科的研究一直游离于表象的时候,这门学科的科学研究体系是不可能建立起来的。MM 命题假设条件使得困扰人们的企业价值问题的表象被洞穿,MM 命题为金融工程学的发展奠定了研究方法论的基础。

举例说明 MM 第一命题的含义。假如有一家公司,无论其资本结构如何,只要其每年创

---

[1] Franco Modigliani and Merton H. Miller, The Cost of Capital, Corporation Finance and the Theory of Investment, The American Economic Review, Vol. 48, No. 3 Jun., 1958, pp. 261—297.

[2] Miller, Merton, and Franco Modigliani, Dividend Policy, Growth and The Valuation of Shares, Journal of Business, vol. 34, October 1961, pp. 411—433.

造同样的税前收益(EBIT),而且是永续的,其平均长期资本收益率为 r,在 MM 条件下,该企业的当前价值(PV)为:

$$PV = \sum_{n=1}^{\infty} \frac{EBIT}{(1+r)^n}$$

PV 与该企业的资本结构无关,该企业可能仅有股本,也可能既有股本又有长期负债。

假设有 A、B 两家企业,每年创造同样的 EBIT,A 企业是无债公司,仅有权益资本,B 企业既有一定的权益资本,又有一定比例的长期负债,在 MM 条件下,这两家企业的价值相等,即:

$$PV_A = PV_B$$

第二节 MM 第二命题

一、MM 第二命题

MM 第二命题不是独立的,而是由第一命题推导而来的。

(一)变量的设定

WACC——企业的加权平均资本成本(weighted average cost of capital);

r_e——权益资本的预期收益率;

r_d——债务资本利息率;

D——企业负债;

E——企业的权益。

(二)MM 第二命题

$$WACC = r_e \frac{E}{D+E} + r_d \frac{D}{D+E} \tag{2.1}$$

上式就是 MM 第二命题的数学形式。由上式可以导出企业的权益资本成本为:

$$r_e = WACC + (WACC - r_d)\frac{D}{E} \tag{2.2}$$

上式说明有负债的公司的权益资本成本等于同样盈利能力的无负债公司的权益资本成本加上风险补偿,风险补偿的比例因子是负债权益比。当某人将钱投入到一家无负债公司的权益时,其收益率是 $WACC$,而当他投入同样盈利能力的有负债公司的权益时他的收益率则为 r_e。这就揭示了一条重要的金融/财务原理:资本的成本不是取决于来源,而是取决于资本的使用。

二、MM 第二命题的推导

假设:A 公司仅有权益资本,未来永续每年收益为 a,加权平均资本成本为 $WACC$;B 公司未来每年收益为 a,未来永续每年股权收益为 e,债务收益为 d。这样,$a = e + d$。

A 公司的价值是用企业的加权平均资本成本 $WACC$ 为折现率对企业的未来收益现金流折现以后得到的现值。A 公司的价值为:

$$P_A = \frac{a}{WACC} \tag{2.3}$$

B公司的价值是企业负债 D 与企业权益 E 的算术和。而企业权益 E 是用企业的权益资本的预期收益率 r_e 为折现率对企业的未来股权收益现金流 e 的折现以后得到的现值。而企业负债 D 是用企业的债务资本利息率 r_d 为折现率对企业的未来债务收益 d 的折现以后得到的现值。故 B 公司的价值为:

$$P_B = E + D = \frac{e}{r_e} + \frac{d}{r_d} \tag{2.4}$$

由 MM 第一命题可知,企业的价值与企业的资本结构无关,对于盈利能力相等的企业而言,它们的价值应当相等。所以,A 公司的价值与 B 公司的价值相等。故,

$$P_A = P_B = \frac{a}{WACC} = E + D \tag{2.5}$$

$$WACC = \frac{a}{E+D} = \frac{e+d}{E+D} = \frac{r_e E + r_d D}{E+D} = r_e \frac{E}{E+D} + r_d \frac{D}{E+D} \tag{2.6}$$

MM 第二命题揭示出:产生同样现金流的不同资产在金融市场上的交易价格应当相等,交易本身不产生任何净现值。即:在金融市场上的交易都是零净现值行为。同时,MM 第二命题还揭示出:资金的成本在于其应有而不缘于其来源。

第三节 无套利原则

在现实中,公司的资本结构可以有多种形式。那么是什么因素导致公司选择其中的一种资本结构?毫无疑问,公司管理者进行资本结构决策是为了增加股东的财富。他们是如何做到的呢?要明白这一点,首先要分析什么因素不会影响股东的财富。由 MM 命题可知,在 MM 条件下,公司发行的所有证券的市场价格(包括股票和债券)由公司的盈利能力和它的实际资产的风险决定,与这些为融资而发行的证券的组合方式无关。

米勒以馅饼为例解释 MM 命题有关资本结构的理论:"把公司想像成一个巨大的馅饼,它已经被分成 4 份。如果你把它再分为 8 份,你只能得到更多的块,而不是得到更多的馅饼。"

他幽默地说:我就是因为这样解释馅饼而获得经济学诺贝尔奖的。

一、举例说明

假设:A 公司为无债公司,B 公司为部分股权部分负债公司,两家公司的盈利水平和风险一样,每年税前收益 100 万元。A 公司每年将这 100 万元盈利全部作为股利分给股东。A 公司普通股的数量为 100 万股,假定股利的年市场资本报酬率为 10%。B 公司与 A 公司的唯一不同是:它有一部分债务融资。债券年利率为 8%,总面值为 400 万元。它每年要支付 32 万元(400 万×8%)给债权所有者。

那么,A 公司的价值为 100 万元/10%,即 1 000 万元,公司的股票价格为每股 10 元。

B 公司每年可以分给股东的净盈利为 100 万元-32 万元=68 万元。

B 公司每年分给股东和债权人的总净盈利为 32 万元+68 万元=100 万元。

根据 MM 命题,A 公司与 B 公司的未来盈利的现金流是相同的,所以它们的市场价格也是一样的。由于 B 公司的债券的总价值是 400 万元,那么目前它的股票总价值应当是 600 万元。如果它的普通股为 60 万股,那么每股股价是 10 元。

这样,$WACC = 10\%$,$r_e = 68/600 = 11.33\%$,$r_d = 8\%$,$E = 600$,$D = 400$。

可以验证满足：

$$WACC = r_e \frac{E}{D+E} + r_d \frac{D}{D+E}$$

假设：A公司仅有权益资本，未来永续每年收益为 a，加权平均资本成本为 $WACC$；B公司未来每年收益为 a，未来永续每年股权收益为 e，债务收益为 d。这样，$a=e+d$。

A公司的价值是用企业的加权平均资本成本 $WACC$ 为折现率对企业的未来收益现金流折现以后得到的现值。A公司的价值为，

$$P_A = \frac{a}{WACC} \tag{2.7}$$

B公司的价值是企业负债 D 与企业权益 E 的算术和。而企业权益 E 是用企业的权益资本的预期收益率 r_e 为折现率对企业的未来股权收益现金流 e 的折现以后得到的现值。而企业负债 D 是用企业的债务资本利息率 r_d 为折现率对企业的未来债务收益 d 的折现以后得到的现值。故B公司的价值为，

$$P_B = E + D = \frac{e}{r_e} + \frac{d}{r_d}$$

如果B公司股票的价格不是每股10元，而是9元，那么，r_e 就不满足无套利原则。此时 $r_e = 68$ 万元/(60 万股 $\times 9$) $= 12.59\%$。这样无风险套利的机会就出现了，从而违背了无套利原则。通过一定比例购买B公司的股票和债券，可以复制或"合成"A公司的股票，使之在未来产生同样的现金流。

在此情况下，持有A公司1%的股票（10 000股），未来每年的现金收益为：
100万元 $\times 1\% = 1$ 万元

持有B公司1%的股票（6 000股）+1%的债券，未来每年的现金收益为：
0.32万元（债券32万元 $\times 1\%$）+0.68万元（股票68万元 $\times 1\%$）=1万元

因此，这种价格下套利者只要出售1%的A公司的股票，同时买入B公司1%的股票和1%的债券，在未来现金流不受影响的情况下就可以获得6 000元的无风险套利利润。如表2-1所示。

表2-1　　　　　　　　　　存在套利机会的套利分析

B公司（部分负债公司）股票价格为每股9美元时的套利		
状态	当前现金流（元）	未来现金流
以每股10元销售1% A公司的股票	+100 000	$-EBIT \times 1\%$
购买复制投资组合		
以每股9元的价格购买 1%的B公司的股票	−54 000	68万元$\times 1\%$
购买B公司1%的债券	−40 000	32万元$\times 1\%$
总的投资组合	−94 000	$+EBIT \times 1\%$
净现金流	+6 000	0

读者可以验证,B公司的股票价格如果高于每股10元,同样存在无风险套利的机会。

二、不同资本结构导致股东预期收益和承担风险的不同

由表2—2分析可知,虽然两家公司的股票价格相等,但是它们的股东的预期收益和投资风险却不一样。

表2—2　　A公司(无债)与B公司(部分负债)的EBIT和EPS的概率分布

状态	A公司 EBIT(万元)	A公司 EPS每股盈利	B公司股东 净盈利(万元)	B公司股东 EPS每股盈利
坏状态	50	0.5	18	0.3
正常状态	100	1	68	1.13
好状态	150	1.5	118	1.97
均值	100	1	68	1.13
标准差		0.4		0.68

注:A公司的EPS=EBIT/1 000 000股,B公司的EPS=(EBIT-32万元)/600 000股。

通过比较无债公司和部分负债公司的每股盈利(EPS),可以看出增加财务杠杆的效果(仅改变融资组合,不改变资产)。财务杠杆的提高会导致EPS及其风险都增大。当EBIT处于150万美元时,部分负债公司的EPS更高。当EBIT处于50万美元时,部分负债公司的EPS更低。

对于无债公司而言,EBIT不确定性的总风险可以分摊于100万股。对于部分负债公司而言,总风险却只能在60万股之间进行分摊,因为债券持有人不承担风险。因此,和无债公司的股票相比,部分负债公司股票的预期收益和风险更高,尽管两家公司总资产的价值是完全一样的。

问题:在前面的例子中,如果无债公司(A公司,在外流通的股票数为100万股)宣布发行价值400万美元的债券,债券的利率同于B公司,用它回购它的普通股,股票的价格会受影响吗?股票回购注销后,还有多少股票在外流通?

答案:普通股的价格保持不变,仍为每股100美元。发行价值400万美元的债券可以回购40万股,这样在外流通的股票数为60万股,价值600万美元。

第四节　有税收情况下对MM命题的修正

一、对MM命题的修正

在MM条件下,改变企业的资本结构不能为企业创造价值。然而,在现实的经济中,MM条件中的某些条件会被破坏而不成立。实际市场会存在诸多的"摩擦"的因素(包括税收、交易成本、信息披露等),由于这些因素的作用,调整公司的资本结构就可能会影响企业的价值。

在有税的情况下(假定MM其他条件不变,EBIT不变),公司的税后加权平均资本成本

为：

$$WACC = r_d(1-T)\frac{D}{D+E} + r_e\frac{E}{D+E} \tag{2.8}$$

式中 T 为公司所得税税率。

加权平均资本成本（WACC）可定义为：以相同 $EBIT$，以经营风险相同的负债公司的市场价值作为市场价值的无债公司股权资本利率。

二、修正的推导

A 公司（无债公司）和 B 公司（负债公司）未来每年具有同样的 EBIT。公司所得税税率为 T；A 公司未来每年税后收益 $a = EBIT(1-T)$，加权平均资本成本为 $WACC$；B 公司债务未来每年付息为 d，未来每年股权收益为 e。

$$e = EBIT - d - (EBIT - d)T = a - d(1-T) \tag{2.9}$$

A 公司的价值是用企业的加权平均资本成本 WACC 为折现率对企业的未来收益现金流折现以后得到的现值。

$$P_A = \frac{a}{WACC}$$

B 公司的价值是企业负债 D 与企业权益 E 的算术和。而企业权益 E 是用企业的权益资本的预期收益率 r_e 为折现率对企业的未来股权收益现金流 e 的折现以后得到的现值。而企业负债 D 是用企业的债务资本利息率 r_d 为折现率对企业的未来债务收益 d 的折现以后得到的现值。故 B 公司的价值为，

$$P_B = E + D = \frac{e}{r_e} + \frac{d}{r_d} \tag{2.11}$$

由 $P_A = P_B$，可以推导得出，

$$WACC = \frac{a}{D+E} = \frac{d(1-T)+e}{D+E}$$
$$= \frac{Dr_d(1-T) + Er_e}{D+E} = r_d(1-T)\frac{D}{D+E} + r_e\frac{E}{D+E}$$

有税条件下的 WACC 是这样计算的：首先假定无税条件的 WACC 和 r_d 是已知的，可由 (2.6) 式计算出 r_e，已知 r_d、r_e 和 T，由 (2.8) 式可计算出有税条件下的 WACC。

可以看出，在有税的情况下，负债公司的市场价值大于相同 EBIT，经营风险相同的无债公司的市场价值。原因在于负债公司可以为股东免去一部分税赋。所以无债公司可以通过改变资本结构来为股东创造价值。

三、通过融资决策创造价值

我们知道，在无摩擦的经济环境中，公司的价值与资本结构无关。然而，在现实社会中存在许多摩擦因素。法律和规章会随着时间和地方而改变。所以，为公司选择最佳的资本结构，需要在公司所处的特定经济环境下进行权衡。

举例：还以前面的例子为例，如表 2-3 所示，假设所得税税率为 30%。

表 2—3　　　　　　　A 公司与 B 公司税后现金流的概率分布　　　　　　单位：万美元

EBIT 的可能水平	A 公司（无债）税后现金流	B 公司（部分负债）股东净盈利	B 公司（部分负债）税后现金流
50	35	12.6	44.6
100	70	47.6	79.6
150	105	82.6	114.6

不管哪种情况，负债公司的税后现金流总比无债公司多 9.6 万美元（32 万×30%）。

记得前面的推导：$e+d=a+dT$

表 2—4　　　　　　　A 公司与 B 公司价值分配的细目表　　　　　　单位：万美元

参与分配的部门	A 公司（无债）	B 公司（部分负债）
债权人	0	400
股东	700	420
政府税务部门	300	180
	1 000	1 000

如表 2—4 所示，部分负债公司和无债公司分配的总价值（包括分配给政府的）都是 1 000 万美元。无债公司的股东权益价值为 700 万美元，缴纳给政府的税收价值为 300 万美元。负债公司股东权益价值为 420 万美元，债权价值为 400 万美元，缴纳给政府的税收价值为 180 万美元。

问题：如果无债公司（在外流通股票数为 100 万股）宣布发行 400 万美元的债券用以回购它的普通股，它的股票价格会受影响吗？回购后，还有多少股票在外流通？

答案：无债公司全部是权益融资，所以它的股票价格应为每股 7 美元。如果管理者宣布公司将发行价值 400 万美元的债券用以回购股票，股票的价格一定会涨。因为债务利息抵税的现值 120 万美元会反映到股票的价格中。这样，100 万股的价值会上升到 820 万美元，也就是每股 8.2 美元。发行债券可以回购的股票数为 487 805 股（400 万/8.2）。这样，在外流通的股票数为 512 195 股。那些出售股票的股东获得的是现金收益，而保留股票的股东拥有的是还没有实现的资本收益。在这样的假设条件下，为使股东财富最大化，管理者会增大公司资本结构中负债的比例。

另外，企业当然不可能无条件、无限制地发行无风险的负债。事实上，随着财务杠杆比例的增大，企业债务的违约风险就会加大，从而 MM 的结论也就不能成立。

加大财务杠杆的比例会增加所有者的财富是有条件的。最基本的前提条件是负债不能超过企业的税前价值；其次，前面已经提到，财务杠杆比例的加大必然会增大负债的违约风险，MM 理论中关于企业负债无风险的条件就会不能成立。因为在有税的情况下，企业价值随财务杠杆（资本结构）的不同而不同，所以加权平均资本成本是与企业的资本结构有关的。

本章小结

本章讲述了有 MM 命题的基本概念,包括 MM 第一命题、MM 第二命题、MM 条件等;指出了 MM 命题对现代金融学的基本意义。由 MM 命题引导出现代金融产品定价的基本原则之一的无套利原则;对 MM 第二命题和有税收因素影响下的 MM 命题作了较为详细的推导,并对有税收因素影响的企业价值作了分析。

思考与练习

1. 为什么说 MM 命题对金融工程学发展意义重大?
2. MM 条件是什么?
3. 为什么说在金融市场上的交易都是零净现值行为?
4. 为什么说资金的成本在于其应有而不缘于其来源?
5. 发行债券可以为公司股东带来价值增长的先决条件是什么?

第三章
远期利率协议

【本章学习要点】

本章涉及的重要概念有:远期利率、远期利率协议(FRA)。要求了解传统远期业务对银行成本的影响,掌握FRA的基本要素和相关术语,能够运用FRA解决企业的未来资金的利率风险问题,当市场利率发生变化时,能够给FRA的价格做出估计。

远期(forward)是四大类金融工具中的一种。它是指在金融市场上,交易双方就某种交易标的和事项达成的协议,交易的时间在未来,而交易价格的确定是现在。这种在现在确定而在将来进行交易的价格称作远期价格。远期交易的标的一般是指利率,或汇率。所以远期一般是指远期利率或远期汇率。也可以说:远期利率指的是资金融通的远期价格,远期汇率指的是现在确定的未来外汇交易的汇率。本章讨论的是有关远期利率的金融工具。

第一节 远期对远期(远期利率)

一、远期对远期贷款

远期对远期(forward-forward loan)是较早时期银行为了满足客户在未来某段时期的借款要求而采用的一种金融工具。之所以称远期对远期,是因为客户的借款时间和还款时间均在未来。

在企业的经营活动中,常常会遇到这样的融资需求:在未来某一段时期内需要借入一笔资金。例如,一家建筑企业的一项工程6个月之后开工,工期为6个月,在这一段工期内需要资金1 000万元,到时需要从银行借入。为防范利率变动风险,作为借款方的企业就需要将这笔借款的利率成本加以固定。同样,在企业的经营活动中,也常常可能遇到与上述相反的情况,即在未来某段时期内有一笔资金到账,需要锁定未来一段时间的存款利率。银行面对企业的这种融资需求,找到了一种保护企业未来借款(或存款)不受市场利率影响的办法。在某种程度上,银行以远期对远期贷款的形式向客户提供一种有限的解决方案。对于企业未来需要借款的情况,银行的做法如下:

第一步:现在借入一笔款,借入期12个月,利率为现在12个月的市场利率。

第二步:现在贷出一笔款,贷出期6个月,利率为现在6个月的市场利率。

第三步:6个月后,将贷出款收回,以远期利率贷给该企业(现在确定的未来的利率称为远期利率)。

第四步:12个月后,收回贷款,归还银行借款。

银行这样做可以满足该企业的未来借款需求。问题是6个月后的即期利率是未知的。银行依据什么原则来确定这一贷款利率(即远期利率)呢?

假设现在6个月的现金利率是8.50%,而12月的现金利率是8.80%,但这是现在市场上的利率,而不是从现在开始6个月后的利率。为了确定6个月后的贷款利率(即远期利率),银行应用了无风险套利的原则。为了锁定从现在开始6个月后的为期6个月的借款成本,银行现在以8.8%的利率借款12个月。这样借款期不仅包括了远期的期限,而且包括了并不需要的前6个月。为此,银行必须将这笔资金在前6个月内以8.50%的利率贷出。6个月后将收回的资金再贷给该企业,这一贷款利率使得银行在12个月后收回的资金刚好可以归还银行的到期借款。具体算法是:银行以8.80%的利率借595.232 6万元,为期12个月,紧接着将这笔钱以8.5%的利率贷出,期限为6个月。这6个月贷款的到期收入连本带息恰好是1 000万元,并将这1 000万元贷给上述企业。银行应当以8.729%的利率对这笔远期对远期的贷款进行报价,到期收入正好可以支付初始的12个月的借款的本金加利息1 043.645 0元。通过借长贷短银行创造出了一个合成的远期借款,使得银行能够就远期对远期贷款做出报价,在不承担利率风险的情况下为这笔贷款交易完成融资。

二、远期利率的计算

为了推导远期利率的计算公式,作如下符号设定:

r_f——远期利率;

r_s——期限较短的利率;

r_l——期限较长的利率;

N_s——期限较短的天数;

N_l——期限较长的天数;

P——款项的本金数额;

B——基础天数(一般一年360天)。

根据无风险套利原则,有下列等式成立:

$$P\left(1+\frac{N_l \cdot r_l}{B}\right) = P\left(1+\frac{N_s \cdot r_s}{B}\right)\left(1+\frac{(N_l-N_s) \cdot r_f}{B}\right)$$

即,

$$r_f = \frac{N_l \cdot r_l - N_s \cdot r_s}{(N_l-N_s) \cdot [1+(N_s \cdot r_s)/B]} \tag{3.1}$$

把上述数据代入,可得,

$$r_f = \frac{360 \times 8.8\% - 180 \times 8.5\%}{(360-180) \times [1+(180 \times 8.5\%)/360]} = 8.729\%$$

三、传统远期业务对银行成本的增加

20世纪70年代后期,企业曾经对远期对远期贷款的需求量很大。然而,从银行的角度而言,开展该类业务的成本却是比较高的。因为从交易日直到这类贷款的到期日全部时间内,都需要银行去借款。在上述例子中,尽管企业只需6个月的贷款,而银行却必须借款12

个月,借款是有成本的,同时,银行又分两次各6个月将款贷出去。银行的贷款要反映到其资产负债表上,需要资本充足率加以保障。资本金是银行的信贷业务成倍数放大的基础。远期对远期贷款占用了银行的重要资源。这种金融工具属于传统意义的金融工具,缘于上述缺陷,该金融工具在目前货币市场上并不流行。

下面来说明远期对远期贷款如何增加银行的成本。假设银行可以从银行间市场上以10%的利率(6个月)借得资金,以11%的利率(6个月)贷给客户,以12%的利率支付其资本金;并且假定银行被要求持有相当于其贷款总量8%的资本金,这与国际清算银行(BIS)的资本充足率要求是一致的,下面是一张简单的银行资产负债表和损益表,记载了银行单纯为企业进行6个月贷款1 000万元业务在资产负债表上的反映,而这笔钱是在银行间市场上借得的。如表3—1、表3—2所示。

表3—1　　　　　　　　　　　　银行资产负债表　　　　　　　　　　　　单位:元

资产		负债和权益	
企业贷款(6个月)	10 000 000	银行间存款(6个月)	9 200 000
		资本金	800 000
总资产	10 000 000	总资产	10 000 000

表3—2　　　　　　　　　　　　银行损益表　　　　　　　　　　　　　　单位:元

收入:		
企业贷款	550 000	
总收入	550 000	
费用:		
银行间存款	460 000	
资本金	48 000	
总费用	508 000	
利润	42 000	

银行的利润为42 000元,折合银行的年资本回报率为10.5%。

如果银行进行6个月的远期对远期的业务,那么,相应资产负债表会发生什么变化呢?在前6个月内,银行的资产负债情况如表3—3、表3—4、表3—5所示。

表3—3　　　　　　　　　　　资产负债表(前6个月)　　　　　　　　　　单位:元

资产		负债和权益	
银行间贷款(6个月)	10 000 000	银行间存款(12个月)	9 200 000
		资本金	800 000
总资产	10 000 000	总资产	10 000 000

表 3—4　　　　　　　　　　　资产负债表(后6个月)　　　　　　　　　　单位:元

资产		负债和权益	
企业贷款(6个月)	10 000 000	银行间存款(12个月)	9 200 000
		资本金	800 000
总资产	10 000 000	总资产	10 000 000

表 3—5　　　　　　　　　　　远期对远期银行损益表　　　　　　　　　　单位:元

收入:	
银行间贷款	500 000
企业贷款	550 000
总收入	1 050 000
费用:	
银行间存款	920 000
资本金	96 000
总费用	1 016 000
利润	34 000

银行的年利润为 34 000 元,折合银行的年资本回报率为 4.25%。

通过上述分析,可知远期对远期的成本很高,会导致银行利润率下降,所以银行不怎么愿意开展该项业务。在分析中可以看到,对银行盈利的最大损害是由资产负债表上对资本充足的要求引起的。如果能够找到将远期对远期贷款从资产负债表上移走的方法,就会消除对资本充足率的要求,从而提高银行的盈利能力。这一思路成为银行金融创新的重要依据。

第二节　远期利率协议 FRA

一、远期利率协议的定义

远期利率协议(Forward Rate Agreement,FRA)于1983年在瑞士的金融市场上出现。目前,FRA在世界主要金融市场上的交易量非常巨大。从金融原理上讲,FRA与远期对远期贷款是相同的,区别只是 FRA 不发生实际的贷款(或借款)支付。正是由于在 FRA 交易中没有实际的本金支付,所以它的交易不会反映在银行方面的资产负债表上,故银行方面规避了资本充足率方面的要求。这就使得 FRA 对于银行而言,远比远期对远期的贷款(或借款)具有吸引力,大大降低了银行的成本。虽然如此,银行在进行 FRA 交易时,仍需保留一定的资本,这个数额大约只是远期对远期贷款资本要求的1%。那么,什么是远期利率协议(FRA)呢?

定义:FRA 是交易者为规避未来利率波动风险,或者为在未来利率波动上进行投机而签订的一份协议。

正是由于对未来利率波动风险存在不同态度或不同预期,交易双方才可能达成避险或投机的协议,不同的避险态度之间同样可以达成协议,不同的投机态度之间也可以达成协议,不同的避险态度和投机态度之间同样可达成协议。但是完全同质的市场参与者之间不易达成协议。

避险者指未来拥有资金头寸暴露在利率波动的风险下,希望能够避开风险。通过持有FRA的头寸,避险者的利率风险就会消失或锁定在某一可以接受的程度。试图避开利率下跌者可以与试图避开利率上涨者达成协议。投机者指开始时并没有资金头寸暴露于利率波动的风险之下,然而,希望能够从预期的利率波动中获取利润。持有远期利率协议的头寸,使得投机者能够获得其希望的利率风险。因此投资者与避险者之间也可以达成协议。

FRA是由银行提供的场外市场(over-the-counter,OTC)交易产品。银行在各自的交易室中通过电脑或电话进行着全球性的交易。交易的双方通常是银行和它们的客户之间或者是银行之间。在FRA交易中,银行主要起中介的作用,也从事自营交易。

二、FRA的基本要素

FRA的所谓借款的一方被称为买方,所谓贷出款项的一方则被称为卖方。这里的买方与卖方仅是名义上的借款者与名义上的贷款者。买方可能是银行,也可能是客户。

一份FRA必须包括以下协议要素:(1)买方名义上在未来特定期限向卖方借款;(2)卖方名义上在未来特定期限向买方贷款;(3)确定特定数额的本金;(4)本金的币种确定;(5)确定的借贷利率;(6)确定的借贷期限;(7)未来交易的基准日。

远期利率协议(FRA)的买方是一个名义上的借款人。买方可能在未来真的需要一笔借款,利用远期利率协议的目的是为了避开利率上升风险。买方也可能只是利用远期利率协议对利率的上升进行投机获利。

同样,FRA的卖方仅为名义上的贷款者。卖方可能是担心将来会遭受利率下降带来损失的投资者,也可能是只希望从利率下降中获利的投机者。其实上述投机者在此毫无贬义的意思,从金融学的角度来看,投机者一般是风险的主动承担者。正是由于金融市场参与者风险态度的多样性,才使得金融市场交易的产品丰富而多彩。

FRA本身并不发生实际借贷行为。实际上FRA是交易双方对未来金融市场条件的共同约定,如果未来实际金融市场条件偏离了原来的共同约定,根据偏离的不同方向和程度,由某一方对另一方做出相应的资金补偿。这种补偿是以支付现金交割额的方式来实现的,这个交割额是远期利率协议中规定的利率与协议到期日市场利率之差以及协议规定的本金额为计算依据。如图3-1所示。

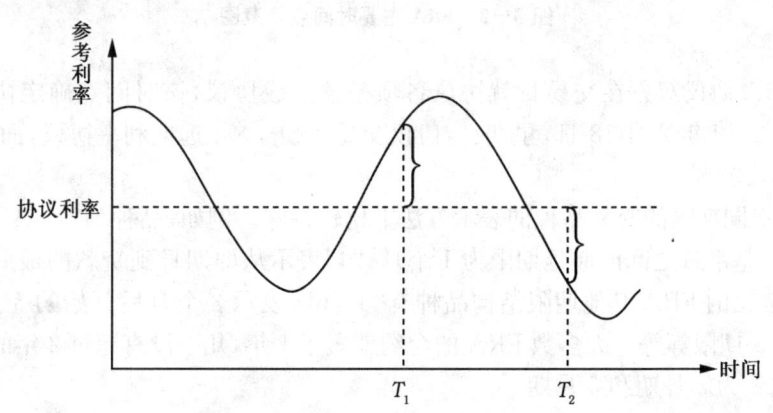

图3-1 FRA一方对另一方补偿示意图

图 3－1 中的参考利率指的是协议到期日的市场利率,合约利率指 FRA 规定的协议利率。所以,FRA 的风险规避机制实际上是不同风险态度的市场参与者之间约定的资金补偿机制,而非通过实际借贷来达到避险。在图 3－1 中,如果 T_1 是合约的基准日,合约的卖方补偿买方;如果 T_2 是合约的基准日,合约的买方补偿卖方。由于实际上不发生银行的借贷,所以该项业务银行规避了资本充足率的要求。

三、FRA 的相关术语

在实践中的远期利率协议都遵守 1985 年由英国银行家协会起草的被称为"FRABBA词汇"。该文件定义的相关 FRA 词汇有:
(1)协议数额——名义上借贷本金数额。
(2)协议货币——协议规定的本金计价货币。
(3)交易日——远期利率协议交易的执行日。
(4)基准日——决定参考利率的日子。
(5)交割日——名义贷款或存款开始日。
(6)到期日——名义贷款或存款到期日。
(7)参考利率——基准日的市场利率,以计算交割额。
(8)协议期限——在交割日和到期日之间的天数。
(9)协议利率——远期利率协议中规定的固定利率
(10)交割金额——在交割日,协议一方补偿另一方的金额,根据协议利率与参考利率之差依据本金额计算得出。

图 3－2 标明了 FRA 的时间点。

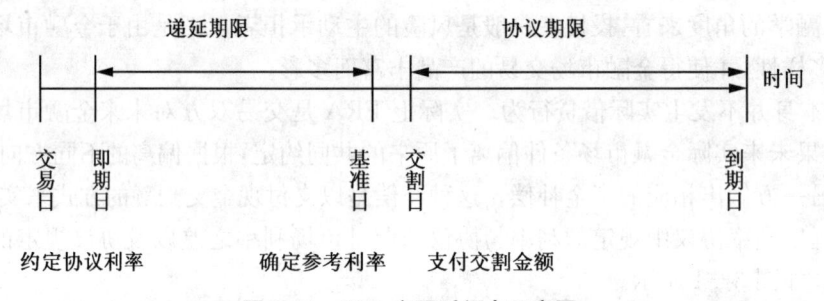

图 3－2 FRA 主要时间点示意图

例如:FRA 协议双方在交易日就协议各项条款达成协议,该时间点确定协议利率。例如:交易日是 2017 年 2 月 18 日,星期一,协议交易 1 份 1×4 远期利率协议,面额 1 000 万美元,协议利率 5.00%。

FRA 在不同期限的交易品种的表示方法上比较特殊。例如,品种为"1×4"的 FRA,"1"表示即期日与基准日之间的递延期限为 1 个月;"4"表示从即期日到贷款的最后到期日之间为 4 个月。常见的 FRA 其他期限结构品种有"3×6",表示 3 个月后开始的 3 月期 FRA 合约。还有 3×9 期限等等。大多数 FRA 的合约期短于 1 年,几乎没有超过 2 年的 FRA 品种。最常见的 FRA 为 3 月期和 6 月期。

大多数 FRA 的参考利率是基准日的 LIBOR 水平,LIBOR 即 London InterBank Offered

Rate 的缩写,译成的中文多为"伦敦同业拆放利率",是英国银行家协会(British Banker's Association)根据其选定的银行在伦敦市场报出的银行同业拆借利率,进行取样并平均计算成为指标利率,该指标利率在每个营业日都会对外公布。

[例 3—1] 假定有一公司预期在未来 3 个月后将借款 1 000 万美元,时间为 6 个月。该品种应表示为"3×9"FRA。假定借款者将能以 LIBOR 的水平等借到资金,现在的 6 个月 LIBOR 是 5%左右。借款者担心在未来 3 个月后市场利率会上升。若借款者不采取任何措施,3 个月内可能会在借款时付出更高的利率。为了避免遭受这种利率风险,在今天借款者就可购买一份"3×9"FRA。如果市场 6 个月 LIBOR 在 3 个月后上升到 7%,若没有远期利率协议,借款者将被迫以市场利率借款,即 7%。借款 6 个月后,他不得不多支付 10 万美元利息。现在该公司买了 FRA,3 个月后在交割日,由于利率上涨,该公司将收到卖方支付的约 10 万美元交割额,以作补偿。这样,该公司就避开了利率上涨的风险。

四、FRA 的协议利率的确定和结算

确定 FRA 的协议利率要依据无风险套利的原则,这是金融工程产品定价的一个基本原则。FRA 的协议利率的确定依赖于它的期限结构和目前相应不同期限的现期利率。FRA 的定价就是研究如何确定 FRA 的协议利率。FRA 的协议利率实际上是一种远期利率。根据本章第一节中远期利率的计算公式(3.1),可以计算出 3 个月后为期 6 个月的远期利率。所以 FRA 的协议利率的计算仍然可以用这一算式。这里将协议利率记为 r_c。

$$r_c = \frac{N_l \cdot r_l - N_s \cdot r_s}{(N_l - N_s) \cdot [1 + (N_s \cdot r_s)/B]} \tag{3.2}$$

图 3—3 标明了各变量与时间点的关系。

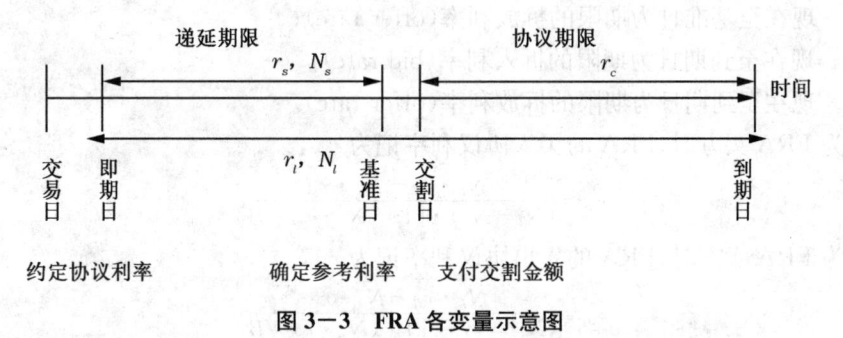

图 3—3 FRA 各变量示意图

[例 3—2] 假设现期 3 个月的 LIBOR 和现期 9 个月的 LIBOR 分别为 8%和 10%,求一份 3×9FRA 的协议利率。

解:已知 $r_s=8\%, r_l=10\%, N_s=90, N_l=270, B=360$,则:

$$r_c = \frac{270 \times 10\% - 90 \times 8\%}{(270-90) \times [1+(90 \times 8\%)/360]} = 10.78\%$$

答:该题 FRA 的协议利率应为 10.78%。

在确定了 FRA 的协议利率之后,就应该计算交割金额。FRA 防范利率风险的功能是通过现金支付的方式来体现的,也就是通过支付交割金来实现的。交割金额等于基准日确定市场通行利率(参考利率)与 FRA 的协议利率之差乘以 FRA 的协议本金。

$$交割金额 = (参考利率 - 协议利率) \times 协议本金 \times 协议期限 / 360$$

实务中,交割金额并不是在到期日进行结算,而是在交割日进行结算。这样做提前实现了账户的结清,买方提前收到了现金,卖方也由此减少了一笔未来的负债。这样就需要对交割金额进行贴现。贴现期为协议期限。贴现后的交割金额的计算公式如下:

$$S = \frac{(r_r - r_c) \times A \times (N_l - N_s)/B}{(1+r_r) \times [(N_l - N_s)/B]} \tag{3.3}$$

这里,记参考利率为 r_r,B 为基本天数,一般为 360 天。由于上式计算的交割金额大于零,则卖方支付交割金额给买方,反之,买方支付给卖方。

[例 3—3] 某公司卖出一份 3×9 FRA,买方是银行,合约金额为 100 万美元,FRA 的协议利率为 10.78%,在结算日时的市场参考利率为 11.35%,计算该 FRA 的结算金,谁应获得补偿金?

解:已知 $r_c = 10.78\%$,$r_r = 11.35\%$,$N_s = 90$,$N_l = 270$,$B = 360$,

$$S = \frac{(11.35\% - 10.78\%) \times 1\,000\,000 \times (270-90)/360}{(1+11.35\%) \times [(270-90)/360]}$$
$$= 2\,696.95(美元)$$

答:该 FRA 的结算金为 2 696.95 美元,由于计算成的结算金大于零,所以,FRA 的买方获得结算金,即银行获得结算金。

在实务中,银行承担着做市商的角色。银行在与客户进行 FRA 交易时,同时报出 FRA 的买入价和卖出价。银行进行 FRA 交易的主要利润来源是买入和卖出的价差。在计算买入和卖出价时银行依据的现期不同期限的拆入利率和拆放利率。

r_{sb}——现在至基准日为期限的拆入利率(bid rate);

r_{sl}——现在至基准日为期限的拆放利率(offer rate);

r_{lb}——现在至到期日为期限的拆入利率(bid rate);

r_{ll}——现在至到期日为期限的拆放利率(offer rate)。

银行为 FRA 买方时,FRA 的买入协议利率记为 r_{cb},

$$r_{cb} = \frac{N_l \cdot r_{lb} - N_s \cdot r_{sl}}{(N_l - N_s) \cdot [1 + (N_s \cdot r_{sl})/B]}$$

银行为 FRA 卖方时,FRA 的卖出协议利率记为 r_{cl},

$$r_{cl} = \frac{N_l \cdot r_{ll} - N_s \cdot r_{sb}}{(N_l - N_s) \cdot [1 + (N_s \cdot r_{sb})/B]}$$

可以看出,银行在计算买入价时,充分利用现期的拆入和拆放利率,尽可能将 FRA 的买入协议利率计算得低一些,而尽可能将卖出利率计算得高一些。这样银行通过大量的 FRA 的买入和卖出业务,获得了差价收益,而无须承担风险。

第三节 FRA 的应用举例及其价格的估计

一、应用举例

[例 3—4] 申轩公司在 3 个月后需要对一个项目进行投资,投资额为 600 万元。而申轩公司根据自身的财务安排,这笔资金需向银行贷款,并且借款期为 6 个月。为了避开利率

上调的风险,需要通过某种金融工具锁定融资成本。于是,公司决定购买"3×9FRA"。申恒公司在3个月后有一笔资金到账,资金额为600万元。而申恒公司根据自身的财务安排,这笔资金存入银行,期限为6个月。为了避开利率下调的风险,需要通过某种金融工具锁定融资成本。于是,公司决定卖出"3×9FRA"。当前FRA的银行买方和卖方协议利率分别为5.10%和5.40%。这样提供FRA服务的银行实际可以赚取0.30%的利率差价。在此,申轩公司买入FRA的协议利率为5.40%,卖方是银行,名义本金为600万元。申恒公司卖出FRA的协议利率为5.10%,买方是银行,名义本金为600万元。3个月后,市场利率上涨了,6个月期的市场利率上调至5.75%。计算并分析申轩公司购买FRA的锁定融资成本的效果和申恒公司卖出FRA的锁定融资成本的效果,并计算银行的收益。

根据公式,对于申轩公司和银行的FRA而言,$r_r=5.75\%$,$r_c=5.40\%$,$A=6\,000\,000$元,$N_l=270$天,$N_s=90$天,$B=360$天。交割金额的计算:

$$S = \frac{(r_r-r_c) \times A \times (N_l-N_s)/B}{(1+r_r) \times [(N_l-N_s)/B]}$$

$$= \frac{(5.75\%-5.40\%) \times 6\,000\,000 \times (270-90)/360}{(1+5.75\%) \times [(270-90)/360]}$$

$$= 10\,206.56(元)$$

由于结算金大于零,买方获得结算金融,所以申轩公司获得结算金10 206.56元,银行给付该结算金。

对于申恒公司与银行的FRA而言,$r_r=5.75\%$,$r_c=5.10\%$,$A=6\,000\,000$元,$N_l=270$天,$N_s=90$天,$B=360$天。交割金额的计算:

$$S = \frac{(r_r-r_c) \times A \times (N_l-N_s)/B}{(1+r_r) \times [(N_l-N_s)/B]}$$

$$= \frac{(5.75\%-5.10\%) \times 6\,000\,000 \times (270-90)/360}{(1+5.75\%) \times [(270-90)/360]}$$

$$= 18\,955.04(元)$$

由于结算金大于零,作为FRA买方银行获得结算金融18 955.04元,申恒公司给付该结算金。

申轩公司通过购买FRA锁定了未来融资成本。实际的操作过程是:3个月后,申轩公司按照原融资计划,以市场利率5.75%借入6 000 000万元,期限为6个月。借入的资金利息成本为:$6\,000\,000 \times 5.75\% \times 180/360 = 172\,500$(元)。由于购买FRA获得交割金额10 206.56元。所以,利息成本变为:$172\,500 - 10\,206.56 \times [1+5.75\% \times (180/360)] = 162\,000$(元)。折合成年利率为:$(162\,000/6\,000\,000) \times 360/180 = 5.40\%$,为FRA设定的银行作为卖方的协议利率。

同样,申恒公司通过卖出FRA也锁定了未来融资成本。实际的操作过程是:3个月后,申轩公司按照原融资计划,以市场利率5.75%存入6 000 000万元,期限为6个月。存入的资金利息为:$6\,000\,000 \times 5.75\% \times 180/360 = 172\,500$(元)。由于卖出FRA需给付18 955.04元,所以利息收益变为:$172\,500 - 18\,955.04 \times [1+5.75\% \times (180/360)] = 153\,000$(元)。折合成年利率为:$(153\,000/6\,000\,000) \times 360/180 = 5.1\%$,为FRA设定的银行作为买方的协议利率。

银行所获得的利率差价收益为18 955.04－10 206.56＝8 748.48(元)。

二、利率变动对FRA的价格的估计

这里所讲的FRA的价格,指的是FRA的协议利率。如果令$N_l-N_s=N_c$,则(3.2)式变为：

$$r_c=\frac{N_l \cdot r_l-N_s \cdot r_s}{N_c \cdot [1+(N_s \cdot r_s)/B]} \tag{3.4}$$

对r_c分别求r_l和r_s的偏导数,可以得到：

$$\frac{\partial r_c}{\partial r_l}\approx\frac{N_l}{N_c} \tag{3.5}$$

$$\frac{\partial r_c}{\partial r_s}\approx-\frac{N_s}{N_c} \tag{3.6}$$

$$\frac{\partial r_c}{\partial r_l}+\frac{\partial r_c}{\partial r_s}\approx\frac{N_l}{N_c}-\frac{N_s}{N_c}=1 \tag{3.7}$$

相关内容如表3－6所示。

表3－6　　　　远期利率协议(FRA)的协议利率与即期利率的变化关系

Δr_c / FRA	$\Delta r_s=1\text{bp}$	$\Delta r_l=1\text{bp}$	$\Delta r_s=1\text{bp}$并且$\Delta r_l=1\text{bp}$
3×6FRA	－1 bp	＋2 bp	＋1 bp
3×9FRA	－0.5 bp	＋1.5 bp	＋1 bp
6×9FRA	－2 bp	＋3 bp	＋1 bp
9×12FRA	－3 bp	＋4 bp	＋1 bp

[例3－5]　对于一个9×12FRA,9个月的即期市场利率为7.5%,12个月的即期市场利率为9.5%,求FRA的价格。另外,如果9个月的即期市场利率上升1%,估计FRA的价格的变化。如果12个月的即期市场利率上升1%,估计FRA的价格的变化。如果9个月与12个月的即期市场利率各上升1%,估计FRA的价格的变化。

已知$r_s=7.5\%,r_l=9.5\%,N_s=270,N_l=360,B=360$。

解：根据(3.2)式,

$$r_c=\frac{360\times9.5\%-270\times7.5\%}{(360-270)\times[1+(270\times7.5\%)/360]}=14.67\%$$

答：该题FRA的协议利率应为14.67%。

如果9个月的即期市场利率上升1%,由(3.6)式,$\frac{\partial r_c}{\partial r_s}\approx-\frac{N_s}{N_c}$,

$$\Delta r_c\approx-\frac{N_s}{N_c}\Delta r_s=-\frac{270}{90}\times1\%=-3\%,r_c=14.67\%-3\%=11.67\%$$

如果12个月的即期市场利率上升1%,由(3.5)式,$\frac{\partial r_c}{\partial r_l}\approx\frac{N_l}{N_c}$,

$$\Delta r_c \approx \frac{N_l}{N_c} \Delta r_l = \frac{360}{90} \times 1\% = 4\%, r_c = 14.67\% + 4\% = 18.67\%$$

如果9个月与12个月的即期市场利率各上升1‰,则,由表3-6,FRA的价格同样上升1‰,为15.67%。

本章小结

本章讲述了有关远期对远期贷款和远期利率协议(FRA)的基本概念;介绍了远期利率的计算方法,分析了传统远期业务对银行成本的影响;介绍了FRA的基本要素和相关术语,分析了利用FRA规避未来利率变化风险的原理和节约银行成本金融创新动机;通过应用举例具体说明银行在FRA定价方面的优势地位和银行开展FRA业务的盈利模式。

思考与练习

1. 如果1年的即期利率为10%,2年的即期利率为10.5%,那么其隐含的1年到2年的远期利率约等于多少?
2. 远期利率是如何计算的?
3. 为什么商业银行要大力开展表外业务?
4. FRA的基本要素有哪些?
5. FRA有哪些相关术语?
6. FRA协议是如何进行未来利率风险规避的?
7. 银行开展FRA业务的盈利原理是什么?

第四章
远期外汇综合协议

【本章学习要点】

本章涉及的重要概念有:远期外汇、远期汇率、基本点传统的外汇业务、远期外汇综合协议等。要求掌握远期汇率的定价、传统外汇业务的开展以及远期外汇综合协议的产生,重点理解 SAFE 的补偿原理和结算金的计算。

在未来某个时期需要外汇,或有外汇收入是具有涉外业务的企业经常遇到的事情。如果不采取某种金融工具对未来的汇率进行锁定,企业将面临汇率的变化而遭受损失。远期外汇综合协议(synthetic agreement for forward exchange,SAFE)是国际金融市场流行的金融工具,被广泛采用以规避汇率风险。SAFE 涉及远期汇率等概念,所以,下面先从远期汇率讲起。

第一节 远期汇率

一、远期汇率

远期汇率(forward exchange rate)不同于即期汇率。即期汇率指的是当前时间一种货币兑换成另一种货币的比价。远期汇率指的是在未来某一个确定的日期,将一种货币兑换成另一种货币的比价。

理论上讲,远期汇率的确定缘于利率平价理论(interest rate parity),它实质上是运用无风险套利的原理,探讨了远期汇率与利率的关系。其创始者是凯恩斯。这一理论的基础是基于这样的一种事实,当两个国家的短期利率有差异且存在套利机会时,例如,某国的利率高于外国的利率,套利者就会把资金由外国转移到利率高的该国,以赚取利差。为了防止套利交易因汇率波动而遭受损失,套利者在购买即期外汇的同时卖出相应数目的远期外汇。随着套利活动的增加,对即期外汇的需求不断增加,远期外汇的供给也不断增加。这样,即期汇率逐步上涨(即期该国货币升值)而远期汇率逐步下跌(远期该国货币贬值)。如果即期汇率高于远期汇率,套利者在汇率上就会受到损失。当即期汇率的上涨和远期汇率的下跌达到一定程度时,便会使套利交易无利可图,套利者由利差获得的好处因远期汇率低于即期汇率的损失而抵消。这时的远期汇率便是均衡的远期汇率。利率平价理论论述了远期汇率与即期汇率之差与利差这一客观存在的关系。

利率平价理论实际上是从另一个角度来考虑资金的流向问题。假定本国利率为 r_H，外国利率为 r_F，两国之间即期汇率为 s_0，远期汇率为 F。下面来看一个本国投资者，假设他有 x 元本币，是如何选择投资国内与国外资本市场。假设投资期为1年。

这一投资者的第一种选择是将这 x 元本币投资于本国资本市场，1年后获得本币的本金加利息，利息率是 r_H，以图4-1所示。

x元本币 ⟶ r_H ⟶ 本币（本金+利息）

图4-1 本币投资于本国资本市场

在这种投资选择下，他的收益率（R_1）是这样计算的，

$$投资收益率 = \frac{期末的本币数额 - 期初的本币数额}{期初的本币数额} \times 100\%$$

$$R_1 = \frac{x(1+r_H) - x}{x} = r_H \tag{4.1}$$

这一投资者的第二种选择是：首先将这 x 元本币到外汇即期市场上按即期汇率 s_0（期初的即期汇率）兑换成外币，同时要签署一个1年后卖出外汇的期货合约，远期汇率为 F；接着将这些外币投资于国外的资本市场，1年后获得外币（本金加利息）；然后到外汇期货市场上执行外汇期货合约，按期率 F 卖出外币而获得本币。图4-2表示这一过程。

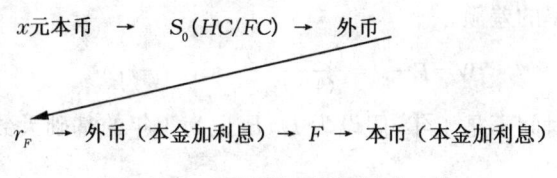

x元本币 → $S_0(HC/FC)$ → 外币

r_F → 外币（本金加利息）→ F → 本币（本金加利息）

图4-2 本币投资于外国资本市场

下面来计算第二种投资选择的收益率。

第一步：将 x 元本币兑换成外币，获得外币的数量是 x/s_0；同时签署一个卖出外汇的期货合约，期率是 F。

第二步：将数量为 x/s_0 的外币投资于国外资本市场，1年后获得的本金加利息的外币数量是 $(x/s_0)(1+r_F)$。

第三步：1年后履行卖出外汇期货合约，按期率 F 卖出外币而获得本币，获得的本币数量是 $(x/s_0)(1+r_F)F$。

记第二种投资选择的收益率为 R_2，那么，

$$R_2 = \frac{\frac{x(1+r_F)F}{s_0} - x}{x} = \frac{(1+r_F)F}{s_0} - 1 \tag{4.2}$$

很自然地，人们会想到，如果两国之间利率的变化不至于引起资金的流动，那么外汇期率也应当有相应的变化。两国之间不因利率与外汇期率变化而引起资金流动的平衡条件是上述两种投资选择的收益率相等，即 $R_1 = R_2$，由此可得，

$$r_H = \frac{(1+r_F)F}{s_0} - 1$$

整理得到：

$$F=\frac{s_0(1+r_H)}{1+r_F} \quad (4.3)$$

如果远期汇率的时间不是1年，假设为D，B记为1年的基础天数，那么，远期汇率的计算公式为：

$$F=\frac{s_0\left(1+r_H\times\frac{D}{B}\right)}{1+r_F\times\frac{D}{B}} \quad (4.4)$$

[例4—1] 目前人民币与美元的即期汇率为1美元兑换7.3人民币，人民币的即期年利率为3%，美元的即期年利率为6%，求两种货币半年后的远期汇率。

已知：$s_0=7.3(RMB/USD)$，$r_H=3\%$，$r_F=6\%$，$D=180$，$B=360$。

解：根据公式（4—4），

$$F=\frac{s_0\left(1+r_H\times\frac{D}{B}\right)}{1+r_F\times\frac{D}{B}}=\frac{7.3\times\left(1+3\%\times\frac{180}{360}\right)}{1+6\%\times\frac{180}{360}}=7.19(RMB/USD)$$

二、远期汇率的点数标价

与远期汇率标价相关的一个基本概念是"升水或贴水"（也称互换点数或远期点数），指的是远期汇率与即期汇率的差额。

$$W=F-s_0=\frac{(r_H-r_F)}{(1+r_F)}s_0\approx(r_H-r_F)s_0 \quad (4.5)$$

如果远期汇率的时间不是1年，假设为D，B记为1年的基础天数，那么，互换点数的计算公式为，

$$W\approx(r_H-r_F)s_0\times\frac{D}{B} \quad (4.6)$$

如果英镑与美元的即期汇率为1.540（USD/GBP），1年后的远期汇率为1.560（USD/GBP），那么，英镑与美元的1年期互换点数或远期点数为，

$$W=F-s_0=1.560-1.540=0.02(USD/GBP)=200bp$$

在外汇远期交易中，远期汇率的报价一般采用的是不完全报价法，也就是说一般只报远期点数，且采用的是基本点数报价。一般称0.0001为一个基点（bp）。上面英镑与美元的远期差额可以说是200个基点。

远期汇率报价举例如表4—1所示。

表4—1　　　　　　　　举例英镑兑美元远期汇率报价（USD/GBP）

	买入汇率	卖出汇率
即期汇率	1.913 5	1.914 5
3个月期互换点数	30	25
3个月远期汇率	1.910 5	1.912 0

表4—1中，3个月期英镑兑美元的远期汇率报价是买入价（银行买入英镑）为30个基

点,卖出价(银行卖出英镑)为 25 个基点。

如表 4-2 中,6 月期加元兑美元的远期汇率报价是买入价(银行买入加元)为 20 个基点,卖出价(银行卖出加元)为 23 个基点。

表 4-2　　　　　　举例加元兑美元远期汇率报价(USD/CAD)

	买入汇率	卖出汇率
即期汇率	0.953 5	0.953 6
6 月期互换点数	20	23
6 个月远期汇率	0.955 5	0.955 9

升水(premium)与贴水(discount)在不同的情况,代表不同的意义。在远期外汇市场,升水是指远期点数必须加到即期汇率,贴水是指远期点数必须从即期汇率中扣除。

交易者双方为了完成英镑与美元的交易,最终还必须知道远期汇率的完全报价。询价者如何由即期汇率和远期差额来算出完全的远期汇率?

法则 1

如果远期外汇买入价格的点数报价小于卖出价格的点数报价,则把远期点数还原为小数点值,然后加到即期汇率上,所得到的就是相应的远期完全标价。

法则 2

如果远期外汇买入价格的点数报价大于卖出价格的点数报价,则把远期点数还原为小数点值,然后即期汇率上减去,所得到的就是相应的远期完全标价。

第二节　传统的外汇远期业务

一、传统的外汇互换

传统的外汇互换是指两种货币在即期进行一次兑换,然后交易双方约定在将来某一日期以双方约定的互换汇率再进行一次反向的兑换交易。

其实,这样的外汇互换,实质上是公司方以放弃未来即期汇率可能对己方的有利变化为代价,而获得了满意的、固定的收益。银行方则主要是为公司提供融资服务而获得服务费用。

在现实生活中,公司经常有这样的融资需求。例如,一家英国的公司有一笔在美国的生意,需要用到 1 000 万美元。所以该英国公司需要用英镑到银行兑换美元,英镑兑美元的即期汇率是 1.9135(USD/GBP)这笔生意需要 1 年时间才能完成,1 年后,该英国公司可以赚取以美元结算的利润 1 200 万美元。该英国公司要做这笔生意,最担心的是 1 年后英镑升值。英镑的升值可能会使美元成本和利润在 1 年后兑换成英镑后,才发现这笔生意以英镑来核算最终是亏损的。为此,该公司需要锁定 1 年后的汇率(远期汇率=1.9455USD/GBP),防范汇率波动产生的风险。这样,由于企业的这种融资和防范汇率波动风险的需求,就产生了传统意义上的外汇互换。表 4-3 列出了该项外汇互换中银行的所有交易。

表 4-3　　　　　　　　　传统外汇互换中的银行外汇交易

即期外汇交易	1年远期
买入英镑5 226 025.607 5GBP	卖出6 168 080.185 0GBP
即期汇率1.913 5USD/GBP	远期汇率1.945 5USD/GBP
卖出美元10 000 000USD	买入12 000 000USD

可见,而银行在进行上述传统的外汇互换交易时,需要真正到银行间货币市场上借入美元,兑换成英镑后,还真正对这笔英镑的多头要进行投资。显然,在实务工作中,对银行而言,在资金的管理上有很大的负担,构成表内业务且要受到监管方的限制等。

为了解决传统外汇互换的这种缺陷,银行可以在即期再进行一笔对冲性质的外汇互换,交易量相等,交易方向相反交易期限更短。如表4-4所示。

表 4-4　　　　　　　　　两笔具有对冲性质的外汇互换

即期外汇交易		6个月远期	1年远期
买入英镑 5 226 025.607 5GBP	卖出英镑 5 226 025.607 5GBP	买入英镑 57 224 992.193 2GBP	卖出英镑 6 168 080.185 0GBP
即期汇率 1.913 5 USD/GBP	即期汇率 1.913 5 USD/GBP	远期汇率 1.921 4 USD/GBP	远期汇率 1.945 5 USD/GBP
卖出美元10 000 000USD	买入美元10 000 000USD	卖出美元11 000 000USD	买入英镑12 000 000USD

第二笔互换(即期与6个月远期的互换)吸收了第一笔互换产生的即期现金流,因而,减少了银行管理即期现金流的负担。在国际外汇市场上,常见的做法是把在即期进行的两笔有对冲性质的互换交易,或者说对等的互换交易打包组合成单一的远期对远期外汇互换。

二、远期对远期外汇互换

上述打包组合成的远期对远期外汇互换,解决了银行即期外汇现金流的问题。但是,银行在开展这些外汇互换业务的时候,出现了未来不同时点的外汇的多头或空头的管理问题。如表4-5所示。

表 4-5　　　　　　　　　银行面临的远期外汇头寸的管理

即期外汇交易	6个月远期	1年远期
	买入英镑 57 224 992.193 2GBP	卖出英镑6 168 080.185 0GBP
	远期汇率 1.921 4 USD/GBP	远期汇率 1.945 5 USD/GBP
	卖出美元11 000 000USD	买入英镑12 000 000USD

为了管理不同未来期限的外汇头寸,"远期对远期外汇互换"就产生了。"远期对远期外汇互换"仅互换未来不同期限的两笔远期外汇交易。面对表4-5的外汇管理问题,银行仅需

作一笔与其相反的远期对远期外汇互换业务就可以规避未来汇率变动所造成的外汇头寸风险。

[例 4—2] 纽约某银行在某营业日进行了以下外汇交易业务：(1)卖出 6 月期英镑 5 000万，买入相应数量的美元；(2)买入 6 月期英镑 2 000万，卖出相应数量的美元；(3)卖出 700万即期英镑，买入相应数量美元；(4)买入一年期英镑 3 000万，卖出相应数量的美元；(5)买入即期英镑 700 万，卖出相应数量的美元。即期汇率为 1.913 5 1.913 5USD/GBP，6 月期和 1 年期的远期汇率分别为 1.921 4USD/GBP 和 1.945 5USD/GBP。其结果如表 4—6 所示。

表 4—6　　　　　　　　　纽约某银行未来远期英镑头寸

外汇交易	即期	6 月期	1 年期
(1)		−£50 000 000	
(2)		+£20 000 000	
(3)	−£7 000 000		
(4)			+£30 000 000
(5)	+£7 000 000		
合计	0	−£30 000 000	+£30 000 000
采取远期对远期的抵补措施		+£30 000 000	−£30 000 000

在表 4—6 中，该银行有暴露于利率和汇率风险之下的 6 月期英镑空头头寸 3 000万和 1 年期的英镑多头头寸 3 000万，如果不采取任何抵补措施，风险可能给银行带来损失。为了规避利率和汇率变化带来的风险，银行可以进行一笔"6×12"远期对远期的外汇互换交易，买入 6 月期远期英镑 3 000万(出售美元，远期汇率为 1.921 4USD/GBP)，卖出 12 月期远期英镑 3 000万(买入美元，远期汇率为 1.945 5USD/GBP)。这样，通过远期对远期的外汇互换，有效地规避了利率或汇率变化给银行带来的损失风险。

第三节　远期外汇综合协议(SAFE)

一、SAFE 的定义

传统的外汇互换与远期对远期外汇互换，都可以用来规避未来汇率或利率变化带来的风险，但它们都涉及资金的实际流动，所以受到资本充足率要求的限制。所以，它们都是银行的表内业务的范畴。

定义：远期外汇综合协议 SAFE(Synthetic Agreement for Forward Exchange) 是汇率协议(exchange rate agreement，ERA)和远期汇兑协议(forward exchange agreement，FXA)的总称，可以对未来两种货币利率变化或汇率变化进行保值或投机的双方所签订的一种远期协议。

SAFE 是 20 世纪 80 年代产生的一种金融创新产品，产生的动机是为了摆脱资本准备金条件的限制，它与前面讲述的 FRA 类似，属于场外交易的金融产品。它不仅实现了远期对远期外汇互换产品的功能,而且从银行业务的角度来看,它属于表外业务,从而脱离了资本充足率的限制。

(一)一项 SAFE 交易包含的要素

(1)交易双方同意进行名义上的远期对远期货币互换,并不涉及实际的货币兑换。

(2)名义上互换的两种货币分别称为第一货币(primary currency)和第二货币(secondary currency)。名义上在结算日进行首次兑换,在到期日进行第二次兑换。

(3)在交易日确定两次互换的金额,且确定合约汇率和到期日汇率;在确定日确定与合约汇率和到期日汇率对应的市场汇率。

(4)买方指首次兑换买入第一货币的一方,也是第二次交易出售第一货币的一方;卖方则相反。

(二)SAFE 的几个时间点和基本术语

按照时间顺序,一个 SAFE 包括交易日、确定日、结算日和到期日等几个时间节点。

(1)交易日。交易日即双方达成 SAFE 交易的时点。在该时点交易双方应当完成的约定包括:①确定 SAFE 的交易品种,例如,"3×6"交易日至结算日的时间是 3 个月,交易日至到期日的时间是 6 个月,结算日至到期日的时间是 3 个月;确定了交易的品种,也就确定了结算日和到期日。②确定第一货币和第二货币,确定 SAFE 的买方和卖方。③确定结算日和到期日两次货币兑换的本金数额(两次交易额分别以 A_s 和 A_m 表示,量纲均为第一货币)和两次兑换的汇率,确定的结算日的汇率称为合约汇率(contract rate,CR),确定的到期日的汇率为合约汇率加上合约差额(contract spread,CS),到期日的汇率以 CR+CS 表示(在此要注意所有汇率的量纲均为"第二货币/第一货币")。

(2)确定日。确定日在交易日之后,从学习的角度,可以认为确定日就是结算日或是结算日前面一个工作日。在该日,要确定两次货币兑换日期,即结算日和到期日的市场汇率。结算日的市场汇率实际上就是结算日的即期汇率,在此称为结算汇率(settlement rate,SR),到期日的市场汇率实际上是在确定日确定的到期日的远期汇率,在此以结算汇率加上结算差额(settlement spread,SS),所以,到期日的市场汇率以 SR+SS 表示。

(3)结算日。结算日紧接着确定日。该日要名义上进行两种货币的第一次兑换。实际操作上,在该日要进行结算金的交付。

(4)到期日。SAFE 交易的到期日。该日要名义上进行两种货币的第二次兑换。结算日的到期日这一时间称为合约期。

表 4-7 列出了各方在各个日期名义上要完成的义务。

表 4-7 SAFE 交易各方在各个日期名义上要完成的义务

	交易日	结算日	到期日
买方		名义上以 CR(第二货币/第一货币)买入第一货币,买入数额为 A_s(量纲为第一货币),卖出第二货币	名义上以 CR+CS(第二货币/第一货币)卖出第一货币,卖出数额为 A_m(量纲为第一货币),买入第二货币
卖方		名义上以 CR(第二货币/第一货币)买入第二货币,卖出第一货币数额为 A_s	名义上以 CR+CS(第二货币/第一货币)卖出第二货币,买入第一货币数额为 A_m

从防范汇率风险角度,可以认为:买方交易的目的是防范第一货币在结算日升值,因为其在该时点将买入第一货币;同时,也防止第一货币在合约到期日贬值,因为其最终是出售第一货币。卖方交易的目的与买方刚好相反,是防范第二货币在结算日升值,因为其在该时点将买入第二货币;同时,也防止第二货币在合约到期日贬值,因为其最终是出售第二货币。

二、SAFE 的结算

(一)SAFE 的结算金的计算

SAFE 的常见形式有两种:汇率协议(ERA)和远期外汇协议(FXA)。ERA 和 FXA 的结算金的计算公式分别如下:

$$FXA = A_m \times \frac{(CR+CS)-(SR+SS)}{1+\left(i \times \frac{D}{360}\right)} - A_s \times (CR-SR) \tag{4.7}$$

$$ERA = A_m \times \frac{CS-SS}{1+\left(i \times \frac{D}{360}\right)} \tag{4.8}$$

其中,i 表示第二货币在结算日时的年利率;D 表示 SAFE 的合约期所包含的天数。计算出的结算金大于零,则买方获得结算金,卖方付出结算金;如果计算出的结算金小于零,则卖方获得结算金,买方付出结算金。由于 A_m 和 A_s 的量纲为"第二货币/第一货币",所以从上述结算金的计算公式可以看出,SAFE 交易一般以第一货币表示名义上交易金额数,以第二货币表示结算金的数额。

由公式(4.7)可以看出,远期汇兑协议(FXA)的结算金的计算不仅与 CS 和 SS 之间的差额有关,而且与汇率变动的绝对水平有关。如果公式中的第一项大于零,则表示在确定日看来,到了到期日第一货币在走弱,而买入方在到期日名义上要卖出第一货币,在现实交易中,买入方要受到损失,所以买方获得补偿。公式的第二项表示的是,如果 $A_s \times (CR-SR)$ 大于零,则表示在确定日看来,到了结算日第一货币在走弱,而买入方在结算日名义上要买入第一货币,在现实交易中,买入方要获汇兑收益,所以买方付出补偿。由于结算金的结清是在结算日进行,所以对到期日的结算金有一个时间价值的折现因子。

由公式(4.8)可以看出,ERA 的结算金的计算仅仅考虑到了两种货币相对汇率差额的变化。如果计算结果大于零,则表示在确定日看来,到了到期日第一货币相对第二货币在走弱,而买入方在到期日名义上要卖出第一货币,在现实交易中,买入方要受到损失,所以买方获得补偿。所以可以认为 FXA 比 ERA 计算得更加精准细致。

(二)银行对应 SAFE 产品的实务标价

银行开展远期外汇综合协议(SAFE)业务并非是通过承担汇率风险而获取风险利润,而是通过提供金融服务,通过对买方和卖方的不同 SAFE 报价而获得金融服务收益。所以银行开展 SAFE 业务获取的是无风险的价差收益。无论银行作为 SAFE 产品的买方还是卖方,标价总是对银行方有利为原则。

SAFE 的标价与外汇市场上的其他金融产品的交易的标价类似,由于银行方面具有定价权,所以银行报出的 SAFE 标价有买入价和卖出价之分,银行对 SAFE 报价的依据是外汇即期与远期的买入价和卖出价。

以 ERA 举例:纽约某银行对一份"3×6"英镑兑换美元的 ERA 的标价为 192/199。

在此英镑为 ERA 的第一货币,美元为第二货币,标价的量纲为"USD/GBP"。上述标价表明:银行作为报价方对 ERA 的卖出价报价(银行作为卖方,在结算日卖出英镑,在到期日买入英镑),即银行在到期日买入英镑的合约差额 CS=192(基点);银行作为报价方对 ERA 的买入价(银行作为买方,在结算日买入英镑,在到期日卖出英镑),即银行在到期日卖出英镑的合约差额 CS=199(基点)。

表 4-8 是外汇即期和远期市场关于英镑与美元的标价。

表 4-8　　　　　　　　外汇即期和远期市场关于英镑与美元的标价

汇率标价信息:汇率量纲(USD/GBP)		
	基本点标价	完全标价
即期	1.900 5~1.901 5	1.900 5~1.901 5
3 月期	35~38	1.904 0~1.905 3
6 月期	230~234	1.923 5~1.924 9
ERA 报价	192~199	

上述银行关于 ERA 的报价是基点报价,不是完全报价,为此,还需从外汇即期和远期的市场完全报价中获得银行对 ERA 的完全报价。由表 4-8 可知,银行对 ERA 的合约报价为:银行的买入合约汇率报价是 CR=1.904 0(USD/GBP),而银行的卖出合约汇率报价是 CR=1.905 3(USD/GBP)。

可以看出,银行作为报价方对 ERA 的卖出价合约差额(CS)报价 192 基点是由 6 个月远期外汇的买入价减去 3 个月远期外汇的卖出价而得到,ERA 的卖出价合约差额(CS)199 基点则是由 6 月远期外汇的买入价减去 3 个月远期外汇的买入价而得到。

综上所述,该 ERA 的报价是:

(1)银行作为买方,即名义上在结算日买入英镑,在到期日出售英镑,其价格为:CR=1.904 0(USD/GBP),CS=199(USD/GBP);

(2)银行作为卖方,即名义上在结算日卖出英镑,在到期日买入英镑,其价格为:CR=1.905 3(USD/GBP),CS=192(USD/GBP)。

银行在进行 ERA 或 FXA 的有利报价地位,决定了银行进行此业务交易的实际获利基础缘于其提供了此项业务的金融业务服务。

三、SAFE 应用举例

下面举例说明在不同的汇率变化和利率变化条件下,应有 SAFE 的不同保值效果。

[例 4-3]　假设 SAFE 的买方为银行,一家企业为 SAFE 的卖方。又假设初始英镑兑美元的市场条件如表 4-9 所示。

表 4-9　　　　　　　　初始英镑兑美元的市场条件

	银行英镑买入价-卖出价
即期汇率(美元/英镑)	1.900 0~1.901 1

续表

	银行英镑买入价－卖出价
1个月期	54～57
4个月期	214～217
"1×4"远期互换点数	157～163
英镑年利率	6.50%
美元年利率	9.87%

在此SAFE中,英镑为第一货币,美元为第二货币。企业由市场远期汇率的情况分析,认为两种货币的利率差还可能继续扩大,所以,计划在结算日卖出英镑,获得美元,进行美元投资,从而获得利差扩大的收益。企业的这项投资计划,担心的是在到期日美元贬值,为此卖出"1×4"SAFE,交易本金为1 000万英镑。一个月过后到了结算日,此刻的汇率和两种货币的利率分别变为如表4-10所示的情况。

表4-10　　　　　　　　结算日英镑兑美元的市场条件

	银行英镑买入价－卖出价
即期汇率(美元/英镑)	1.900 0～1.901 1
3个月期	172～178
英镑年利率	5.50%
美元年利率	9.99%

在结算日,即期汇率与一个月之前完全一样,没有发生变化,然而,两种货币的利率差确实如企业预期的那样扩大到了4.49%,那么企业实现了投资获利的目的,而且,确实出现了未来3个月美元远期的贬值,由于卖出"1×4"SAFE获得了结算金的补偿。具体计算如下:

$A_m = A_s = £10\,000\,000$　　　美元利率 $i = 9.99\%$　　　$D = 90$ 天

$CR = 1.905\,4(\$/£)$　$CS = 0.016\,3(\$/£)$　$CR + CS = 1.921\,7(\$/£)$

$SR = 1.900\,0(\$/£)$　$SS = 0.017\,2(\$/£)$　$SR + SS = 1.917\,2(\$/£)$

$$FXA = 10\,000\,000 \times \frac{1.921\,7 - 1.917\,2}{1 + (9.99\% \times \frac{90}{360})} - 10\,000\,000 \times (1.905\,4 - 1.900\,0)$$

$$= -10\,097(美元)$$

$$ERA = 10\,000\,000 \times \frac{0.016\,3 - 0.017\,2}{1 + (9.99\% \times \frac{90}{360})} = -8\,780(美元)$$

由于结算金的FXA或ERA均为负,SAFE的卖方,即企业获得结算金补偿。企业获得结算金补偿缘于美元的贬值,因为企业在此项交易中,其最终是美元兑换回英镑,所以担心美元贬值。由于事先卖出SAFE,当美元未来真正贬值时获得结算金补偿,从而规避了美元贬值的风险。与此同时,企业获得了相对高利率的美元投资收益。该例子的条件是交易日到结算日期间的即期汇率没有发生变化,结算金主要是缘于结算日至到期日之间的远期汇率的变

化。该例子是美元远期走弱导致了 SAFE 的卖方获得结算金。如果美元走强,将导致买方获得结算金。在这种情况下,卖方仍然得到了美元的较高利率的投资和美元未来兑换英镑的汇率有利走势。

本章小结

本章讲述了有关远期外汇业务和远期外汇综合协议(SAFE)的基本概念;介绍了远期汇率、点数标价等,分析了传统外汇远期兑远期的业务原理;重点分析了远期外汇综合协议的定义和结算补偿原理并举例说明了远期外汇综合协议的应用。

思考与练习

1. 什么是远期汇率?
2. 什么是远期汇率的点数标价?
3. 什么是传统的外汇互换?
4. 什么是远期对远期外汇互换?
5. SAFE 的定义是什么?
6. FXA 和 ERA 的实质区别是什么?

第五章
期货基础知识

【本章学习要点】

本章涉及的重要概念有：期货、金融期货、期货合约的基本要素、结算公司、保证金、平仓制度等。要求掌握期货交易的目的、期货市场的功能、期货市场的交易方式；了解期货市场的参与者、金融期货的定价原理等。

第一节　期货的基本概念

期货产生的直接原因是为了规避产品的价格风险。最初的期货产品的交易标的物是农产品，例如，大豆期货、玉米期货等。当时人们面临的价格风险主要是由自然灾害导致。在19世纪中叶，芝加哥期货交易所就开始了相关农产品的期货合约交易。"金融期货"的构想和开展，是20世纪70年代初期的事情。与实物作为交易标的物的期货相比，金融期货晚了约100多年。然而，金融期货发展迅速，目前已经成为金融市场的主要交易品种。

一、期货

所谓期货（futures），指的是期货合约，是由期货交易所统一制定的、规定在将来某一特定的时间和地点交割一定数量标的物的标准化合约。这里的标的物，又称基础资产，一般传统期货的基础资产是实物商品，如大豆、玉米、铜或原油。

期货是在远期交易的基础上发展起来的。期货交易也是未来的买卖活动，但和远期交易有很大区别。首先，期货交易是在期货交易所发生的、公开进行的标准化合约的交易。其次，期货交易的对象是期货合约，而不是实物商品。因此，期货投资者可以在合约到期时进行实物交割，也可以在到期前进行对冲交易。就实物交割来说，一方缴纳现金，另一方交出合约中约定的规定规格的商品，这和远期交易是相同的；不同的地方在于，期货合约可以在合约到期前采用平仓的方式冲销原来的交易。因此，期货交易的流动性更强。期货交易实行保证金制度和当日无负债结算制度，因而其违约风险远远低于远期交易。

二、金融期货

金融期货（financial futures）是指以金融工具为标的物的期货合约。它的基础资产是某种金融资产，如外汇或债券；还可以是某个金融指标，如3个月期银行同业拆借利率或股票指数。

金融期货一般分为四类：货币期货、利率期货、债券期货和股票指数期货。也有的教科书将利率期货和债券期货合并为一类，统称为利率期货。金融期货作为期货交易中的一种，具有期货交易的一般特点，但与商品期货相比较，其合约标的物不是实物商品，而是金融工具。

(1)货币期货，即外汇期货。是指以汇率为标的物的期货合约。货币期货是适应各国从事对外贸易和金融业务的需要而产生的，目的是借此规避汇率风险。1972年美国芝加哥商业交易所的国际货币市场推出第一张货币期货合约并获得成功。其后。英国、澳大利亚等国相继建立货币期货的交易市场，货币期货交易成为一种世界性的交易品种。目前，国际上货币期货合约交易所涉及的货币主要有英镑、美元、欧元、日元、瑞士法郎、加拿大元、法国法郎、澳大利亚元等。

(2)利率期货，是指以利率为标的物的期货合约。利率期货根据基础证券期限的长短，可分为短期债券期货和中长期货债券期货。在此，利率期货是指期限不超过1年的短期债券期货。

(3)债券期货，在此是指期限超过1年的中长期债券期货。

(4)股票指数期货，是指以股票指数为标的物的期货合约。股票指数期货是目前金融期货市场最热门和发展最快的期货交易。股票指数期货不涉及股票本身的交割，其价格根据股票指数计算，合约以现金结算形式进行交割。

三、金融期货产生的原因

金融期货的兴起，有其背景和制度原因。20世纪70年代初期，布雷顿森林体制，也就是固定汇率制度崩溃了，国际货币体制进入浮动汇率时代。此后，国际不同货币之间的汇率波动越来越大。更加有效地规避金融风险的需求也越发强烈，人们意识到，能够有效规避风险的方法是进行以金融工具为基础的合约交易，而非以实物商品为基础的合约交易。芝加哥商品交易所(CME)建立了国际货币市场(IMM)并于1972年推出了外币期货合约。

浮动汇率体制中，长期和短期利率水平开始出现较大的波动。这无疑直接影响了实物商品的生产领域，从而为生产商带来财务成本的风险。芝加哥期货交易所(CBOT)于1975年推出了第一份利率期货合约。伦敦国际金融期货交易所(LIFFE)正式成立于1982年，是世界上第三大期货交易所。此后，世界许多金融中心成立了以金融期货为主要交易品种的交易所，例如法国国际期货与期权交易所(MATIF,1986)、瑞士期权与金融期货交易所(SOFFEX,1988)、爱尔兰期货期权交易所(IFOX)、德国期货交易所(DTB,1990)以及意大利金融期货市场(MIF,1992)，同时期奥地利、比利时也建立了期货交易所。20世纪90年代中后期，亚洲的一些国家先后建立了期货交易所，新建立的期货交易所采用计算机交易系统，不同于传统的"现场竞价"交易方式。利率类期货和股票类期货的陆续出现，使金融期货产品逐步得以完善，市场规模不断扩大。20世纪90年代开始，金融期货就已经成为全球期货市场中成交量最大的品种类别，近几年来，全球金融期货期权占据了全球期货期权交易量的90%以上。

四、期货合约的要素和基本内容

（一）一份有效的期货合约的基本要素

(1)是一份具有法律约束力的协议；

(2)每份合约规定了一致标的商品的质量和数量；

(3)交割价格是双方共同约定的；

(4)一般有统一规定交割的日期。

（二）一份期货合约的标准化条款

(1)交易数量和单位条款。每种商品的期货合约规定了统一的、标准化的数量和数量单位，统称"交易单位"。例如，美国芝加哥期货交易所的加元期货的交易单位为100 000加元，每张加元期货合约都是如此。如果交易者在该交易所买进1张（也称1手）加元期货合约，就意味着在合约到期日需买进100 000加元。

(2)质量和等级条款。对于商品期货合约而言，规定了统一的、标准化的质量等级，一般采用被国际上普遍认可的商品质量等级标准。例如，由于我国黄豆在国际贸易中所占的比例比较大，所以在日本名古屋谷物交易所就以我国产黄豆为该交易所黄豆质量等级的标准品。

(3)交割地点条款。商品期货合约为期货交易的实物交割指定了标准化的、统一的实物商品的交割仓库，以保证实物交割的正常进行。

(4)交割期条款。商品期货合约对进行实物交割的月份作了规定，一般规定几个交割月份，由交易者自行选择。例如美国芝加哥期货交易所为小麦期货合约规定的交割月份就有7月、9月、12月，以及下一年的3月和5月，交易者可自行选择交易月份进行交易。如果交易者买进7月份的合约，要么7月前平仓了结交易，要么7月份进行实物交割。

(5)最小变动价位条款。指期货交易时买卖双方报价所允许的最小变动幅度，每次报价时价格的变动必须是这个最小变动价位的整数倍。例如一张加元期货合约的加元标准数量是10万加元，到期的交割方式是现货交割，最小变动点为1加元变动0.000 1美元，也即1份合约的最小价格变动单位是10美元，最小喊价幅度为10美元的倍数等。

(6)每日价格最大波动幅度限制条款。指交易日期货合约的成交价格不能高于或低于该合约上一交易日结算价的一定幅度。达到该幅度则暂停该合约的交易。例如，芝加哥期货交易所小麦合约的每日价格最大波动幅度为每蒲式耳不高于或不低于上一交易日结算价20美分（每张合约为1 000美元）。

(7)最后交易日条款。指期货合约停止买卖的最后截止日期。每种期货合约都有一定的月份限制，到了合约月份的一定日期，就要停止合约的买卖，准备进行实物交割。例如，芝加哥期货交易所规定，玉米、大豆、豆粕、豆油、小麦期货的最后交易日为交割月最后营业日往回数的第七个营业日。

除此之外，期货合约还包括交割方式、违约及违约处罚等条款。

（三）金融期货举例

以下举例说明在CME交易的加元期货合约的概要，如表5—1所示。

表 5-1　　　　　　　　加元期货在芝加哥商品交易所的合约主要条款

Trade Unit	100 000 Canadian dollars
Settle Method	Delivery
Point Size	1 point = $.0001 per Canadian dollar = $10.00 per contract
Strike Price Interval	
Strike	
Limits/Price Banding	No limits
Tick Size(Minimum Fluctuation)	Regular 0.0001= $10.00
Trading Hours	Mon/Thurs 5:00 p.m.—4:00 p.m. Sun & Hol 3:00 p.m.—4:00 p.m.
Listed	
Product Codes	Clearing=C1 Ticker=CD GLOBEX=6C AON=LK
Minimum Block Size	
Product Calendar	Six months in the March Quarterly Cycle, Mar, Jun, Sep, Dec. See View current product listings

资料来源：www.cme.com。

由表 5-1 可知，一张加元期货合约的加元标准数量是 10 万加元，到期的交割方式是现货交割，最小变动点为 1 加元变动 0.000 1 美元，也即 1 份合约的最小价格变动单位是 10 美元，最小喊价幅度为 10 美元的倍数等。表 5-2 举例说明加元期货在芝加哥商品交易所的主要品种。

表 5-2　　　　　　　　加元期货在芝加哥商品交易所的主要品种举例

Contract Month	Product Code	First Trade Date	Last Trade Date	Settlement Date
DEC08	CDZ08	06/20/2007	12/16/2008	12/16/2008
MAR09	CDH09	09/19/2007	03/17/2009	03/17/2009
JUN09	CDM09	12/19/2007	06/16/2009	06/16/2009
SEP09	CDU09	03/19/2008	09/15/2009	09/15/2009
DEC09	CDZ09	06/18/2008	12/15/2009	12/15/2009
MAR10	CDH10	09/17/2008	03/16/2010	03/16/2010

资料来源：www.cme.com。

为了看懂表 5-2 中的产品代码，须先熟悉期货合约的月份代码，见表 5-3。

表 5-3　　　　　　　　　　　　期货合约月份代码

月份	1	2	3	4	5	6	7	8	9	10	11	12
代码	F	G	H	J	K	M	N	Q	U	V	X	Z

在表 5-2 中的"DEC08"表示的是 2008 年 12 月份到期的加元期货合约。其产品代码为"CDZ08"，CD 表示加元，Z 表示 12 月份，08 表示 2008 年。第一个交易日是 2007 年 6 月 20

日。最后交易日是 2008 年 12 月 16 日。

图 5-1 给出了加元期货的走势，2008 年 10 月 17 日加元期货收盘价为每加元兑换 0.845 8 美元，即每份加元期货为 84 580 美元。

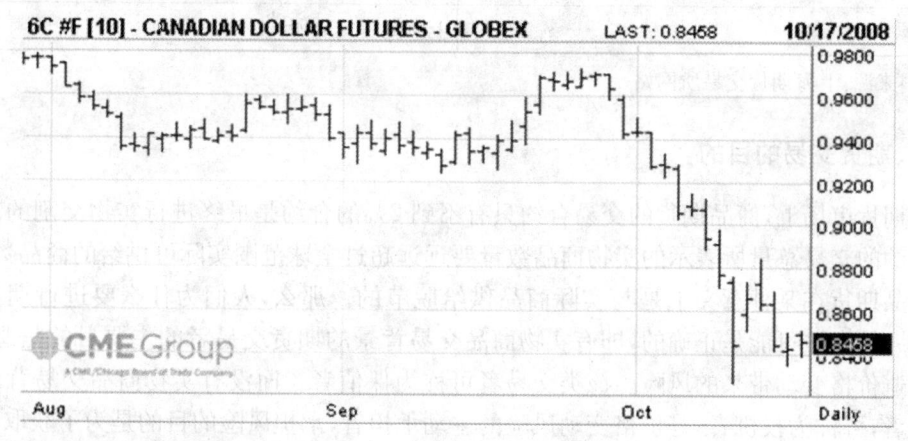

资料来源：www.cme.com。

图 5-1 加元期货走势

（四）商品期货举例

表 5-4 是上海期货交易所铜期货合约的概要。

表 5-4 上海期货交易所铜期货合约的内容

交易品种	阴极铜
交易单位	5 吨/手
报价单位	元（人民币）/吨
最小变动价位	10 元/吨
每日价格最大波动限制	不超过上一交易日结算价±3%
合约交割月份	1~12 月
交易时间	上午 9:00~11:30　下午 1:30~3:00
最后交易日	合约交割月份的 15 日（遇法定假日顺延）
交割日期	合约交割月份的 16 日至 20 日（遇法定假日顺延）
交割品级	标准品：标准阴极铜，符合国标 GB/T467-1997 标准阴极铜规定，其中主成分铜加银含量不小于 99.95%。 替代品：(1)高纯阴极铜，符合国标 GB/T467-1997 高纯阴极铜规定；(2)LME 注册阴极铜，符合 BS EN 1978:1998 标准（阴极铜等级牌号 Cu-CATH-1）。
交割地点	交易所指定交割仓库
最低交易保证金	合约价值的 5%
交易手续费	不高于成交金额的万分之二（含风险准备金）

续表

交割方式	实物交割
交易代码	CU
上市交易所	上海期货交易所

资料来源:上海期货交易所网站。

五、期货交易的目的

在期货市场上,商品期货的交易合约只有不到2%的合约是最终进行实物交割的。商品期货合约的交易总量所表示的实物商品数量要远远超过全球范围实际可供给的商品数量,这说明商品期货在某种意义上是与实际商品供给脱节的。那么,人们为什么要进行期货交易呢？有一种说法可能是正确的,即有实物商品交易背景的期货交易者的主要目的是避险,也就是规避价格变动带来的风险。该类交易者可称为保值者。而没有实物商品交易背景的期货交易者,可称为投机者,是价格变动风险的主动承担者,承担风险的目的是为了获取风险利润。所以,期货交易的目的并不是为了转让实物资产或金融资产的财产权。真正目的是为了减少交易者所承担的风险,或投机获得风险利润。

即使绝大多数保值者,也不必等到期货到期而进行实物商品的交割。例如,出售一年期大豆期货的农民,如果一年后大豆价格下跌,农民一般不会等到一年后真的到期货市场按期货价格出售大豆来保值,而是在未到期的某个时间买入低价大豆期货而对冲获利离开期货市场。一年后,农民在现货市场上出售大豆。期货市场上的获利抵消了现货市场的亏损而总体上达到了保值的效果。如果价格上涨,出售一年期大豆期货的农民,可在未到期的某个时间买入高价大豆期货而对冲亏损离开期货市场。一年后,农民在现货市场上高价出售大豆。现货市场上的获利抵消了期货市场的亏损而总体上达到了保值的效果。

同样,买入一年期大豆期货的投机者,如果一年后大豆价格上涨,投机者一般不会等到一年后真的到期货市场按期货价格买入大豆,然后再到现货市场上高价出售而获利。而是在未到期的某个时间卖出高价大豆期货而对冲买入期货获利离开期货市场。

六、期货市场的功能

(一)有效的价格发现功能

期货市场能为市场提供各种金融商品的有效价格信息。在期货市场上,各个参与者都会按照各自认为最合适的价格成交,因此期货价格在一定程度上反映的是供求双方在某一时期的价格走势,提高了市场价格的透明度。金融期货市场上所形成的远期价格能够为其他相关市场提供有用的参考信息,提高交易效率。

(二)化解和转移风险的功能

在日常的经济活动中,投资者很难避免商品价格的变化而引发的风险。在这种情况下,投资者可以通过购买相关的期货合约建立和现货头寸数量相反的期货合约,以期在将来某一时间通过卖出或买进期货合约而补偿因现货市场价格变动所带来的价格风险。

(三)稳定市场供求和价格

期货合约的价格反映了人们对未来商品的价格预期。它使得商品的需求方和生产方能够在一个生产周期开始之前预期商品未来的供求状况,从而安排商品的生产和需求,起到稳定供求的作用。

第二节 期货交易的市场机制及参与者

一、交易承诺的保证

期货交易与实物商品现货交易有很大不同,交易是以参与者的承诺为基础的。如果期货交易的一方不在交易到期前进行对冲而离场,到期又不履行实物交割,怎么办?参与者的信心如何坚定?所以对期货交易的监督和管理是非常严格的。

(一)结算公司机制

每一家期货交易所都有结算公司来保证期货合约交易的完整性。虽然期货交易的发生必须存在期货合约的买方和卖方,然而,期货合约交易的双方都以结算公司作为交易对象。合约的双方必须通过结算公司这一媒介才能完成交易。期货价格,特别是金融期货的波动可能导致交易商的账户在一个交易日内价值盈利或亏损达到数百万美元或更大,交易商的破产也是常有的事情。交易商破产了,其期货合约的承诺依然存在,其交易对手不能承担亏损。这时,结算公司就要承担风险,继续履行破产者的期货合约。

期货结算是指期货结算机构根据交易所公布的结算价格对客户持有头寸的盈亏状况进行资金结算的过程。期货结算的组织形式有两种:一种是独立于期货交易所的结算公司,如伦敦结算所(London Clearing House Limited,LCH)同时为伦敦的三家期货交易所进行期货结算;另一种是交易所内设的结算部门,如日本、美国等国期货交易所都设有自己的结算部门(以下统称"结算机构")。我国目前采用的是交易所内设结算机构的形式。独立的结算所与交易所内设结算机构的区别主要体现在:结算所在履约担保、控制和承担结算风险方面,独立于交易所之外,交易所内部结算机构则全部集中在交易所。独立的结算所一般由银行等金融机构以及交易所共同参股,相对于由交易所独自承担风险,风险比较分散。

(二)保证金与平仓制度

表面上看,结算公司将期货交易的交易风险转移到自己身上,实际上,为了防范期货交易者违约时产生的巨大风险,结算公司是通过"保证金制度"来保障自身不受损失。对于每一笔期货合约交易,结算公司都会要求交易者按照期货品种的不同,在结算公司存相应数额的保证金。每份期货合约的保证金数额应当不小于交易者持有仓位(头寸)的潜在最大可能亏损额。如果交易者的保证金数额小于这一数额,结算公司会立即通知交易者对保证金账户进行补充。如果交易者不及时进行补充,那么,结算公司有权对其进行平仓。平仓所获得的价值加上保证金使得该交易者的对手交易不受损失。因此,结算公司也就规避了结算风险。为了防止经常进行保证金补充,一般交易者的保证金账户的资金额会远大于结算公司计算的保证金最低数额。期货市场的保证金制度要求结算公司每天计算客户的保证金。由于期货市场一般都有涨跌停限制,所以,客户的潜在损失就仅限于一天内市场价格波动的最大数额。不同的期货交易所所采用的保证金制度会有所不同,但是,其机制是相同的。另一个值得注意的事情是,由于期货合约的到期时间是固定的,例如3月份到期的期货合约,就是规定在自然日历3月份的某一天到期,如果此前期货合约持有者不进行清仓,就必须进行到期的实物商品交割,所以,越临近到期日,期货合约的市场价格越接近现货的市场价格,合约价格的波动性可能会更大,这样,有些交易所对交割月的保证金会要求更高一些。

二、期货市场的交易方式

(一)交易池交易

交易池是在交易厅内进行期货和期权合约买卖的地方。交易池一般为能使合约交易者可以互相看见的八角形、外高内低台子。期货经纪人通过在交易池中的以特定的手势,相互公开喊价而形成交易的成交价格,并使得期货合约的交易得以完成。直到19世纪80年代中期,世界上所有的期货交易所都有交易大厅,以厅内的交易池为交易形成的中心。交易池交易方式是一种传统的期货交易方式,它的最突出的特点是期货经纪人可以随时感受人们进行交易时的情绪变化。

(二)屏幕交易

在屏幕交易方式下,价格的形成和交易的完成都是通过屏幕来完成的。期货交易者将期货合约的份数和希望成交的价格通过计算机键盘输入,由计算机完成交易指令并按照一定的规则进行排队。其优点是快速和方便,具有更高的撮合效率。其缺点是交易者难以感受交易池中市场气氛和情绪。

三、期货市场的参与者

(一)投机者

"投机"一词用于期货、证券交易行为中,并不是"贬义词",而是"中性词",指根据对市场的判断,把握机会,利用市场出现的价差进行买卖从中获得利润的交易行为。投机的目的很明确——就是获得价差利润。但投机是有风险的。

根据持有期货合约时间的长短,投机可分为三类:第一类是长线投机者,此类交易者在买入或卖出期货合约后,通常将合约持有几天、几周甚至几个月,待价格对其有利时才将合约对冲;第二类是短线交易者,一般进行当日或某一交易日的期货合约买卖,其持仓不过夜;第三类是逐小利者,又称"抢帽子者",他们的技巧是利用价格的微小变动进行交易来获取微利,一天之内他们可以做多个回合的买卖交易。

投机者是期货市场的重要组成部分,是期货市场必不可少的润滑剂。投机交易增强了市场的流动性,承担了套期保值交易转移的风险,是期货市场正常运营的保证。

(二)保值者

套期保值即买入(卖出)与现货市场数量相当、但交易方向相反的期货合约,以期在未来某一时间通过卖出(买入)期货合约来补偿现货市场价格变动所带来的实际价格风险。

保值的类型最基本的又可分为买入套期保值和卖出套期保值。买入套期保值是指通过期货市场买入期货合约以防止因现货价格上涨而遭受损失的行为;卖出套期保值则指通过期货市场卖出期货合约以防止因现货价格下跌而造成损失的行为。

套期保值是期货市场最基本的功能。无论是农产品期货市场,还是金属、能源期货市场,其产生都是源于生产经营过程中面临现货价格剧烈波动而带来风险时自发形成的买卖远期合同的交易行为。这种远期合约买卖的交易机制经过不断完善,例如将合约标准化、引入对冲机制、建立保证金制度等,从而形成现代意义的期货交易。企业通过期货市场为生产经营买了保险,保证了生产经营活动的可持续发展。

(三)套利者

套利指同时买进和卖出两张不同种类的期货合约。交易者买进自认为是"便宜的"合约,同时卖出那些"高价的"合约,从两合约价格间的变动关系中获利。在进行套利时,交易者注意的是合约之间的相互价格关系,而不是绝对价格水平。

套利一般可分为三类:跨期套利、跨市套利和跨商品套利。

跨期套利是套利交易中最普遍的一种,是利用同一商品但不同交割月份之间正常价格差距出现异常变化时进行对冲而获利的,又可分为牛市套利(bull spread)和熊市套利(bear spread)两种形式。例如在进行金属牛市套利时,交易所买入近期交割月份的金属合约,同时卖出远期交割月份的金属合约,希望近期合约价格上涨幅度大于远期合约价格的上涨幅度;而熊市套利则相反,即卖出近期交割月份合约,买入远期交割月份合约,并期望远期合约价格下跌幅度小于近期合约的价格下跌幅度。

跨市套利是在不同交易所之间的套利交易行为。当同一期货商品合约在两个或更多的交易所进行交易时,由于区域间的地理差别,各商品合约间存在一定的价差关系。例如伦敦金属交易所(LME)与上海期货交易所(SHFE)都进行阴极铜的期货交易,每年两个市场间会出现几次价差超出正常范围的情况,这为交易者的跨市套利提供了机会。例如当LME铜价低于SHFE时,交易者可以在买入LME铜合约的同时,卖出SHFE的铜合约,待两个市场价格关系恢复正常时再将买卖合约对冲平仓并从中获利,反之亦然。在做跨市套利时应注意影响各市场价格差的几个因素,如运费、关税、汇率等。

跨商品套利指的是利用两种不同的、但相关联商品之间的价差进行交易。这两种商品之间具有相互替代性或受同一供求因素制约。跨商品套利的交易形式是同时买进和卖出相同交割月份但不同种类的商品期货合约。例如金属之间、农产品之间、金属与能源之间等都可以进行套利交易。

交易者之所以进行套利交易,主要是因为套利的风险较低,套利交易可以为避免始料未及的或因价格剧烈波动而引起的损失提供某种保护,但套利的盈利能力也较直接交易小。套利的主要作用一是帮助扭曲的市场价格回复到正常水平,二是增强市场的流动性。

(四)经纪人和自营商

从进入交易池的资格的角度看,只有交易所的会员公司才被允许在交易池内执行交易指令。在许多情况下,这些会员仅仅充作经纪人,代表他人执行交易指令。然而也有许多会员为自己的账户进行交易。被称为"自营商"。他们为市场提供流动性。

第三节 账户监管及结算

结算公司的介入同时为买方和卖方规避了违约风险。不管期货交易所采取的是交易池交易,还是屏幕交易,所有的期货交易所由于有结算公司的存在,使得其相比较场外交易市场(OTC)具有重要的信誉和结算快捷的优势。在OTC市场上,由于没有结算机构作为中介,交易者非常关注交易对方的资信状况,如果交易者认为交易对方的履约风险较大,交易可能被取消。在期货市场上,交易者几乎无须关心交易对方的身份。虽然,每笔交易一定存在实际买方和卖方,一旦交易完成,结算公司就成了实际买方的卖方,实际卖方的买方。所以,形式上结算公司是每个交易者的交易对方。每笔交易的违约风险都转移到了结算公司。结算公司为了保证自身不出现结算风险,它所需要做的是,一要保证结算公司有充足的资本金,二是采取措施以防止交易者违约带来的风险。最有效的措施就是保证金和平仓制度。

目前在我国,期货保证金按性质与作用的不同,可分为结算准备金和交易保证金两大类。结算准备金一般由会员单位按固定标准向交易所缴纳,为交易结算预先准备的资金。交易保证金是会员单位或客户在期货交易中因持有期货合约而实际存在于结算公司开设的账户上的保证金,它又分为初始保证金和追加保证金两类。

初始保证金是交易者新开仓时所需缴纳的资金。它是根据交易额和保证金比率确定的,即初始保证金=交易金额×保证金比率。例如,商品交易所的大豆期货保证金比率为5%,某客户以2 500元/吨的价格买入6张玉米期货合约(每张10吨),那么,他必须向交易所支付7 500元(即2 500×60×5%)的初始保证金。在持仓过程中,交易者的持有期货合约会因市场行情的不断变化而产生浮动盈亏(结算价与成交价之差),因而保证金账户中实际可用来弥补亏损的资金就随时发生增减。浮动盈利将增加保证金账户余额,浮动亏损将减少保证金账户余额。保证金账户中必须维持的最低余额叫维持保证金,维持保证金=结算价×持仓量×保证金比率×k(k为常数,称维持保证金比率,在我国通常为0.75)。当保证金账面余额低于维持保证金时,交易者必须在规定时间内补充保证金,使保证金账户的余额=结算价×持仓量×保证金比率。否则,在下一交易日结算公司有权实施强行平仓。这部分需要新补充的保证金就称追加保证金。仍按上例,假设客户以2 500元/吨的价格买入60吨大豆后的第三天,大豆结算价下跌至2 400元/吨。由于价格下跌,客户的浮动亏损为6 000元(即2 500−2 400)×60),客户保证金账户余额为1 500元(即7 500−6 000),由于这一余额小于维持保证金(=2 500×60×5%×0.75=5 625元),客户需将保证金补足至7 500元(2 500×60×5%),需补充的保证金6 000元(7 500−1 500)就是追加保证金。

第四节 金融期货的定价原理

一、不确定性与期货

在一个现货的未来价格可以完全准确预测的经济环境中,期货的价格也将一直等于现货未来的价格。这样,期货合约的买方和卖方都将失去买卖期货的动机,保值者将觉得没有保值的必要,投机者无风险可承担,因而无利可图。期货产品一定是针对某种不确定性而存在的。最初的农产品期货的存在是由于天气和自然灾害存在不确定性。国际金融体制缘于布雷顿森林体系的崩溃,其不确定性的增加是金融期货大量出现的根本原因。

正是现实经济生活中存在许多因素的不确定性,商品期货和金融期货具有了其市场的前提。

二、期货价格与期望

期货合约的价格由于诸多不确定因素,例如,天气、自然灾害、利率的变化、经济的景气与否,甚至战争等,而具有不确定性。现代经济学认为,在不确定的经济环境中,人们的经济行为方式是依据其目前所掌握的信息,对未来的经济事件做出期望,根据期望指导目前的行动。

有些经济学家对期货与期望的关系做了研究,提出了几种可能的假设。

(一)期望值假说

该假说认为:当前期货的价格是市场参与者根据目前的信息对现货产品在交割日的价格所做期望的期望值。即:

$$P_0 = E(p_t) \tag{5.1}$$

上式中,P_0 表示期货合约的当前交易价格,p_t 表示交割日的现货价格,$E(p_t)$ 表示人们对交割日的现货价格的期望值。例如,6月份大豆期货合约价格是每浦式耳为5美元,这是人们对6月份大豆现货价格的期望值。这一假设描述的期货市场是,即使从个案来看,人们的预测期望可能是有所偏差的,长期看来,人们的预测期望值是准确的。这样,如果投机者比一般市场保值者不具有更准确的预测能力,那么,长期来看期货市场将不存在投机者。

(二)期货折价假说

该假设认为,期货市场上的保值者多数是以空头的角色出现的。这样,投机者就多以多头的角色出现。因为投机者承担了风险,保值者不得不提高投资者多头所预期的回报率,以致高于无风险收益率。不然,投机者将离开期货市场。也即,投机者需要得到风险升水补偿。这样,期货的当前交易价格要低于人们对交割日的现货价格的期望值。即:

$$P_0 < E(p_t) \tag{5.2}$$

这样,投机者可以 P_0 的价格买入期货多头,期望有机会在交割日或之前能以更高的价格 $E(p_t)$ 平仓而获利。这种期货价格与交割日的现货价格的期望值之间的关系被称为"正常期货折价"。如图5-2所示。

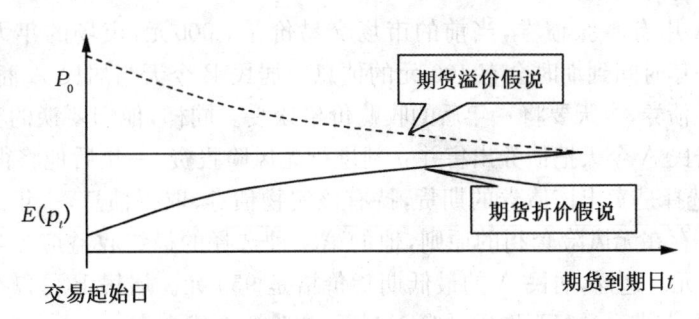

图 5-2 期货价格与期望值的不同假说

(三)期货溢价假说

该期货价格假说的意思与上述"期货折价假说"相反,认为期货市场上的保值者在期货市场上多以多头的角色出现。这样,投机者的角色必然多以空头出现。因为空头方要承担不确定性风险,空头的期望投资收益率要比无风险投资收益率来得高一些。如此,期货的当前交易价格要高于人们对交割日的现货价格的期望值。即:

$$P_0 > E(p_t) \tag{5.3}$$

这样,投机者可以以 P_0 的价格买入期货空头,期望有机会在交割日或之前能以更低的价格 $E(p_t)$ 平仓而获利。这种期货价格与交割日的现货价格的期望值之间的关系被称为"正常期货溢价"。如图5-2所示。

上述几种期货价格与期望值之间的关系假说在学术界也还没有定论。

三、期货价格与现货价格的关系

在绝大部分时间内,同一种商品的期货价格与现货价格是不同的。这种不同,或者说价格差异应该如何解释呢?

(一)标的物无持有收益且无持有成本

假设农民持有大豆现货,今日市场价为每吨1 000元,农民持有大豆既无收益也无成本,市场的年无风险收益率为5%。假设炼油厂商今天与该农民商谈一项合约,厂商愿意一年后收购农民的大豆,今天要将一年后的收购价格谈妥。他们要谈的实际上是一个期货合约。那么,农民的最低价格是多少呢?农民可以今天以现货价格出售1吨大豆,获1 000元的现金,再将1 000元的现金投资于无风险收益,例如存入银行,一年后农民一共可获得1 000元本金加50元的投资收益,即1 050元。所以,农民不会以低于1 050元的价格签订该合约。另外,厂商可以今天花费1 000元购买1吨大豆,一年后厂商持有大豆,失去1 000元一年的无风险收益50元,厂商的成本为1 050元。所以厂商的期货价格不会高于1 050元。所以,双方的这一大豆期货合约的交割价是1 050元,即现货今日价格加上无风险收益。以P_0表示期货的价格,以p_0表示现货价格,r表示无风险投资收益,那么,

$$P_0 = p_0 + r \tag{5.4}$$

上式表示,在标的物无持有收益和无持有成本的情况下,期货的价格等于现货的价格加上市场无风险投资收益。

(二)标的物持有期间具有收益

假设居民A用有一张债券,当前的市场交易价是1 000元,市场的年无风险收益率为5%,该债券在一年时间到期时会有100元的债息。居民B今天与居民A商谈一项合约,愿意一年后收购该债券,今天要将一年后的收购价格谈妥。同样,他们要谈的实际上是一个期货合约。如果居民A今天把债券出售并立刻进行无风险投资,一年后他将得到1 050元。居民A的另一个选择是卖出该债券的期货,持有该实物债券,取得债息,一年到期后按期货价格交割。根据不存在无风险套利的原则,他的第二种选择的最终收益应当与第一种选择相同,即也是1 050元。这样,居民A的最低期货价格是950元。居民B可以在今天就在市场上购买此种债券,花费1 000元,取得债息100元,扣除资金成本50,总成本为950元。居民B的另一个选择是签订一年期期货合约,一年后到期时按期货价格交割,这样总成本就是期货价格。根据不存在无风险套利原则,期货价格应是950元。以R表示标的物持有期间的收益,那么,期货价格为:

$$P_0 = p_0 + r - R \tag{5.5}$$

上式表示,当标的物在持有期货具有收益且无成本的情况下,期货的价格等于当前的现货价格加上市场无风险投资收益,再减去持有收益。如此,期货的价格可能高于现货价格,也可能低于现货价格,取决于市场无风险投资收益与持有收益的差为正还是为负。

(三)标的物持有期间具有收益且有持有成本

接着上面债券的例子,其他条件相同,但是,居民A如果持有一年期的实物债券,在获得债息的同时,必须上缴债息税,数额为10元。为了得到今天就卖出债券的收益1 050元,就必须在上述期货价格的基础上再加上10元。这是居民A对期货价格的最低要求。居民B可以今天就在市场上购买此种债券,花费1 000元,取得债息100元,扣除资金成本50,减去10

50

元的债息税，总成本为960元。居民B的另一个选择是签订一年期期货合约，一年后到期时按期货价格交割，这样总成本就是期货价格。根据不存在无风险套利原则，期货价格应是960元。以t表示标的物持有期间的收益，那么，期货价格为：

$$P_0 = p_0 + r - R + t \tag{5.6}$$

上式表示，当标的物在持有期货具有收益且有持有成本的情况下，期货的价格等于当前的现货价格加上市场无风险投资收益，减去持有收益，再加上持有成本。如此，期货的价格可能高于现货价格，也可能低于现货价格，取决于市场无风险投资收益与持有收益，以及持有成本的算术和为正还是为负。

本节的金融期货定价原理非常重要，是理解以后各种金融期货定价的基础。具体不同的金融期货的价格计算会更加复杂，但是其定价原理是相同的。

本章小结

本章讲述了有关一般商品期货的基本概念、期货合约的要素和基本内容；介绍了期货市场的主要功能、期货交易的市场机制及参与者以及期货账户的监管和结算过程；分析了金融期货的定价原理，包括期货价格的几种假说等，最后归纳了期货价格与现货价格的关系。

思考与练习

1. 金融期货产生的主要历史背景是什么？
2. 主要的金融期货有哪几种？
3. 期货合约的主要要素有哪几项？
4. 标准期货合约包括哪些主要条款？
5. 期货交易的主要目的是什么？
6. 金融期货的市场功能有哪些？
7. 简述结算公司制度。
8. 期货的交易方式有哪几种？
9. 期货市场的参与者有哪些？
10. 金融期货的定价原理有哪些假说？

第六章
外汇期货

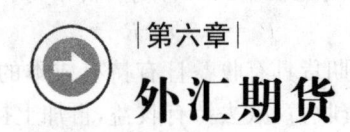

【本章学习要点】

本章涉及的重要概念有:外汇期货、标准化合约、合约报价、最小价格浮动幅度等。要求掌握外汇期货的定价原理,利用外汇期货进行保值,理解外汇期货与远期外汇的区别,对外汇期货合约的主要条款有较详细的了解。

外汇交易可分为外汇现货交易、外汇期货交易和外汇远期交易等。通常意义上的外汇交易指的是外汇现货交易。外汇现货交易市场是世界上最大的金融市场。由于世界上不同外汇市场的时差存在,它一天24小时不停地进行着交易,而且交易量庞大。估计每天有超过数万亿美元的规模。这样的规模较全球所有股票市场的交易总额还大。大部分外汇交易属于场外交易,买卖双方通过计算机、电话、传真机或其他实时通信工具进行联结和买卖。据国际清算集团统计显示,国际的外汇市场日平均交易额约为1.6万亿美元。本章的内容是外汇期货交易。外汇期货市场(forward exchange market)是指按一定的规章制度买卖外汇期货合约的有组织的市场。期货交易就是在期货市场上进行的交易行为。

1972年5月,芝加哥商业交易所正式成立国际货币市场分部,推出了七种外汇期货合约,从而揭开了期货市场创新发展的序幕。从1976年以来,外汇期货市场迅速发展,交易量激增了数十倍。1978年纽约商品交易所也增加了外汇期货业务,1979年,纽约证券交易所亦宣布,设立一个新的交易所来专门从事外币和金融期货。1981年2月,芝加哥商业交易所首次开设了欧洲美元期货交易。随后,澳大利亚、加拿大、荷兰、新加坡等国家和地区也开设了外汇期货交易市场,从此,外汇期货市场便蓬勃发展起来。

第一节 外汇期货市场的基本概念

一、外汇期货的定义

外汇期货的定义:是指在特定的交易场所内通过会员或经纪人公开叫价的方式决定汇率价格,由清算公司进行清算,买卖交割数量、时间、地点、币种等合约条件高度标准化的期货合约。

外汇期货市场首先具有期货市场的一般特征,需要有期货交易所、交易池、清算公司、交易会员、期货经纪人、市场参与者等构成要素。

目前,外汇期货交易的主要品种有:美元、英镑、日元、瑞士法郎、加拿大元、澳大利亚元等。从世界范围看,外汇期货的主要市场在美国,其中又基本上集中在芝加哥商业交易所的国际货币市场(IMM)、中美洲商品交易所(MCE)和费城期货交易所(PBOT)。

国际货币市场主要进行澳大利亚元、英镑、加拿大元、德国马克、法国法郎、日元和瑞士法郎的期货合约交易;中美洲商品交易所进行英镑、加拿大元、德国马克、日元和瑞士法郎的期货交易;费城期货交易所主要交易法国法郎、英镑、加拿大元、澳大利亚元、日元、瑞士法郎、德国马克和欧洲货币单位。

此外,外汇期货的主要交易所还有:伦敦国际金融期货交易所(LIFFE)、新加坡国际货币交易所(SIMEX)、东京国际金融期货交易所(TIFFE)、法国国际期货交易所(MATIF)等,每个交易所基本都有本国货币与其他主要货币交易的期货合约。

二、外汇期货合约的主要内容和交易规则

(一)标准化的合约

外汇期货合约是以某种货币为交易标的的期货合约,它是高度标准化的合约。下面以 IMM 的外汇期货合约为例说明其主要内容。表 6-1 列出了 CME 的 IMM 市场的货币期货的主要条款。

表 6-1　　　　　　　　IMM 提供的几种货币期货的主要合约内容

货币	英镑	加拿大元	日元	澳大利亚元
单份合约货币额	62 500(BP)	100 000(CAD)	12 500 000(JPY)	100 000(AUD)
最小价格变动点数 (1bp=0.000 1)	2bp	1bp	0.01bp	0.1bp
最小价格变动值 (USD)	12.50	10.00	12.50	10.00
交割月份	交割月为 3 月、6 月、9 月、12 月			
最后交易日	交割日的前两个交易日			
交割日	交割月份的第三个星期三			
起始交易日	前一合约到期日之后开始			

资料来源:www.cme.com。

IMM 规定了所有货币期货的标准合约条款。到 CME 的网站上可以找每种货币期货合约的详细条款。上表列出的是几种货币的主要条款,包括单份合约的外币数额、最小价格变动值、交易和交割日期等。

(二)外汇期货合约报价

在 IMM 交易的外汇期货合约均以美元报价,由于单一外汇期货合约的标的外汇货币的数额是一定的,所以,期货合约的价格就是未来到期时购买单一合约的一定数量的外币需要支付的美元数量。实务中,对于一个外汇期货合约的喊价是单位外币需要支付多少美元。例如,在表 6-2 中,对于在 2008 年 12 月份交割的英镑期货的最新喊价是 1.473 4 美元购买一个英镑。这样单位英镑期货合约的价格为 62 500(BP)×1.473 4(USD/BP)=92 087.50(USD)。

表 6-2　　　　　　　　　　　CME 的 IMM 市场英镑期货的喊价

CME 的英镑期货标价(CME British Pound Futures)				
CME 全球报价系统 2008 年 11 月 14 日下午 3 点 54 分(中部时间)				
到期月份	开盘	最高	最低	收盘
2008 年 12 月	1.481 9	1.494 9	1.464 8	1.473 4
2009 年 3 月	1.479 3	1.493 8	1.467 2	1.473 2
2009 年 6 月	1.491 0	1.491 0	1.469 5	1.474 1

资料来源：www.cme.com。

(三)单份合约的外币数额

在 IMM 交易的不同外币币种的期货合约所规定的外币数额是不一样的。如表 6-1 所示，单份英镑期货合约规定的英镑数额为 62 500 英镑，而单份加元期货合约规定的加元数额为 100 000 加元。单份日元期货合约规定的日元数额为 12 500 000 日元。如果一个交易者在 IMM 市场购买一份英镑期货合约，根据上面的最新喊价成交，意味着他如果不在该合约到期前对冲离场，那么，他在交割日就要支付 92 087.50 美元，而获得 62 500 英镑。相反，如果一个交易者在 IMM 市场卖出一份英镑期货合约，根据上面的最新喊价成交，意味着他如果不在该合约到期前对冲离场，那么，他在交割日就要支付 62 500 英镑，而获得 92 087.50 美元。

(四)最小价格浮动幅度

在外汇期货交易的喊价过程中，按照交易所的规定，每次喊价与最新价格之间存在一个最小价格浮动幅度。也就是说价格不可以随便叫。由表 6-2 可以看出，英镑期货合约有一个最小价格变动点数，$2bp=0.000\ 2$，这是一个英镑对应的美元最小喊价变动值，那么，单一英镑期货合约的美元最小喊价变动值为 $62\ 500(GP)\times 0.000\ 2(USD/GP)=12.5$ 美元。类似地，我们可以算出单一的加元和日元的期货合约的美元价格最小变动幅度分别为 10 美元和 12.5 美元。

(五)交割月份和挂牌月份

在 IMM 市场交易的外汇期货规定的交割月份是每年的 3 月、6 月、9 月和 12 月。而在该市场上挂牌的每一种货币的期货品种一般有 6 个品种，这 6 个品种指的是离当前最近到期的 6 个交割月的外汇期货。例如今天是 2008 年 10 月，那么，英镑期货挂牌的 6 个品种是 2008 年 12 月、2009 年 3 月、2009 年 6 月、2009 年 9 月、2009 年 12 月、2010 年 3 月为交割月的期货品种，分别表示如表 6-3 所示。

表 6-3　　　　　　　　CME 的 IMM 市场英镑期货的交割月份和挂牌数

在 CME 的 IMM 市场挂牌的英镑期货合约(Listed CME British Pound Futures Contracts)	
交割月份	3,6,9,12 分别以 H、M、U、Z 为月份代码
挂牌数	6
最后交易日	第三个周三的前倒数第二个工作日
新合约挂牌规则	前一合约到期日后的第一个工作日
清算方式	现货交割

续表

在 CME 的 IMM 市场挂牌的英镑期货合约(Listed CME British Pound Futures Contracts)

挂牌序号	合约月份	产品代码	交易首日	最后交易日	意向首日	交割首日	最后意向日	最后交割日	终止日
1	Mar 2008	BPH8	09/19/06	03/17/08	03/17/08	03/19/08	03/17/08	03/19/08	03/24/08
2	Jun 2008	BPM8	12/19/06	06/16/08	06/16/08	06/18/08	06/16/08	06/18/08	06/20/08
3	Sep 2008	BPU8	03/20/07	09/15/08	09/15/08	09/17/08	09/15/08	09/17/08	09/19/08
4	Dec 2008	BPZ8	06/19/07	12/15/08	12/15/08	12/17/08	12/15/08	12/17/08	12/19/08
5	Mar 2009	BPH9	09/18/07	03/16/09	03/16/09	03/18/09	03/16/09	03/18/09	03/20/09
6	Jun 2009	BPM9	12/18/07	06/15/09	06/15/09	06/17/09	06/15/09	06/17/09	06/19/09

资料来源：www.cme.com。

所以，一般来说，一个货币的一种期货品种的最长交易时间是 18 个月。

第二节　外汇期货的定价原理

外汇期货的定价实际上是确定交易时点的期率，期率即交割时的外汇价格。期率的定价原理遵守不存在无风险套利机会的原则。在外汇定价的各种理论中，利率平价理论(interest rate parity)研究了期率与两国利率之间的关系，其创始者是凯恩斯。这一理论同样遵守不存在无风险套利机会的定价原则。该理论是基于这样的一种事实，当两个国家的短期利率有差异存在套利机会时，例如，某国的利率高于外国的利率，套利者就会把资金由外国转移到利率高的该国，以赚取利差。为了防止套利交易因汇率波动而遭受损失，套利者在购买即期该国货币的同时卖出相应数目的该国货币期货。随着套利活动的增加，对即期该国货币的需求不断增加，该国货币期货的供给也不断增加。这样，即期汇率逐步上涨（即该国货币升值）而该国货币的期货价格会逐步下跌（远期该国货币贬值）。当即期该国货币升值和远期该国货币贬值达到一定程度时，便会使套利交易无利可图，套利者由利差获得的好处因远期该国货币贬值的损失而抵销。这时的期率便是均衡的货币远期价格。利率平价理论论述了货币的期货价格与即期汇率之差与利差这一客观存在的关系。下面来分析学习这一理论。

假定本国货币的年利率为 r_H，外国货币的年利率为 r_F，两国之间当前汇率为 s_0（量纲为 FC/HC），期货汇率为 F（量纲为 FC/HC）。下面来看一个本国投资者，假设他有 x 元本币，是如何选择投资国内或国外资本市场。假设投资期为 1 年。

这一投资者的第一种选择是将这 x 元本币投资于本国资本市场，1 年后获得本币的本金加利息，利息率是 r_H，在这种投资选择下，收益率（记为 R_1）是这样计算的：

$$R_1 = \frac{x(1+r_H)-x}{x} = r_H \tag{6.1}$$

这一投资者的第二种选择是：第一步：将 x 元本币兑换外币，获得外币的数量是 xs_0；同时签署一个卖出外汇的期货合约，期率是 F。第二步：将数量为 xs_0 的外币投资于国外资本市场，1 年后获得的本金加利息的外币数量是 $(xs_0)(1+r_F)$。第三步：1 年后履行卖出外汇期货合约，按期率 F 卖出外币，而获得本币，获得的本币数量是 $(xs_0)(1+r_F)/F$；记第二种投

资选择的收益率为 R_2，那么，

$$R_2 = \frac{\frac{xs_0(1+r_F)}{F} - x}{x} = \frac{s_0(1+r_F)}{F} - 1 \tag{6.2}$$

根据不存在无风险套利的原则，两种投资的途径投资收益率应当相等，即 $R_1 = R_2$，由此可得：

$$r_H = \frac{s_0(1+r_F)}{F} - 1 \tag{6.3}$$

整理得到：

$$\frac{r_F - r_H}{1 + r_H} = \frac{F - s_0}{s_0} \tag{6.4}$$

当 r_H 很小时，可以将上式写为：

$$\frac{F - s_0}{s_0} = r_F - r_H \tag{6.5}$$

一般情况下，将期率的定价公式写为：

$$F = s_0[1 + (r_F - r_H)] \tag{6.6}$$

对于两年期的货币期货的期率计算为：

$$F = s_0[1 + (r_F - r_H)]^2 \tag{6.7}$$

在连续计算复利的情况下，上式变为：

$$F = s_0 e^{(r_F - r_H)T} \tag{6.8}$$

其中，T 为时间长度。

值得提示的是：以上外汇期货期率 F 的推导过程完全相同，结果不同是因为量纲不同，本章的量纲为 FC/HC，而在第四中量纲为 HC/FC。

[例6-1] 假定某个国家的国内货币年利率为 6.55%，该国货币与美元的当前汇率为一单位的该国货币兑换0.5566美元，美元的当前年利率为 7.55%，问 1 份期限为 180 天的该国货币的期货合约价格的理论定价是多少？

解：根据公式(6.6)，同时考虑期限因素，

$F = s_0[1 + (r_F - r_H)] = 0.5566 \times [1 + (7.55\% - 6.55\%)180/360] = 0.5594$（美元/该国货币）

上面求得的是理论上的该国货币的 6 个月的期货价格，实际上的期货价格会与理论价格多少有些出入。

第三节　外汇期货的交易行为

在国际外汇期货市场上有许多不同的参与者。大体上可以分为保值者和投机者两类。而投机者又可分为买空卖空投机者和套利投机者。所以外汇期货的应用也可分为保值应用和投机应用。保值者一般在未来有外汇货币的收入或支出，有外币收入者，需要规避未来外币贬值，而有外流外币支出者，需要规避未来外币升值。投机者在未来没有具体的外币收入或支出，因而不需要保值。买空卖空投机者根据自己对外币未来走势的判断，买入外汇期货多头或卖出空头，主动承担未来汇率变化风险，以获取投资的风险利润。套利者通过各种套利方式从不同合约的价格变动中获取风险收益。所以，可将外汇期货交易行为分为三类：套

期保值、套利投机和买空卖空投机。

一、外汇期货的套期保值行为

所谓套期保值(hedge)：就是买入(卖出)与现货市场数量相当、但交易方向相反的期货合约，以期在未来某一时间通过卖出(买入)期货合约来补偿现货市场价格变动所带来的实际价格风险。为此，保值的类型最基本的又可分为买入套期保值和卖出套期保值。买入套期保值是指通过期货市场买入期货合约以防止因现货价格上涨而遭受损失的行为；卖出套期保值则指通过期货市场卖出期货合约以防止因现货价格下跌而造成损失的行为。

(一)买入套期保值

买入套期保值，也可称为多头保值。对于在未来有外币支付的企业，需要规避外币升值带来的风险，因为外币升值会导致未来购汇的本币成本增加。提前买入外汇期货多头，可以锁定未来汇率变化风险。

[例6-2] 某美国进口商从加拿大进口设备，价值为2 000万加元。生意是4月成交，设备交割是12月。即美国进口商在12月份需要支付2 000万加元。未来9个月美元兑加元的汇率可能发生变化，导致风险，即未来可能需要多花美元才能兑换相应数量的加元。12月加元期货价格为0.787 9USD/CD，按此期货价格，未来需要支付2 000万 CD×0.787 9USD/CD＝1 575.8万 USD。美国进口商满意，决定购买加元期货。由于每份加元期货合约为10万马克，所以2 000万加元需购买200份加元期货合约。

到期时如果马克升值，汇率变为0.798 0USD/CD，美国进口商卖出加元平仓离场，可赚：(0.798 0－0.787 9)×100 000×200＝202 000 USD，再到现货市场以0.798 0USD/CD 购买20 000 000CD花费美元15 960 000美元，减去202 000美元，共花费15 758 000美元。

到期时如果加元贬值，汇率变为0.775 0USD/CD，美国进口商卖出加元平仓离场，亏：(0.775 0－0.787 9)×100 000×200＝－258 000USD，再到现货市场以0.775 0USD/CD 购买20 000 000加元，花费美元15 500 000美元，加上258 000美元，共花费15 758 000美元。

可见，由于美国进口商对加元进行了买入套期保值操作，无论加元对美元的汇率未来如何变化，其获得2 000万加元的成本是不变的，达到了保值的效果。

(二)卖出套期保值

卖出套期保值，也可称为空头套期保值。对于在未来有外币收入的企业，需要规避外币贬值带来的风险，因为外币贬值会导致未来外币收入兑换成本币时所获得本币数额的减少。提前卖出外汇期货空头，同样可以锁定未来汇率变化风险。

[例6-3] 某美国出口商向澳大利亚出口设备，价值为4 000万澳元。生意是3月成交，设备交割是9月。即美国出口商在9月份有4 000万澳元的收入。未来7个月美元兑澳元的汇率可能发生变化，导致风险，即未来收入的澳元兑换成美元时，所得到的美元数额可能减少。9月澳元期货价格为0.602 5USD/AUD，按此期货价格，未来可以收入4 000万 AUD×0.602 5USD/AUD ＝2 410万 USD。美国出口商满意，决定卖出澳元期货。由于每份澳元期货合约为10万澳元，所以4 000万澳元需购买400份澳元期货合约。

到期时如果澳元升值，汇率变为0.613 0USD/AUD，美国出口商买入澳元平仓离场，亏损：(0.602 5－0.613 0)×100 000×400＝－420 000USD，再到现货市场以0.613 0USD/AUD 卖出4 000万澳元，得到美元2 452万美元，减去420 000美元，共得到24 100 000美元。

到期时如果澳元贬值,汇率变为0.590 0USD/AUD,美国出口商买入澳元平仓离场,可赚:(0.602 5－0.590 0)×100 000×400＝500 000USD,再到现货市场以0.590 0USD/AUD卖出4 000万加元,可得美元23 600 000美元,加上500 000美元,共得到24 100 000美元。

可见,由于美国出口商对澳元进行了卖出套期保值操作,无论澳元对美元的汇率未来如何变化,其获得对应于4 000万澳元的美元收入是不变的,达到了保值的效果。

二、外汇期货的套利行为

在"外汇期货的套期保值应用"中,"保值"意味着市场参与者进行外汇期货交易,是对未来其他商品交易或金融交易需要进行价的值抵补措施。而对于外汇期货的投机作用,"投机"在此不含任何贬义,仅与"保值"概念对应,凡是没有其他交易需要价值抵补的,单纯为了承担未来汇率变化风险而获取风险收益的外汇期货交易,称为外汇期货的投机交易。在外汇期货市场上,外汇期货投机者是不可缺少的市场参与者,他们的参与大大增加了市场的流动性。也可以说外汇期货市场实现了外汇交易风险规避者与风险承担者的风险交换。外汇期货市场的投机行为,可分为套利行为和买空卖空行为。

所谓套利(arbitrage),指同时买进和卖出两张不同种类的期货合约。交易者买进自认为是"便宜的"合约,同时卖出那些"高价的"合约,从两合约价格间的变动关系中获利。在进行套利时,交易者关注的是合约之间的相互价格关系,而不是绝对价格水平。外汇期货的套利一般分为三种:跨市场套利、跨币种套利以及跨期限套利。

(一)外汇期货跨市场套利

跨市场套利是在不同交易所之间的套利交易行为。不同交易所的同一外汇币种的期货价格可能会发生短暂的扭曲。套利者利用这种价格差异,在一个交易所买入某种外汇期货合约,与此同时,在另一交易所卖出该外汇期货合约,通过将来的平仓或交割以获得收益。

[例6-4] 假设目前(今年12月10日)芝加哥的国际货币市场(IMM)明年6月到期的英镑期货价格是1.474 1(USD/BP),即1英镑的美元价是1.474 1美元。同时,伦敦国际金融期货交易所(LIFFE)明年6月到期的英镑期货价格是1.489 9(USD/BP)。根据以上信息,套利者可以在IMM市场买入4份英镑期货,所买入的英镑数额为62 500×4＝250 000BP,同时在LIFFE市场卖出英镑期货10份,所卖出的英镑数量为25 000×10＝250 000BP,(两市场不同交易不同的期货合约份数是因为两市场的英镑期货合约所含英镑数额是不同的)。假设到明年6月到期前(6月3日),套利者在两个市场同时平仓,平仓价格是1.522 3(USD/BP)。表6－4列出了套利结果。

表6－4　　　　　　　　　　外汇期货跨市场套利分析

IMM 市场	LIFFE 市场
今年12月10日买入英镑期货 支出美元计价＝1.474 1×62 500×4＝368 525美元	今年12月10日卖出英镑期货 收入美元计价＝1.489 9×25 000×10＝372 475美元
明年6月3日卖出英镑期货 收入美元计价＝1.522 3×62 500×4＝380 575美元	明年6月3日买入英镑期货 支出美元计价＝1.522 3×25 000×10＝380 575美元
盈利＝380 575－368 525＝12 050美元	盈利＝372 475－380 575＝－8 100美元

由表6－4的分析可知,套利者在IMM市场上盈利12 050美元,而在LIFFE市场上亏损

8 100美元，通过跨市场交易，套利者总体上盈利12 050－8 100＝3 950美元。跨市场套利的原理是发现不同市场同一外汇货币的走势差异。跨市场套利者客观上使得世界上不同地方的外汇期货价格趋于相同。

（二）外汇期货跨币种套利

两种不同币种外汇期货相对于美元的价格在未来可能出现相反的走势，也可能出现变化方向相同，但变化幅度不同的走势。这为外汇期货的跨币种套利带来可能。实际上是这两种货币之间的比价的变化产生的投机机会。套利者可以买入一种外币的期货合约，同时再卖出交割月份相同的另外一种外币的期货合约。在到期之前同时平仓离场。

[例6－5] 假设目前(今年12月10日)芝加哥的国际货币市场(IMM)明年6月到期的英镑期货价格是1.474 1(USD／BP)，即1英镑的美元价是1.474 1美元。同时，明年6月到期的加元期货价格是0.806 3(USD／CAD)。加元与英镑的交叉汇率等于0.806 3/1.474 1＝0.547 0(BP／CAD)，即1加元兑换0.547 0英镑。根据以上信息，套利者可以在IMM市场买入8份英镑期货，所买入的英镑折合美元数额为1.474 1×62 500×8＝737 050USD，同时卖出加元期货9份，所卖出的加元折合美元数量为0.806 3×100 000×9＝725 670USD。假设到明年6月到期前(6月3日)，套利者分别以1.522 3(USD／BP)和0.819 0(USD／CAD)同时平仓。表6－5列出了套利结果。

表6－5　　　　　　　　　　　外汇期货跨币种套利分析

IMM市场英镑期货	IMM市场加元期货
今年12月10日买入英镑期货 支出美元计价＝1.474 1×62 500×8＝737 050美元	今年12月10日卖出加元期货 收入美元计价＝0.806 3×100 000×9＝725 670美元
明年6月3日卖出英镑期货 收入美元计价＝1.522 3×62 500×8＝761 150美元	明年6月3日买入加元期货 支出美元计价＝0.819 0×100 000×9＝737 100美元
盈利＝761 150－737 050＝24 100美元	盈利＝725 670－737 100＝－11 430美元

由表6－5的分析可知，套利者在IMM市场上英镑期货交易盈利24 100美元，而在加元期货交易上亏损11 430美元，通过跨币种期货交易，套利者总体上盈利24 100－11 430＝12 670美元。跨币种外汇期货套利的原理是发现不同货币的走势差异。跨市场套利者客观上在一定程度上起到稳定币值的作用。

（三）外汇期货跨期限套利

同一币种，不同到期日期的外汇期货的价格在不同的时间区间中可能会有不同的走势。这为外汇期货的跨期限套利带来可能。套利者可以买入某月到期的一种外币的期货合约，同时再卖出交割月份不相同的同种外币的期货合约。在到期之前的某个时点同时平仓离场。

[例6－6] 假设目前(今年12月10日)芝加哥的国际货币市场(IMM)明年6月到期的英镑期货价格是1.474 1(USD／BP)，即1英镑的美元价是1.474 1美元。同时，明年12月到期的英镑期货价格是1.510 3(USD／BP)，套利者可以在IMM市场买入1份明年6月到期的英镑期货。同时卖出一份明年12月到期的英镑期货。假设到明年6月到期前(6月3日)，套利者分别以1.522 3(USD／BP)和1.530 0(USD／BP)对6月和12月到期的英镑期货进行同时平仓。表6－6列出了套利结果。

表 6—6　　　　　　　　　　　　外汇期货跨期限套利分析

IMM 市场英镑期货(BPM9)	IMM 市场英镑期货(BPZ9)
今年 12 月 10 日买入 1 份英镑期货(BPM9) 支出美元计价＝1.474 1×62 500＝92 131.25美元	今年 12 月 10 日卖出 1 份英镑期货(BPZ9) 收入美元计价＝1.510 3×62 500＝94 393.75美元
明年 6 月 3 日卖出 1 份英镑期货(BPM9) 收入美元计价＝1.522 3×62 500＝95 143.75美元	明年 6 月 3 日买入 1 份英镑期货(BPZ9) 支出美元计价＝1.530 0×62 500＝95 625 美元
盈利＝95 143.75－92 131.25＝3 012.50美元	盈利＝94 393.75－95 625＝－1 231.25美元

由表 6—6 的分析可知,套利者在 IMM 市场上英镑期货(BPM9)交易盈利 3 012.50美元,而在英镑期货(BPZ9)交易上亏损 1 231.25美元,通过跨期限外汇期货交易,套利者总体上盈利 3 012.50－1 231.25＝1 781.25美元。

交易者之所以进行外汇套利交易,主要是因为套利的风险较低,套利交易可以为避免始料未及的或因价格剧烈波动而引起的损失提供某种保护,但套利的盈利能力也较直接交易小。套利的主要作用一是帮助扭曲的市场价格回复到正常水平,二是增强市场的流动性。

三、外汇期货的其他投机者

在外汇期货市场上还有一些投机者,他们不做套利交易,而是根据自己对外汇期货未来价格变化的预期,来进行单纯的空头或多头操作。如果预测到某种外汇期货的价格上涨,就先买入后卖出,此称为做多头。相反,如果预测到某种外汇期货的价格将下跌,就先卖出后买入,此称为做空头。依据此类参与者持有头寸时间的长短,可分为:抢帽子者、日交易者以及头寸交易者。

抢帽子者:他们的技巧是利用价格的微小变动进行交易来获取微利,一天之内他们可以做多个回合的买卖交易。

日交易者:根据对一天内的价格波动的判断进行当日的买入和卖出,其持仓不过夜。在市场收盘之前进行平仓,交易成本较高。

头寸交易者:根据对较长一段时间内外汇期货价格走势的判断,进行多头或空头操作。此类交易者在买入或卖出期货合约后,通常将合约持有几天、几周甚至几个月,待价格对其有利时才将合约对冲。

四、套期保值、套利投机、买空卖空投机三者之间的关系

套期保值、套利投机、买空卖空投机作为外汇期货市场交易的主要形式,相互相辅相成。三者又有一定区别:第一,交易目的不同,套期保值的目的是回避现货市场价格风险;套利则是获取较为稳定的价差收益;投机目的是赚取风险利润。第二,承担的风险不同,套期保值承担的风险最小,套利次之,投机最大。另外,如果套期保值的保值量超过抵补的外汇现货的数量,那么超出的部门也可认为是投机;跨期套利、跨市套利如果伴随着外汇现货交易,则也可以当作保值交易。

第四节　外汇期货与外汇远期的不同及应用

外汇远期市场的发展先于外汇期货市场发展。外汇远期市场与外汇期货市场都可以为跨国公司、商业经营者以及其他外汇头寸拥有者提供规避外汇风险的工具,其规避外汇风险的原理是基本相同的。但是,外汇远期市场与外汇期货市场之间有一些较大的差异。

一、交易场所不同

外汇期货合约在交易所内交易,即场内交易,具有公开性,且具有严格的交易规则和程序。外汇期货的价格是通过公开喊价机制形成的。外汇远期合约在场外进行交易,没有具体的交易场所。一般可分为银行之间的交易或银行对客户的交易,由交易者通过电报、电话、电传以及电信网络来进行,远期汇率由交易双方的询价和报价确定,价格变动不受限制。

二、市场参与者不同

在远期外汇市场上,主要的参与者为风险规避者,大额的交易可以在一个价格迅速完成。其市场流动性不如外汇期货市场,经常呈单向交易,易发生有行无市的情况。与之对应,外汇投机商则与商业经营者不同,他们并不十分关心资金流量在金额上与时间上的匹配。为此,外汇期货市场比较适合外汇投机商。实际上,远期外汇市场的参与者多为与银行有良好业务关系的大厂商或其他经营者,没有获得较高银行信用等级的个人投资者或中小企业难有参与的机会。在外汇期货市场上,只要依照规定缴存一定的保证金,就可以通过外汇期货经纪商来进行交易。所以,外汇期货市场是参与者较多,活跃程度和交易效率较高的市场。

三、合约的规范性不同

外汇期货合约是标准化合约,除了价格,合约的品种、规格、质量、交货地点、结算方式等内容都有统一规定。远期合约的所有事项都要由交易双方一一协商确定,谈判复杂,但适应性强。

四、交易风险不同

外汇期货合约的结算是通过专门的清算公司完成的,独立于买卖双方,投资者无须对对方负责,不存在信用风险,而只有价格变动的风险。外汇期货交易一般不存在信用风险。远期外汇合约由交易双方签署,存在交易双方可能违约的信用风险。

五、保证金制度不同

外汇期货合约交易双方按规定比例缴纳保证金,每笔交易都要交佣金。在远期外汇交易中,银行作为交易的一方和报价方,将交易所发生的所有费用都反映在其买入与卖出的汇率差价中,一般不收取佣金,交易的双方均无须缴存保证金。

六、履约责任不同

外汇期货合约具备对冲机制、履约回旋余地较大,到期进行实物交割比例极低,交易价格受最小价格变动单位限定和日交易振幅限定。外汇远期合约如要中途取消或转让,必须双方同意,任何单方面意愿是无法取消或转让合约的,其到期实物交割比例极高。

本章小结

本章讲述了有关外汇期货的基本概念,包括对外汇期货合约主要条款的详细解释,分析了外汇期货的定价原理,阐述了外汇期货的保值行为和市场套利行为,从几个方面分析了外汇期货与外汇远期的不同之处。

思考与练习

1. 外汇期货合约的主要内容有哪些?
2. 外汇期货的价格理论上如何确定的?
3. 外汇期货市场的参与者有哪些?
4. 外汇期货市场的不同交易行为之间的关系如何?
5. 外汇期货市场与远期外汇市场有哪些不同?

第七章 利率期货

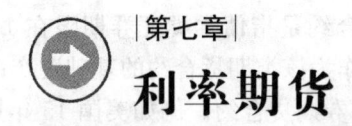

【本章学习要点】

本章涉及的重要概念有：利率期货、利率期货的交易规则、基差、趋同等。要求掌握利率期货合约报价，交割月份和挂牌数，利率期货的定价原理；理解利率期货价格与收益率曲线的关系，利率期货价格与现期利率之间的变化关系等；对利率期货交易策略有所了解。

第一节 利率期货的产生与定义

一、利率期货的产生

20世纪70年代以来，利率逐步成为调节经济的主要货币政策手段之一。在西方国家的经济生活中，利率经常发生较大的波动。例如，美国优惠利率(Prime rate，是银行给最重要或信用质素最佳的客户放贷的基本贷款利率)在1974年为14%，1976年下降为6%，1979年回升到15.7%，1980年4月和12月曾高达20%和21.5%。利率的波动给企业和金融机构带来了极大的风险。利率期货的出现，实现了投资者规避利率波动风险的客观要求。1975年10月，美国芝加哥商品交易所首先推出了国民抵押协会的抵押存款证(GNMA)的利率期货交易，这是第一个利率期货。此后，美国其他期货交易所也随即推出了利率期货合约的其他品种，利率期货交易量增长迅速。1984年，利率期货交易量已经占美国整个期货交易量的28%，在各类期货交易中首屈一指。在此期间，其他国家的交易所也开展了利率期货交易。目前，在期货交易比较发达的国家和地区，利率期货都早已超过农产品期货而成为成交量最大的一个类别。

在美国，目前主要的利率期货交易集中在两个交易所：芝加哥期货交易所(CBOT)和芝加哥商业交易所(CME)的国际货币市场分部(IMM)。这两个交易所分别以长期利率期货和短期利率期货为主。在长期利率期货中，最有代表性的是美国长期国库券期货和10年期美国中期国库券期货，短期利率期货的代表品种则是3个月期的美国短期国库券期货和3个月期的欧洲美元定期存款期货。

二、利率期货的定义

利率期货是指以债券类证券为标的物的期货合约。利率期货的种类繁多，分类方法也有多种。通常,按照合约标的的期限,利率期货可分为短期利率期货和中长期利率期货两大类。前者指基础资产证券的期限小于1年的利率期货合约,例如30天、90天商业票据,3个月期定期存单,3个月期欧洲美元存款凭证,3个月期国库券,1年期国库券等可作为短期利率期货的基础资产。中期利率期货合约是指债券类证券期限在1年至10年之间的债券期货合约。例如5年期美国国库券可作为该类期货合约的基础资产;长期利率期货合约是指债券类证券的期限在10年期以上的债券期货合约。例如美国15年期国库券可作为该类期货合约的基础资产。

值得注意的是,从理论上说,上述短期利率期货和中长期利率期货都属于利率期货的范畴;然而在实务交易层面上,二者在报价和交割等方面有较大的不同。为了注重这些实务上的不同,一般教科书都较统一地将上述短期利率期货称为利率期货,而将上述中长期利率期货称为债券期货。本教材也遵循这一约定。

第二节 利率期货合约的主要内容和交易规则

本节主要介绍世界上三种主要的利率期货品种。首先以英镑定期存款合约为例,介绍利率期货合约的主要内容和交易规则,然后介绍3个月期的美国短期国库券期货和3个月期的欧洲美元定期存款期货。

一、英镑定期存款合约

(一)标准化的合约

下面以伦敦国际金融交易所(LIFFE)交易的3个月期英镑定期存款合约为例,来说明利率期货合约的主要内容。见表7-1。

表7-1　　　　　　　3个月期英镑定期存款利率期货的主要合约条款

交易单位	£500 000 的 3 个月期利率
交割月份	交割月为三月、六月、九月、十二月,挂牌数为23个交割月
合约报价	100.00 减去利率
最小价格变动幅度	0.005(£6.25)
最后交易日	交割月的第三个星期三。
交割日	最后交易日之后的第一个营业日
交易时间	07:30~18:00

资料来源:www.euronext.com。

LIFFE规定了其所有短期利率期货(short-term interest rates,STIRs)的标准合约条款。到其网站上可以找每种利率期货合约的详细条款。表7-1列出的是3个月期英镑定期存款利率期货的主要合约条款,包括单份合约的英镑数额、交割月份、喊价方式、最小价格变动值、最后交易日和交割日等。

(二)单份合约的标的数额

在LIFFE交易的不同货币币种且不同期限的利率期货(interest rate futures)的期货合

约都规定了单笔合约的货币数额。相同期限不同币种的利率期货合约的货币数额也可能是不同的。例如表7-1所示的3个月的英镑利率期货合约的单笔数额为£500 000,而3个月期限的欧洲美元利率期货的单笔数额为$1 000 000。

(三)利率期货合约报价

进行利率期货合约的买卖,相当于在未来某个时间期限内完成一笔存款,或完成一笔贷款。现在买入一份2009年9月交割的3个月期限的英镑利率期货,买入合约相当于要在2009年9月交割日开始进行一笔英镑数额为£500 000,期限为3个月的存款,合约的价格就是存款的利率,而卖出同样的一份合约,相当于要在2009年9月交割日开始进行一笔英镑数额为£500 000,期限为3个月的借款,合约的价格就是借款的利率。在日常生活中,人们要想从某个实物交易中获利,一定遵循低价买入商品,高价卖出商品的原则,否则将会亏损。但是,在利率期货交易中,根据前面的分析,要想获利则必须遵循以高价(高利率)买入合约(进行存款),以低价(低利率)卖出合约(进行借款)的原则。这样便是"高价买入,低价卖出"的获利原则。这样进行利率期货合约的喊价就与人们的日常习惯不一致,很容易造成错误。为了解决这一问题,交易所规定,利率期货的合约价格为:

$$P = 100 - i \tag{7.1}$$

上式中,P表示利率期货的价格,i表示利率。这样利率期货的价格就与利率呈相反的变化方向。当利率上升时,利率期货的价格下降,而当利率下降时,利率期货的价格上升。例如当利率为8%时,利率期货的价格为92,而当利率为5%时,利率期货的价格为95。这样就变成了以利率期货低价(高利率)买入合约(进行存款),以高价(低利率)卖出合约(进行借款)的原则,符合了日常"低价买入,高价卖出"的获利原则。

(四)最小价格浮动幅度

由表7-1可以看出,3个月的英镑利率期货价格的喊价最小变动幅度为0.005(£6.25),最小价格变动幅度也称为"档"(tick)表述的意思是未来期货期限内英镑年利率的最小变动幅度为0.005%,从而未来期货期限内3个月期的英镑利率变动幅度ΔP为0.001 25%(即0.005%×3/12),利率期货合约的价格变动幅度也是0.001 25%,只是变化方向与利率相反。对应于单笔合约的英镑数额£500 000,其价格变动幅度为£500 000×ΔP=£6.25。利率期货合约的实际喊价只能是ΔP的倍数。

(五)交割月份和挂牌数

在LIFFE市场交易的利率期货规定的交割月份是每年的三月、六月、九月和十二月。而在该市场每个货币相同期限相同的利率期货品种的挂牌数是不同的。挂牌数指的是目前可交易的该种货币该期限的品种。如表7-1所示,3个月期的英镑利率期货的挂牌交易品种一般有23个,这23个品种分别是,从目前算起,未来的可交割的23个交割月。例如目前是八月,未来的23个交割月是九月、十二月、三月、六月、九月、十二月……直到第23个交割月。

二、美国短期国库券期货

美国短期国库券是由美国财政部发行的一种短期债券,首次发行时间为1929年12月。由于短期国库券流动性高,加之由美国政府担保,所以很快就成为颇受欢迎的投资工具。短期国库券的期限分为3个月(13周或91天)、6个月(26周或182天)或1年不等。这种债券是通过联邦储备委员会其面值折价发行,投资收益为折扣价与面值之差。该利率期货的主要内容见表7－2。

表7－2　　　　　　　IMM美国3月期短期国库券期货合约的主要内容

交易单位	3个月期美国国库券,面值1 000 000美元
交割月份	每年的三月、六月、九月、十二月
合约报价	100.00减去贴现率
最小价格浮动幅度	1bp,($25)
最后交易日	合约月份的第一交割日前的营业日
交割日	对应的现货月份的第一天
交易时间	07:20～14:00,最后交易日的上午10:00收盘

资料来源:www.cmegroup.com 整理。

在实务上需要说明的是,在该利率期货合约到期时,卖出期货的一方必须在三个营业日内的任何一天进行实物交割,第一个交割日是交割月份的第一天。根据IMM规定,可以用于交割的短期国库券除了新发行的3个月期的国库券外,还可以是尚有90天剩余期限的已经发行的6个月期的或1年期的国库券。

三、欧洲美元定期存款期货

欧洲美元泛指美国境外的美元存款。欧洲美元市场由于不受美国央行与其他国家央行的管制,发展十分迅速,目前已经成为国际上进行美元借贷的重要的资本市场。欧洲美元定期存款期货也称"欧洲美元期货",由芝加哥商业交易所的IMM于1981年开创。交易标的是伦敦银行的3个月期欧洲美元定期存款利率。后来交易扩展到伦敦国际金融期货交易所、悉尼期货交易所等许多交易所。目前,该利率期货在国际金融期货市场上十分活跃。表7－3表示的是美国3月期欧洲美元定期存款期货的主要内容。

表7－3　　　　　　　IMM 3个月期欧洲美元定期存款期货的主要内容

交易单位	3个月期欧洲美元定期存款,面值1 000 000美元
交割月份	每年的三月、六月、九月、十二月及现货月份
合约报价	100.00减去收益率
最小价格浮动幅度	1bp,($25)
最后交易日	合约月份的第三个星期三之前的第二个伦敦营业日
交割日	最后交易日
交易时间	07:20～14:00,最后交易日07:20～9:30

资料来源:www.cmegroup.com 整理。

在实务中,欧洲美元期货合约到交割日时,不需要进行标的物的交割,即买方无须支付现金,卖方也不需要交付3个月期的定期存款,合约的最后结算方式是现金结算。所有到期未平仓的头寸都自动以结算价格冲销。最后结算价格是由现货市场决定,而非期货市场决定。该利率期货到期时,交易所会选取数十家银行关于欧洲美元3个月期的利率报价为计算依据,根据一定的计算规则,确定出市场利率,用100减去该市场利率得到该利率期货的市场结算价。

应注意到,虽然欧洲美元期货的报价方式与美国短期国库券期货的报价方式形式上相同,但是,国库券期货的价格是100减去贴现率而得到的,欧洲美元期货的价格是100减去收益率而得到的。由于贴现率和收益率的实质是有差别的,所以,短期国库券期货的价格与欧洲美元期货的价格之间不具备直接的可比性。因为任何金融产品的价格之间的可比性,对于交易者进行金融产品的选择是十分必要的,所以,需要进行换算,从而使得两种利率期货的价格具有可比性。为此,需要将贴现率换算成收益率,或者将收益率换算成贴现率。两者之间的换算公式如下:

$$\text{收益率} = \frac{\text{贴现额}}{\text{贴现价格}} \times \frac{360}{90} = \frac{\text{贴现率} \times 90/360}{1 - \text{贴现率} \times 90/360} \times \frac{360}{90} \tag{7.2}$$

有了贴现率与收益率之间的换算公式,可以方便地比较两种利率期货的价格,方便投资者的选择。一般地,收益率应当大于贴现率,而且贴现率越大,收益率与贴现率之间的差距也越大。

第三节 利率期货的定价原理

利率期货的价格 P 是经过交易池中的喊价而产生的。利率期货的定价指的是喊价的基本依据,也就是确定未来的利率 i 的依据是什么?利率期货的定价,相当于当前要确定未来某个期间的利率,这与确定远期利率是相同的。由第三章的远期利率计算公式,

$$r_f = \frac{N_l \cdot r_l - N_s \cdot r_s}{(N_l - N_s) \cdot [1 + (N_s \cdot r_s)/B]} \tag{7.3}$$

我们可以简单地认为,利率期货合约的交易价格的理论依据为:

$$P = 100 - i = 100 - \frac{N_l \cdot r_l - N_s \cdot r_s}{(N_l - N_s) \cdot [1 + (N_s \cdot r_s)/B]} \tag{7.4}$$

为了与利率期货合约交易的时间概念相一致,需要对上述公式作一些符合利率期货的时间解释。例如,3个月期英镑定期存款利率期货合约,它有下列一些特殊的时间点,见图7—1。

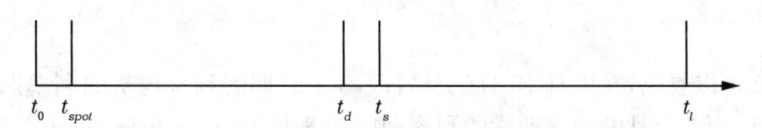

图7—1 利率期货合约交易特殊时间点示意图

在图7—1中:

t_0:利率期货交易日;

t_{spot}:在 t_0 交易的现货市场存款起息日;

t_d:期货合约的交割日;

t_s:在 t_d 交易的现货市场存款起息日;

t_l:在 t_d 交易的现货市场3个月期市场存款到期日;

r_s:t_{spot} 至 t_s 的市场利率;

r_l:t_{spot} 至 t_l 的市场利率;

N_s：t_{spot} 至 t_s 的天数；

N_l：t_{spot} 至 t_l 的天数；

N_f：t_s 至 t_L 的天数；

B：利率期货的 1 年的天数(英镑利率期货为 365 天,其他货币多为 360 天)。

$$P=100-i=100-\frac{N_l \cdot r_l - N_s \cdot r_s}{(N_f) \cdot [1+(N_s \cdot r_s)/B]} \tag{7.5}$$

[**例 7—1**] 设某人今天买入交割月为三月份的 3 个月期英镑定期存款利率期货,交易日为 2009 年 1 月 5 日(t_0),t_{spot} 为 2009 年 1 月 6 日,最后交易日是 2009 年 3 月 18 日,t_D 为 2009 年 3 月 19 日,t_s 为 2009 年 3 月 20 日。t_l2009 年 6 月 22 日(6 月 20 日为星期六)。可以求出 $N_s=74$ 天,$N_l=168$ 天,$N_f=94$ 天。如果参考 2009 年 1 月 5 日(t_0)伦敦银行的同业拆借利率,在经计算得出 74 天的年利率为 2.567 0%,168 天的年利率为 2.857 0%。根据公式(7.3),可以计算出该利率期货的合理价格为 96.930 7。

第四节 基 差

一、基差

关于期货这一金融产品,业内有一个专门的术语用于描述期货价格和与现货价格之间的差异,即所谓"基差"。理论上讲,期货价格是市场对未来现货市场价格的预估值,期货价格与现货价格之间存在密切的联系。由于某些影响因素对二者的影响相同,期货价格与现货价格往往表现出相同趋势的关系;但影响因素又不完全相同,因而两者的变化幅度也不完全一致,现货价格与期货价格之间的关系可以用基差来描述。基差就是某一特定地点某种商品的现货价格同同种商品的某一特定期货合约价格间的价差。基差有时为正(此时称为反向市场),有时为负(此时称为正向市场),因此,基差是期货价格与现货价格之间实际运行变化的动态指标。基差的计算公式如下:

$$\text{基差}=\text{现货价格}-\text{期货价格} \tag{7.6}$$

二、趋同

由图 7—2 可以看出,在 1 月 15 日(交易日),3 个月期的利率现货的利率期间为 1 月 15 日至 4 月 15 日,而 3 个月的利率期货的利率期间为 3 月 19 日至 6 月 19 日。由于利率期间的不同,在交易日二者的交易价格是不同的。然而,随着时间的延续,交易日逐渐向 3 月 19 日,即 3 月期利率期货最后交易日的靠近,二者的利率期间会趋于一致,二者的价格(利息率)也必然趋于一致,基差也逐渐趋于零。这种基差随着时间的延续逐渐趋于零的现象被称为利率现货价格与相对应的利率期货价格的"趋同现象"(convergence)。

图 7—3 描述了 2 月 25 日至 3 月 18 日(3 月期利率期货的最后交易日)期间 3 个月期利率现货与 3 个月期利率期货的基差变化情况。

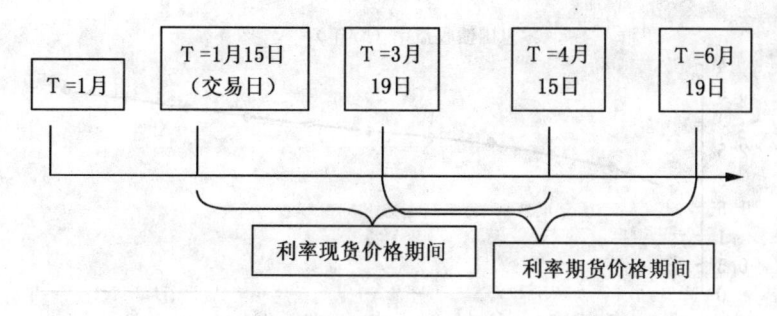

图 7—2　3月期利率现货与期货的期间区别示意图

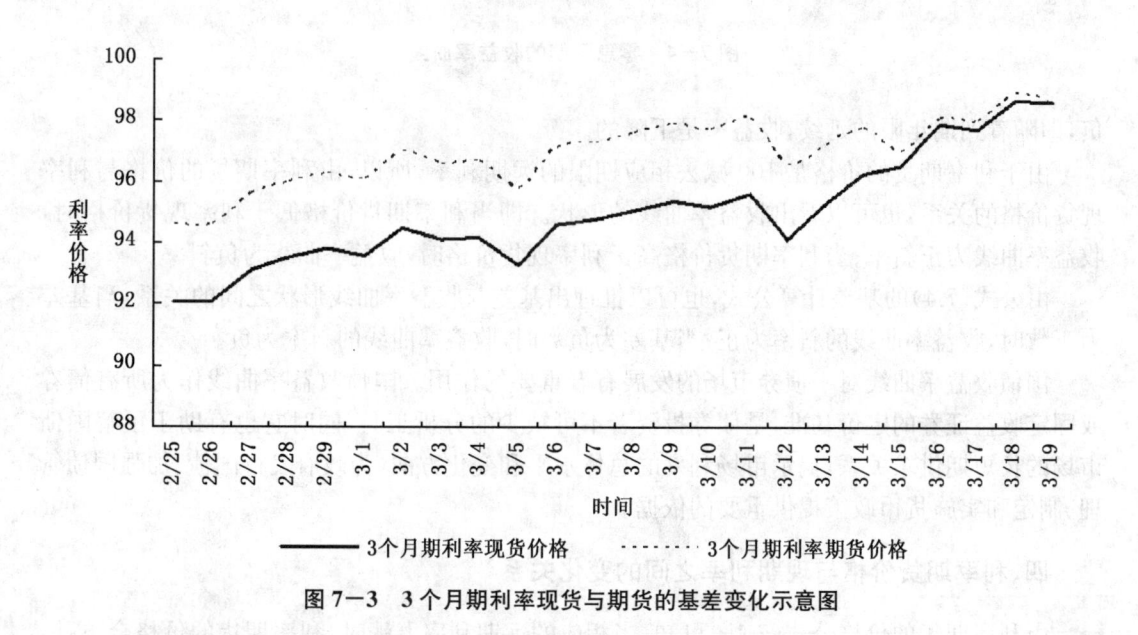

图 7—3　3个月期利率现货与期货的基差变化示意图

三、利率期货价格与收益率曲线的关系

由前面定义利率期货的定义可知：利率期货以债券类证券为标的物的期货合约，而所谓收益率曲线是指零息票债券的收益率与到期期限的关系，也称为利率期限结构。利率的期限结构是金融市场的参与者判断投资收益的重要依据。然而，收益率曲线的形状依赖于远期利率与即期利率之间的关系。表 7—4 表示的是零息国债的收益率与到期期限之间的数据。

表 7—4　　　　　　　零息国债的收益率与到期期限数据

到期年限	0.25	0.5	0.75	1	1.25	1.5	1.75	2	2.25	2.5	2.75
零息国债收益率（%/年）	1.81	2.20	2.41	2.60	2.71	2.82	2.94	3.06	3.21	3.37	3.50

由表 7—4 给出的数据，可以画出零息国债的收益率曲线。见图 7—4。

一般而言，当远期利率高于即期利率时，收益率曲线的斜率为正。如图 7—4 所示，随着到期年限的延续，收益率是上升的。相反，当远期利率低于即期利率时，收益率曲线的斜率为

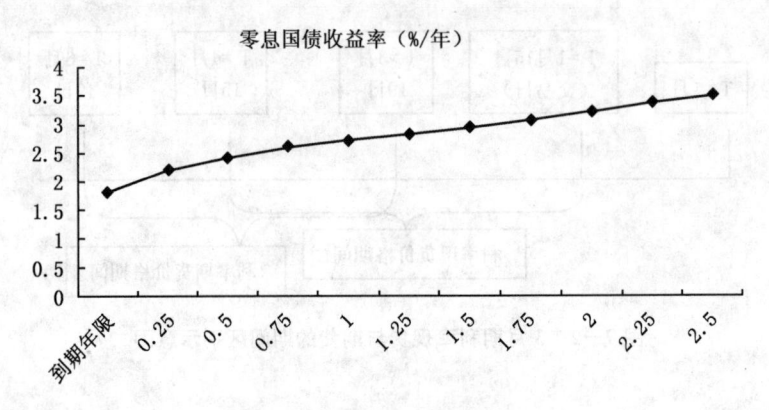

图 7—4　零息国债的收益率曲线

负,即随着到期年限的延续,收益率是下降的。

由于利率期货的价格是 100 减去相应期限的远期利率,所以,由利率期货的价格与利率现货价格的关系,也可以看出收益率曲线的形状。即当利率期货价格低于利率现货价格时,收益率曲线为正斜率;当利率期货价格高于利率现货价格时,收益率曲线为负斜率。

由公式(7.4)的基差计算公式,也可以推理出基差与收益率曲线形状之间的关系:当基差为正数时,收益率曲线的斜率为正;当基差为负数时,收益率曲线的斜率为负。

国债收益率曲线对于债券市场的发展有着重要的作用。国债收益率曲线作为所有债券或固定收益证券的定价基准,是债券投资者不可缺少的分析工具,同时它也有助于了解国债市场的长短期供求关系,揭示市场利率的总体水平和变化方向,为政府发行国债、加强国债管理、制定和实施货币政策提供重要的依据。

四、利率期货价格与现期利率之间的变化关系

由利率期货的价格公式(7.1),可知,当相应的远期利率上涨时,利率期货的价格会下跌,变化的幅度相同;相反变化时,相反的结论也成立。如果利率市场上的长期和短期利率都发生了不同的变化,那么应当如何估计利率期货价格的变化呢？由公式(7.3)可知,

$$\frac{\partial P}{\partial r_s} \approx \frac{N_s}{N_f} \tag{7.7}$$

$$\frac{\partial P}{\partial r_l} \approx -\frac{N_l}{N_f} \tag{7.8}$$

$$\frac{\partial P}{\partial i} \approx -1 \tag{7.9}$$

$$\Delta P = \frac{\partial P}{\partial r_s} \cdot \Delta r_s + \frac{\partial P}{\partial r_l} \Delta r_l \tag{7.10}$$

可以看出,利率期货的价格随着短期利率的变化而呈现同方向的变化,随长期利率的变化而呈反方向变化。

举例来说明利率期货价格是如何随着现期不同利率的变化而变化的。考虑利率期限为未来 3 个月期限的利率期货,即 $N_f=90$ 天,不同的期货合约期限(N_s),不同的 N_l 以及与期限结构相应的现期利率变化引起的该利率期货价格的变化被列在表 7—5 中。

表 7—5　　　　　　　　3 个月期利率期货价格随现期利率的变化(ΔP)

利率期货合约期限 N_s	N_l	$\Delta r_s = 1\text{bp}$	$\Delta r_l = 1\text{bp}$	$\Delta r_s = \Delta r_l = 1\text{bp}$
30 天(1 个月)	120 天(4 个月)	+0.33bp	−1.33 bp	−1.00
90 天(3 个月)	180 天(6 个月)	+1.00 bp	−2.00 bp	−1.00
180 天(6 个月)	270 天(9 个月)	+2.00 bp	−3.00 bp	−1.00
270 天(9 个月)	360 天(12 个月)	+3.00 bp	−4.00 bp	−1.00

[例 7—2]　假如今天是 12 月 15 日，美国联邦储备委员会决定要下调联邦基金利率，导致了短期国债市场利率的下调。期中 1 个月期、3 个月期和 6 个月期的利率分别下跌了 0.251 2%、0.201 3%和 0.162 5%。假设 3 月份交割的 3 个月期的利率期货的最后交易日是 3 月 15 日。在市场其他条件保持不变的情况下，估计该利率期货的价格变动情况。

已知 $N_s = 90$ 天，$N_l = 180$ 天，所以 $N_f = 90$ 天。$\Delta r_s = -0.201\ 3\% \approx -20\text{bp}$，$\Delta r_l = -0.162\ 5\% \approx -16$ 个基点。由公式(7.5)至(7.8)，该利率期货的价格变动为，

$$\Delta P = \frac{\partial P}{\partial r_s} \cdot \Delta r_s + \frac{\partial P}{\partial r_l} \Delta r_l \approx \frac{N_s}{N_f} \cdot \Delta r_s - \frac{N_l}{N_f} \Delta r_l = \frac{90}{90} \cdot (-20) - \frac{180}{90}(-16) = 20\text{bp}$$

由上述计算可以估计该利率期货的价格会上涨 20 个基点。

需要说明的是，美联储要调整联邦基金利率，它只是公布一个利率目标，要实现这一目标，必须通过公开市场操作的方式，即卖出或买入国债来实现调整联邦基金利率的目标，从而使得利率的调整传递到资本市场的各种产品的价格中去。

第五节　利率期货的用途

一、利率期货的市场功能

利率期货交易的基本功能有以下三个方面。

（一）价格发现

利率期货交易是以集中撮合竞价方式，产生未来不同到期月份的利率期货合约价格。利率期货价格是整个货币市场价格的重要组成部分，并通过套期保值或套利交易，促进价格合理波动。债券现货和期货市场上的套利交易有助于促进形成统一的金融市场基准利率，从而形成一个从短期到长期完整的国债收益率体系。有了利率期货交易，使得"债券复制"操作成为可能。在金融工程中，一笔现券交易和一笔反向的期货交易，会复制出一个收益率不同的"虚拟债券"，从而能够有效地发现市场真实的无风险利率，为整个金融产品体系的定价提供准确的基准。

（二）规避风险

投资者可以利用利率期货来达到如下保值目的：(1)锁定未来收益率。例如，利率期货合约可以用来锁定未来经营中所获得的现金流量的投资收益率或预期债券利息收入的再投资收益率；(2)锁定未来的借款成本。例如，利率期货合约可以用来锁定未来浮动利率借款合同的变动利息支付部分。

(三) 优化资产配置

利率期货交易具有优化资金配置的功能，具体表现在以下几个方面：(1)提供资金使用效率。例如，利率期货的多空双向交易，可以使投资者无论在债券价格上涨或下跌时都可以使用利率期货来进行保值，避免了资金可能出现的闲置。另外，可以方便地进行现金流管理。例如，利率期货交易的杠杠效应使得投资者建立同样金额头寸的速度要比现货市场快得多。(2)利率期货可以方便投资者进行组合投资，从而提高交易的投资收益率。

二、利率期货交易策略

交易者参与利率期货一般而言出于三种目的：保值、套利和投机。基于交易的目的的不同，其参与利率期货交易的策略也就有所不同。

(一) 套期保值交易策略

套期保值是利率期货参与者的主要目的之一。所对应的套期保值交易策略也是利率期货交易策略中最基本、最常用的策略之一。所谓套期保值策略，是指在现货市场持有多头或者空头头寸的避险者，通过卖出或者买入相应数量和品种利率期货合约，可以避免市场利率的短期波动所带来的对现货资产价格的影响，从而达到锁定现有的或未来将要建立的投资组合市场价值的目的。为此，可以将套期保值策略分为空头套期保值策略和多头套期保值策略。空头套期保值的交易者，一般是现货短期债券的持有者，担心未来短期债券的利率上涨，从而导致短期债券的价格下跌，其持有的现货资产将贬值。于是通过卖出适当品种的利率期货来达到保值的目的。

[例7—3] 假定在1月15日，某投资者持有面值为100万美元的1年期短期美国国债，并打算在3月15日售出。此期间，该投资者担心未来市场利率上升而引起债券价格下跌。为了规避利率上涨带来的风险，该投资者可以在利率期货市场上卖出一份三月份到期的3个月期的短期美国国债期货。在3月15日即将到来的时候，如果不出所料，市场利率上升，短期美国国债价格下跌，投资者卖出现货国债受到了损失。但是，由于利率的上涨，短期美国国债期货的价格自然下跌，投资者买入期货合约平仓。投资者买进短期美国国债期货合约所支付的价格，比他先前卖出合约的价格低。因此，在短期利率期货交易方面，他获得了正收益。总的结果是现货国债的交易损失被短期利率期货交易的正收益抵冲，从而达到了保值的目的。见表7—6。

表7—6 空头套期保值策略举例

日 期	短期美国国债市场	短期美国国债期货市场
1月15日	贴现率为7.85%，价格为92.15美元，投资者持有的面值为100万美元的债券的市场价格为92.15万美元。	三月份到期的3个月期期货市场价格为92.10；卖出一份期货合约，面值100万美元，实际卖出价格为92.10万美元。
3月14日	贴现利率上涨到8.85%，投资者卖出债券，获得91.15万美元，损失1万美元。	由于利率上涨，三月份到期的3个月期期货市场价格91.11，买入一份合约平仓，价格为91.11万美元。
收益	收益=91.15－92.15=－1万美元	收益=92.10－91.11=0.99万美元
保值效果：亏损100美元		

相反的情况是，在3月15日即将到来的时候，利率下跌了，投资者持有的短期美国国债

的价格将上涨,卖出现货国债将获得正收益,但是,平仓需要买入的利率期货的价格将上涨,利率期货交易的收益为负,两者相抵,同样达到保值效果。

多头套期保值策略适用于与上述例子相反的情况。

套期保值策略下,投资者的资产价值不受利率变动影响的目标达到了,但也失去了利率向有利方向变动带来的利益。实践中,由于整数倍合约的限制以及现货和期货的差异,套期保值策略不可能做到利率风险的完全规避。

（二）利率期货的套利交易策略

利率期货的套利交易策略是指投资者通过在现货和利率期货市场上寻找定价错误的机会,并以此建立无风险头寸。这种定价错误来自于现货市场与期货市场的利率及其他相关因素的变化,导致的市场价格在不同利率期货品种之间、利率期货期限之间以及不同地点的利率期货市场之间的瞬间失衡。因此,利率期货的套利一般可分为跨品种套利、跨期限套利、跨市场套利以及期现套利等。由于套利者可以通过套利策略获得无风险利润,因此,一旦套利机会出现,就会有大量的投资者在现货和期货市场上进行套利,直到套利机会消失。在一个发育良好的现货和期货市场上,由于有大量的套利者存在,套利机会往往稍纵即逝。

［例7-4］期现套利策略,即短期美国国债现货与期货之间的套利交易策略。如果期货合约的交易价格高于其正确的理论价格,套利者可以买入短期美国国债现券,并在相应的期货合约上建立卖出头寸。这样买入短期美国国债现券的同时卖出相应的期货头寸,相当于把这部分债券的卖出价格锁定在该期货价格上。如果该锁定价格与买入债券价格的差大于为买入这部分债券所支付的融资成本,这种套利策略就是有利可图的。在理想状况下,给定交易当天的交易价格、融资成本以及债券现货价格,无论未来期货和现货价格如何变化,这部分利润都是锁定的。相反,如果期货合约的交易价格低于其正确的理论价格。套利者就可以借入可交割债券,以市场价格卖出该债券,并在相应的期货合约上建立买入头寸,进行套利。当然,在实践中还有许多因素影响着套利交易的可行性,比如结算制度、操作的时间等。

套利既是现货市场和期货市场保持价格平衡的重要手段,也是利率期货市场的价格发现功能的重要体现。一般而言,由于其交易成本相对很低,利率期货交易市场的流动性要高于现货市场。因此,当市场对未来利率的预期发生变化时,往往最先做出反应的是利率期货市场,套利可以将市场的价格迅速传递到现货市场以及其他资本市场,从而达到整个市场价格的均衡。

（三）利率期货的投机交易策略

利率期货的投机交易策略是指投资者为了获得利润而在利率期货市场建立头寸,前提是投资者能正确预计市场的发展。投机者则可以根据其对市场的预期迅速捕捉到获利机会,同时也为套期保值者提供了交易对手。因为投机者是利率期货市场风险的承担者,投机行为保证了利率期货交易的流动性。

［例7-5］某利率期货市场的投机者于1月15日认为市场利率未来短期内会下跌,而此刻短期美国国债期货的三月份到期的3个月期期货市场价格为92.10,因此,他认为未来利率的下降将导致期货价格的上涨,他决定于1月15日买入该品种的利率期货一份,面值100万美元,实际买入为92.10万美元。到了3月14日,市场利率如其预期下跌,期货价格上升到94.20,他卖出一份利率期货平仓。通过该次投资交易中,他获利2.10万美元。如果到了3月14日,市场利率没有如其预期下跌,反而上涨,导致期货价格下跌到91.20,他卖出一份利率期货平仓。通过该次投资交易中,他损失0.9万美元。

需要说明的是,利率期货交易采用的标准化交易方式和保证金制度,有助于提高市场流动性。由于期货交易通过交易所充当清算中介,加上向买卖双方收取保证金,从而有效地减少了交易中的信用风险,使得交易的实现更为简化和高效。而同样有债券套期保值功能的债券远期交易,由于合约的非标准化,加上交易双方在到期日之前不需要实际交割,交易中存在较大地信用风险,远期交易始终不如期货交易流动性好。期货交易拥有广泛的参与者。交易者的期限偏好、风险偏好、对未来的预期以及对信处的敏感程度均能影响市场的流动性。因而,市场参与者之间的差别能够影响市场流动性。因为不同的市场参与者有着不同的风险偏好和投资策略,对同样的信息可能作出不同的反应,交易商可以更容易找到交易对手,可以有效地对冲短期交易风险。利率期货交易能够为机构投资者提供利率风险的多种保值操作,所以不仅仅是持有债券资产的金融机构,甚至非金融机构的借款资金头寸也需要利率期货交易来保值。因此,利率期货可以吸引最大限度的投资者参与交易,从而提高市场的流动性。

最后,比较一下利率期货与远期利率协议期限结构上不同。利率期货的到期日是自然月份中的一天,今天交易的三月份到期的 3 个月期限的利率期货与明天交易的同种利率期货品种的交割日是相同的,即交易日与交割日之间的天数随交易日的不同而不同。当交割日临近时,利率期货合约的价格与现货价格会趋于一致。而同一品种的远期利率协议,例如"3×6"远期利率协议,交易日与交割日之间的天数是不变的,远期利率协议没有价格趋同现象。

本章小结

本章讲述了有关利率的基本概念,包括基差、趋同等;对利率期货合约的主要内容和交易规则作了介绍,分析了利率期货的定价原理,比较详细地分析了英镑定期存款合约、美国短期国库券期货、欧洲美元定期存款期货;总结了利率期货的市场功能和交易策略。

思考与练习

1. 利率期货的定义是什么?
2. 利率期货的主要交易规则有哪些?
3. 利率期货是如何报价的? 为什么要这样报价?
4. 什么交割月份? 什么是挂牌月份?
5. 收益率与贴现率有何区别? 其关系是怎样的?
6. 利率期货的理论计算公式是什么?
7. 什么是基差? 如何计算?
8. 什么是利率期货的价格趋同现象?
9. 什么是收益率曲线?
10. 利率期货的理论价格与不同利率变化之间的关系如何?
11. 利率期货的主要市场功能有哪些?
12. 利率期货的交易策略有哪些?

第八章

债券期货

【本章学习要点】

本章涉及的重要概念有：债券期货、标准债券、转换因子、最便宜可交割债券、可交割债券等。要求掌握债券期货的结算与交割，能够计算转换因子；对国际上的主要从事债券期货的交易所有所认识；理解对冲结算与交割结算的不同，理解债券期货的定价原理等。对债券期货的实际应用有一定的了解。

第一节 债券期货的内容

一、债券期货的定义及主要交易所

债券期货合约定义：以中期(1至10年)和长期(10年以上)国库券(国债)作为期货的基础资产，是一个标准化的买卖契约，买卖双方承诺以约定的价格，于未来特定日期，买卖一定数量的该类基础资产。

目前世界上主要的债券期货交易所包括：(1)美国芝加哥期货交易所(CBOT)。CBOT的债券期货交易品种最为完整，包含短、中、长期的美国国债期货契约，短则2年，长则30年，其中的10年期债券期货是成交量最大的品种。(2)欧洲期货交易所(EUREX)。EUREX主要的债券期货包括长期欧元债券(Euro-BUND Futures)、中期欧元债券期货(Euro-BOBL Futures)，以及短期欧元债券期货(Euro-SCHATZ Futures)。(3)日本东京证券交易所(TSE)。日本曾是亚太地区的重要金融中心，因此日本的债券期货推出得相当早。1985年，日本开放了10年期政府债券期货的交易，其后又推出20年期及5年期的债券期货。日本的债券期货交投也很活跃。

二、债券期货的特点

债券期货与"债券远期交易"(bond forward)有很大的不同，债券期货有以下特点：(1)标准化的契约；(2)保证金交易；(3)在集中市场交易；(4)违约风险由结算机构承担；(5)交易信息通常透明且传播迅速。

由于有这些特点，世界各国的债券期货交易主要在期货交易所中进行，而债券远期交易则以柜台买卖的形式(OTC)进行交易。

三、债券期货的功能

债券期货除了一般期货商品所具有的"价格发现"、"规避风险"等功能外,还具有自身的一些特殊功能,是其他期货商品所不具有的。例如,债券市场交易成员除了一般投资人以外,还包含有证券公司、保险公司、基金公司、银行以及财务公司,这些机构通常持有大量的债券,而这些债券多数因为营运上的原因或是法规限制,不能很好地在市场上进行灵活的交易,甚至有些券种根本没有流动性。所以当市场发生变化,如利率上升时,这些库存的债券价值降低,从而无可避免地给这些金融机构带来损失。如果有了债券期货,这些投资机构便能利用债券期货进行避险。因为期货避险时,只要在到期前平仓,便不需要实物债券的交付,直接以保证金进行结算,降低了避险的交易成本。债券期货的一个主要功能是对投资组合久期(portfolio duration)的灵活的调节,投资组合久期可以衡量利率变化对一个债券投资组合价值变动的敏感性,久期越大,投资组合受利率变化的敏感度越大。当预期利率会发生改变时,投资者必须判别利率改变的方向(升高还是降低),进而调整手中持有债券组合的成分,以改变投组的久期,适应市场未来的变化。如果没有债券期货,调整久期必须通过买卖债券来完成。例如,要想延长投资组合的久期,则需先卖掉久期较短的债券,同时买入久期较长的债券,这样做的交易成本很高。由于债券期货的交易标的物实际是一个虚拟的债券,通过债券期货的交易就可以在不进行实物债券买卖的情况下、仅需保证金交易就能达到调整久期的效果。

四、标准债券概念

在交易所内所的债券期货的交易标的称为"标准债券",实际上是虚拟的债券,本身并不一定存在。例如,美国芝加哥期货交易所(CBOT)的 10 年期美国中期债券期货的交易标的是"面额 10 万美元,票面利率 6%,10 年期国债"。这种标准债券在现实中可能不存在。即使存在这种标准债券,在实际交易中,如果只允许按标准债券进行交易,存在两方面的问题:其一,债券期货交易规模大于标准债券的发行规模,容易引发价格操纵现象。其二,对于债券期货到期时还没有平仓的交易者,需要用标准债券现货进行结算,而市场上可能找不到足够的标准债券。为此人们想到是否可以用其他种类的债券来抵用。那么,如何抵用,如何折算?这就导致了"转换因子"的出现。采取标准债券折算的方法,不仅扩大债券期货的可交易债券,而且可以保持交易品种的连续性。折算是通过计算每一种真实债券的"转换因子"来进行的。

五、国际上主要债券期货品种

(一)美国芝加哥期货交易所的主要债券期货品种

表 8-1 是美国 CBOT 不同国债期货合约的主要要件。

表 8-1   几种美国 CBOT 国债期货合约的要件

合约名称	30 年期美国政府债券期货	10 年期美国中期债券期货	5 年期美国中期债券期货	2 年期美国中期债券期货
交易标的	面额 10 万美元;票面利率 6%;长期国债	面额 10 万美元;票面利率 6%;10 年期国债	面额 10 万美元;票面利率 6%;5 年期国债	面额 20 万美元;票面利率 6%;2 年期国债

续表

合约名称	30年期美国政府债券期货	10年期美国中期债券期货	5年期美国中期债券期货	2年期美国中期债券期货
可交割债券	待偿期至少15年的长期国债	待偿期6.5～10年的中期债券	待偿期4年3个月以上,发行期限小于5年3个月的中期债券	待偿期至少1年9个月～2年,且发行时的到期期限不超过5年3个月的中期债券
报价方式	百元报价			
最小升降点	1/32点	1/64点	1/128点	
交割月份	3,6,9,12			
最后交易日	交割月份倒数第七个营业日			下列取较早者:(1)当月2年期债券标售前第二个营业日;(2)当月最后营业日
最后交割日	交割月份最后一个营业日			最后交易日后第三个营业日
交割方式	联邦准备国债登录转账系统(实物交割)			
交易时间	人工喊价:周一至周五7:00～14:00;电子盘:周日至周五20:00～隔天16:00;到期契约最后交易日交易至当日中午			
涨跌限制	无			
仓位限制	无	无	无	无

资料来源:CBOT网站。

(二)欧洲期货交易所的主要债券期货品种

表8-2表示EUREX不同债券期货合约的要件。

表8-2 几种EUREX债券期货的合约要件

合约名称	长期欧元债券期货	中期欧元债券期货	短期欧元债券期货
交易标的	面额100 000欧元;票面利率6%;德国政府长期债券	面额100 000欧元;票面利率6%;德国政府中期债券	面额100 000欧元;票面利率6%;德国政府短期债券
可交割债券	待偿期8.5年～10.5年;发行金额20亿欧元以上;德国政府长期债券	待偿期4.5年～5.5年;发行金额20亿欧元以上;德国政府中期债券	待偿期1.75年～2.25年;发行金额20亿欧元以上;德国政府短期债券
报价方式	百元报价		
最小升降点	0.01(相当于10欧元)		
交割月份	三个季月(3,6,9,12季月循环)		
最后交易日	交割日前二个营业日		
最后交割日	交割月份第10日,若该日为非营业日,则顺延至最近的营业日		
交割方式	实物交割		
交易时间	一般交易时间为8:00～19:00;最后交易日交易时间至12:30		
涨跌限制	无		
仓位限制	单一月份80 000口	单一月份50 000口	单一月份40 000口

资料来源:EUREX网站。

(三)日本东京证券交易所

表8-3表示不同日本债券期货的合同规格。

表 8—3　　　　　　　　　几种日本债券期货的合约要件

合约名称	5年期政府债券期货	10年期政府债券期货	20年期政府债券期货
交易标的	面额1亿日元;票面利率3%;5年期日本政府债券	面额1亿日元;票面利率6%;10年期日本政府债券	面额1亿日元;票面利率6%;20年期日本政府债券
可交割债券	待偿期4～5.25年;5年期日本政府债券	待偿期7～11年;10年期日本政府债券	待偿期15～21年;20年期日本政府债券
报价方式	百元报价		
最小升降点	0.01点(相当于10 000日元)		
交割月份	三个季月(3、6、9、12季月循环)		
最后交易日	最后交割日前第七个营业日		
最后交割日	交割月份第20天		
交割方式	实物交割		
交易时间	9:00～11:00;12:30～15:00;15:30～18:00		
仓位限制	无,但若单一账户持有最近月合同净仓位有下列情况之一者,须向交易所申报该账户相关资料:(1)5年期公债期货500口;(2)10年期公债期货1 000口;(3)20年期公债期货500口		

资料来源:TSE网站。

下面以美国CBOT国债期货合约的十年期美国中期债券期货为例,对相关的合约条款予以解释。(1)交易标的:"面额10万美元;票面利率6%;10年期国债"是对标准债券的描述,当然,绝对符合条件的现货债券可能是不存在的,标准债券只是一个虚拟的债券。每份标准合约的面值为10万美元;(2)可交割债券:"待偿期6.5～10年的中期债券",凡是符合该条件的可交割债券,都可以通过查询其转换因子,经过折算后,进行交易。

第二节　转换因子

一、债券期货的结算与交割

债券期货与其他一般期货商品一样有两种结算方式。一种是对冲结算,在债券期货到期前做一笔与原保有期货性质相反、数量相等的交易进行平仓离场。另一种是交割结算,当债券期货到期了,就必须通过执行原利率期货合约来进行结算。

(一)对冲结算

债券到期之前做一笔与已有债券期货性质相反、数量相等的交易进行平仓,称为对冲结算。对冲结算的结果是收取或支付结算金。因为对冲结算的交易标的,无论是买入,还是卖出对冲,交易的标的都是标准债券,所以结算金的计算公式比较简单。由于债券期货的买卖价格是以百元为最高喊价单位,对冲结算方式的结算金计算公式为:

结算金=(卖出价-买入价)×票面金额/100-手续费

手续费由期货交易所根据不同时期的交易具体情况随时调整公布。一般情况下,一个标准合约的手续费约为几十美分。

[例8—1]　某投资者,在4月份的某交易日,以价格为96.50美元买入6月份到期的10年期美国中期债券期货,票面金额为100万美元。在该债券期货到期前,进行对冲平仓,以99.75美元的价格卖出同样数量的10年期美国中期债券期货标准债券。单笔交易的手续费

为每张合约 0.64 美元。计算结算金。

该投资者相当于卖出 10 张标准债券期货合约,交易手续费按照买入和卖出两笔交易计算。所以,

结算金=(99.75－96.50)×1 000 000/100－10×2×0.64=32 487.2(美元)

由于该投资者的交易是低价买入,高价卖出,该投资者获得结算金,计入其保证金账户。

(二)交割结算

如果投资者持有债券期货仓位,合约到期前没有进行对冲结算,那么就必须按照合约规定进行实物现券的交割结算。由于标准债券实际上并不存在,所以结算金的计算稍微复杂一些。首先,考虑买入债券期货的投资者,他在进行交割结算时获得债券,所以他需要支付现金。

支付金额=(现券交割单价×票面金额/100)+应计利息+手续费

其中,

现券交割单价=(标准债券结算价×现券转换因子)+(标准债券期货价－标准债券结算价)

上式中,(标准债券结算价×现券转换因子)其实是交易所根据一定的计算规则计算并规定的可交割现券的合理价格。交易所这样做一方面扩大了可交割债券的范围,另一方面也防止了人为操控可交割债券的市场价格。

再考虑卖出债券期货的投资者,他在进行交割结算时支付债券,所以他需要收取现金。

收取金额=(现券交割单价×票面金额/100)+应计利息－手续费－交易税

[例8－2] 某投资者以 93.64 美元卖出 9 月份到期的某标准债券期货,面值为 1 000 万美元,到期时该标准债券结算价 92.32 美元。用来交割的实物债券的转换因子为 1.050 032,票面年利率 8%,债息支付日为每年 6 月 20 日和 12 月 20 日;单笔交易的手续费为每张合约 0.64 美元。免除交易税;计算该投资者所获得的收取金额。

现券交割单价=(标准债券结算价×现券转换因子)+(标准债券期货价－标准债券结算价)
=(92.32×1.050 032)+(93.64－92.32)=98.259 0

收取金额=(现券交割单价×票面金额/100)+应计利息－手续费－交易税
=(98.259 0×1 000 万美元/100)+1 000 万美元×(8%)×(30×3/360)
－(1 000 万美元/10 万美元)×0.64
=1 002.583 6(万美元)

二、转换因子

(一)转换因子的定义

转换因子的定义:转换因子表示 1 美元可交割债券未来所有利息现金流和本金按标准债券票面利率折现的现值。

由上述定义可知,如果标准债券的结算价是其在未来所产生的现金流和本金的折现值,那么,可交割债券的未来现金流和本金如果完全等于标准债券,那么,其结算价就等于标准债券的结算价,其转换因子等于 1。由此,可以得出:凡是票面利率>6%的可交割国库券,其转换因子>1;凡是票面利率<6%的可交割国库券,其转换因子<1;凡是票面利率<6%的可交割国库券,期限越长,其转换因子越小;凡是票面利率>6%的可交割国库券,期限越长,其转换因子越大。

(二) 转换因子的计算

债券期货交易所会公布可交割债券的转换因子。不同的期货交易所的转换因子的计算有不同的计算公式,但是基本的理论含义是相同的。下面的转换因子公式是一种应用比较普遍的。变量定义如下:

CF——转换因子;r——可交割债券的票面年利率;i——债券期货的标准债券年利率;n——可交割债券从期货交割日至到期日剩余的付息次数(设半年付息一次);m——可交割债券到期货交割日至到期日剩余月数;u——可交割债券从结算日到下次付息日的月数。

$$CF = \left\{ \frac{r}{i} \times \frac{\left(1+\frac{i}{2}\right)^n - 1}{\left(1+\frac{i}{2}\right)^{\frac{m}{6}}} + \frac{100}{\left(1+\frac{i}{2}\right)^{\frac{m}{6}}} - r \times \frac{6-U}{12} \right\} \div 100 \tag{8.1}$$

[**例 8-3**] 2009 年 3 月 20 日是某债券期货的交割日,一种可交割债券的票面年利率为 9%,该可交割债券的到期日是 2013 年 6 月 20 日,付息日是每年的 6 月 20 日和 12 月 20 日。计算该可交割债券的转换因子。

已知:$r=9\%,i=6\%,n=9,m=51,u=3$。

$$CF = \left\{ \frac{9\%}{6\%} \times \frac{\left(1+\frac{6\%}{2}\right)^9 - 1}{\left(1+\frac{6\%}{2}\right)^{\frac{51}{6}}} + \frac{100}{\left(1+\frac{6\%}{2}\right)^{\frac{51}{6}}} - 6\% \times \frac{6-3}{12} \right\} \div 100 = 0.781\ 2$$

第三节 债券期货的定价

一、最便宜可交割债券

由上节转换因子的概念可知,转换因子的作用是使得所有可交割的债券的收益率向标准债券的收益率靠拢。但是,转换因子体制本身并非完美。有的计算方法本身就是近似的。即使交易所使用比较精确的计算方法,债券期货的一些交易规定也会导致转换因子并不能使得所有可交割债券的收益率完全等同于标准债券。例如,芝加哥期货交易所的债券期货合约规定,债券期货的交割可在交割月份中的任何一个营业日进行,然而每一种可交割债券的转换因子在交割月份是不变的。在交割月份中,相同的时间间隔可能对不同的债券产生不同的价格影响,因此,交割月份内转换因子不变的制度会导致不同可交割债券的交割产生不同收益。即有的债券的卖出可能更合算一些,而另一些债券的卖出则相对不怎么合算。这样,就产生了一个很重要的概念,称为"最便宜可交割债券"。"最便宜可交割债券"涉及以下几个概念。

(一) 发票金额

发票金额(invoicing amount)指通过交割可交割债券进行债券期货交割时,购买可交割债券的一方向出售方支付的金额。

$$INVAMT = FP \times CF + ACC \tag{8.2}$$

其中,$INVAMT$ 表示发票金额;FP 表示债券期货于交割日的结算价格;CF 表示可交割债券的转换因子;ACC 表示可交割债券的累积利息。

[**例 8-4**] 见例 8-3,2009 年 3 月 20 日是某债券期货(5 年期美国中期债券期货)的交

割日,一种可交割债券的票面年利率为9%,该可交割债券的到期日是2013年6月20日,付息日是每年的6月20日和12月20日。假设在最后交易日该债券期货的结算价为93-16,计算其发票金额(1份合约)。

由例8-3可知该可交割债券的转换因子$CF=0.7812$,结算价$FP=93+16/164=93.0976$;

$$ACC = \frac{(100\ 000 \times 9\%)}{2} \times \frac{90}{180} = 2\ 250(美元)$$

$INVAMT = FP \times CF + ACC = (93.097\ 6\%) \times 100\ 000 \times 0.781\ 2 + 2\ 250 = 74\ 977.85(美元)$

不同的可交割债券,由于其转换因子的不同而使得其交割的实际收益率趋于一致。然而,很多期货交易所基于效率或其他方面的考虑,其交易规定都不够完美,使得转换因子制度也难以实现其完美统一不同可交割债券的实际收益率。例如,美国芝加哥期货交易所(CBOT)规定,可交割转换因子在交割月份中是不变的,债券期货的交割可在交割月份中的任何一个营业日进行,而且债券期货的卖方具有决定具体交割日和交割债券种类的的权利。事实上,市场利率每天都在发生着变化,所有,每一种可交割债券的市场价格随市场利率的变化,每天也在发生变化。这样,客观上就出现了"最便宜交割债券"的概念。

(二)最便宜可交割债券

可以想像的是,在某种债券期货的到期月份中,有许多可交割债券,具有选择权的债券期货的卖方总是要选择"最便宜交割债券"进行交割。那么,具体是如何选择的呢?卖出债券期货者首先要到债券现货市场上购买可交割债券,支付金额(记为BNDAMT)等于可交割债券的现货价格(记为P),加上应付利息,

$$BNDAMT = P + ACC \tag{8.3}$$

如果卖出债券期货者,在债券现货市场上买入现货可交割债券,然后,卖出平仓,其在整个操作过程中的收益为:

$$收益 = INVAMT - BNDAMT = FP \times CF + ACC - P + ACC = FP \times CF - P \tag{8.4}$$

对所有可交割债券,计算出它们的收益,收益最大的可交割债券就是最便宜可交割债券,如表8-4所示。

表8-4　　某年10年期美国国债3个月到期的可交割债券的模拟数据

票面利率	到期日	期货结算价 (FP)	债券市价 (P)	转换因子 (CF)	收益 (FP×CF-P)
$7\frac{1}{2}$	2016.11.15	117-17	117-24	0.997 4	-0.41
$8\frac{1}{2}$	2020.2.15	117-17	123-16	1.045 6	-0.64
$8\frac{7}{8}$	2019.2.15	117-17	140-18	1.192 3	-0.47
$9\frac{1}{8}$	2018.5.15	117-17	141-17	1.201 5	-0.37

如表8-4中的收益栏表示按照上述交易策略,每100美元的债券期货交易卖出债券期货者所获得的收益,负值表示亏损。亏损最小的可交割债券是"最便宜可交割债券",数据显

示 2018 年 5 月 15 日到期的可交割债券为最便宜可交割债券。

表 8-4 的收益栏均为负值,事实上,在交割月份,如果交易者卖出债券期货,在债券现货市场上买入现货可交割债券,然后,卖出实物债券平仓的策略均会带来小额亏损。这也是为什么赋予卖出债券期货者多种选择权的原因。可以想象,如果某种可交割债券通过上述交易策略可以获得正的收益,那么,该种债券的现货市场价格肯定会上升,直到这种正的收益机会消失为止。

二、债券期货的定价

（一）现金——持有定价法

前面求最便宜可交割债券的方法是在交割月份内运用卖出债券期货,买入可交割债券的现货,再进行交割清仓的策略。如果将这一交易策略运用到交割月份之前的任何时间,那么,根据无风险套利的原则,就可以求出债券期货在该时点的合理价格。这种方法称为"现金——持有定价法"。

假设某债券期货的交易者在某债券期货品种的交割月份之前的某时点进行以下操作：

(1)借入一笔现金,买入面值等于一个债券期货合约(100 000 美元)的一种可交割债券；

(2)立刻通过回购协议为(1)中购买债券进行融资,偿还借款；

(3)立刻卖出一份债券期货合约。

该投资者在债券期货合约的交割月份完成了以下操作：

(4)持有可交割债券到他认为最合适进行交割的日子,或合约规定的交割日；借入一笔现金回购债券；

(5)以卖出可交割债券现货的方式履行债券期货合约,以所获得的现金偿还借款。

下面对上述过程的现金流进行分析,在买入可交割债券的时点,同时也是卖出债券期货的时点。在该时点,为买入可交割债券,并通过回购协议融入资金额为：$(P+ACC_O)$,P 为该时点的可交割债券的市场价格,ACC_O 表示该可交割债券上次付息日距该交易时点的累积利息。假设回购利率为 r,在该时点,就要确定未来交割日的期货交割价为 FP,FP 表示该时点的债券期货的价格。

到了债券期货的交割日,需要偿还回购融资的本金与利息总额为,

$$REPAMT = (P+ACC_O) \times (1+rt) \tag{8.5}$$

其中 t 为债券的回购期,即卖出债券期货至交割日的时间。在交割日通过交割可交割债券(根据无风险套利原则,卖出债券期货的价格刚好等于实际债券期货的结算价)所得到的发票金额为,

$$VINVAMT = FP \times CF + ACC_D \tag{8.6}$$

其中,ACC_D 表示可交割债券上次付息日距该交割时点的累积利息。如果将问题考虑得更周到,还须计算可交割债券的持有期中所得到的债息收入以及这些债息按照回购利率进行再投资的收益。债息及投资收益为,

$$CPNINT = \sum_{i=1}^{n} I_i(1+rt_i) \tag{8.7}$$

其中,n 为可交割债券持有期间的付息次数；I_i 为第 i 次付息额,r 为债息的再投资利息率,假设等于债券的回购利率；t_i 为第 i 次付息时点距交割日之间的时间。

这样,采取"现金——持有定价法"进行投资操作的收益为:

$$收益 = INVAMT + CPNINT - REPAMT$$

$$= FP \times CF + ACC_D + \sum_{i=1}^{n} I_i(1+rt_i) - (P+ACC_0) \times (1+rt) \tag{8.8}$$

根据无风险套利原则,令收益为零,可以求出债券期货的理论价格为:

$$FP = \frac{(P+ACC_0) \times (1+rt) - \sum_{i=1}^{n} I_i(1+rt_i) - ACC_D}{CF} \tag{8.9}$$

[例8—5] 在2009年3月5日求在该年6月份交割的10年期美国国债的期货价格。已知2018年5月15日到期并且债息率为$9\frac{1}{8}\%$的债券是3月份交割月中的最便宜可交割债券。该债券的现货市场价为141—17,经计算在6月份的转换因子为约1.1917。目前市场回购利率为2.75%。最后交割日为2009年6月20日。债券持有期为105天。可交割债券的付息日为12月30日和6月30日。

解:
$P = 141 + 17/64 = 141.26563, ACC_0 = (9.125\%) \times (65/360) \times 100 = 1.6476$

$\sum_{i=1}^{n} I_i(1+rt_i) = 0, ACC_D = (9.125\%) \times (65+105)/360 \times 100 = 4.3090$

$FP = \dfrac{(141.2656+1.6476) \times (1+0.0275 \times 105/360) - 0 - 4.3090}{1.1917} = 117.2698$

$\approx 117-17(美元)$

在该年6月份交割的10年期美国国债的期货价格的合理价格为117—17美元。

(二)隐含回购利率

考虑(8.9)式,如果将债券期货价格FP视为已知,将回购利率视为未知,公式将变为,

$$r = \frac{FP \times CF + ACC_D - (P+ACC_0) + \sum_{i=1}^{N} I_i}{t(P+ACC_0) - \sum_{i=1}^{N} I_i t_i} \tag{8.10}$$

按照(8.10)式计算出的利率被称为"隐含回购利率"。由于按照"现金——持有定价法"的投资策略,在债券期货交割月之前的任何一个时点,每一种可交割债券都有现货市场上的现价P,和该种债券的利息约定,各自的转换因子又是可以计算的,所以,每一种可交割债券都可以计算出它的隐含回购利率。如果债券的实际回购利率低于它的隐含回购利率,则在债券期货的价格等于它的结算价格的假定条件下,按照"现金——持有定价法"的投资策略,投资者是可以获利的。相反的情况,实施这样的投资策略则会带来亏损。

第四节 债券期货的应用:案例分析

期货合约的最重要的用途之一是进行套期保值。就是对实际的持有的实物债券进行套期保值。一般而言,根据套期保值的原理,期货的头寸应当等于被套期保值的实物商品的数量。但是,对于债券期货的套期保值的情况并不完全是这样。例如,某投资者拥有100万美

元面值的实物债券,简单地认为他应当需要10份面值为10万美元相应的债券期货是不合适的,除非实物债券的转换因子等于1或非常接近1。因为在实际操作上要考虑到实际债券与债券期货的标准债券的不同。

由(8.9)式,对债券期货价格 FP 求导,可得:

$$\frac{\partial FP}{\partial P} = \frac{1+rt}{CF} \tag{8.11}$$

近似地,

$$CF = \frac{\Delta P}{\Delta FP} \tag{8.12}$$

上式说明了实际债券价格变化与债券期货价格变化之间的关系。如果可交割债券的转换因子等于1,则实际可交割债券价格的变化就等于债券期货价格的变化;如果可交割债券的转换因子小于1,则实际可交割债券价格的变化小于债券期货价格的变化;如果可交割债券的转换因子大于1,则实际可交割债券价格的变化大于债券期货价格的变化。

下面来求为了达到套期保值,所需要的债券期货的合约数量。由于 ΔP 表示100美元可交割债券的价格变化,ΔFP 表示100美元债券期货的价格变化,那么,面值为 M 的该可交割债券的价格变化为 $(\Delta P/100) \times M$,而 n 份债券期货合约的价格变化为 $(\Delta FP/100) \times 100\,000 \times n$(一份债券期货合约的面值为100 000美元)。$n$ 份债券期货合约可以对面值为 M 的该可交割债券进行套期保值的条件是这两者的价格变化应当相等,即,

$$(\Delta FP/100) \times 100\,000 \times n = (\Delta P/100) \times M$$

可得:

$$n = \frac{(\Delta P/100) \times M}{(\Delta FP/100) \times 100\,000} = \frac{\Delta P \times M}{\Delta FP \times 100\,000}$$

由(8.12)式可得:

$$n = \frac{CF \times M}{100\,000} \tag{8.13}$$

[**例8—6**] 在2009年3月5日,某投资者持有2018年5月15日到期并且债息率为 $9\frac{1}{8}\%$ 的美元债券,面值为2 000万美元,该债券的现货市场价为141—17美元。该投资者担心未来市场利率会上涨,导致其持有债券价格下跌。为此,他通过卖出国债期货来对持有的实物债券进行保值,套期保值期为3个月,选择卖出2009年6月到期的10年期美国国债期货。经计算在6月份的转换因子为约1.191 7。假设该年6月份交割的10年期美国国债的期货价格的当前价格为117—17美元。

解:$M = \$20\,000\,000$,$CF = 1.191\,7$,需要卖出的债券期货合约份数为:

$$n = \frac{CF \times M}{100\,000} = \frac{1.191\,7 \times 20\,000\,000}{100\,000} \approx 238(份)$$

到了6月5日,正如该投资者所预料,市场利率确实上涨了,导致可交割债券的现货市场价为139—56美元,即将到期的6月份的10年期美国国债的期货价格下降为116—8美元。该投资者决定买入238份国债期货合约平仓离场。该投资者的可交割实物债券的价值损益(负值为亏损)为,

$$\text{持有债券的损益} = (\Delta P/100) \times M = \{[(139-56)-(141-17)]/100\} \times M$$
$$= \{[(139+56/64)-(141+17/64)]/100\} \times 20\,000\,000$$

$$=-278\,125\text{美元（负值为亏损）}$$

该投资者进行债券期货交易的价值收益为，

$$\begin{aligned}\text{债券期货交易的价值损益}&=(\Delta FP/100)\times 100\,000\times n\\&=\{[(117-17)-(116-8)]/100\}\times 100\,000\times 238\\&=+271\,469\text{美元（正值为收益）}\end{aligned}$$

可见，该投资者的套期保值策略是成功的。其持有债券的亏损，几乎全部被债券期货的交易收益所抵补。套期保值策略的意义是锁定投资者的现有资产的价值。其实，在该例子中，如果市场利率是下跌了，那么债券和债券期货的价格都将会上涨，投资者持有债券将获得收益，而进行的债券期货交易将亏损，两者也将相互抵补，以保障投资者所拥有的资产价值基本不变。套期保值策略是否成功，用一个称为"套期保值效率"的公式来衡量，

$$\text{套期保值效率}=-\frac{\text{期货交易损益}}{\text{持有债券损益}}=-\frac{271\,469}{-278\,125}\approx 97.61\%$$

套期保值效率越接近100%，保值策略越成功。

本章小结

本章讲述了有关债券期货的基本概念，并对债券期货的特点、功能以及标准债券、转换因子等重要概念作了讲解；简要介绍了国际上主要债券期货的交易场所和债券期货合约的构成要件；分析了最便宜可交割债券以及债券期货的定价原理。对债券期货的应用作了案例分析。

思考与练习

1. 什么是债券期货？
2. 债券期货合约的基本要素有哪些？
3. 解释标准债券这一概念。
4. 什么是可交割债券？
5. 债券期货对冲结算的结算金如何计算？
6. 债券期货交割结算收取债券方的支付金额如何计算？
7. 债券期货交割结算支付债券方的收入金额如何计算？
8. 现券交割单价如何计算？
9. 举出债券期货卖方的两项选择权。
10. 什么是转换因子？
11. 推导转换因子的计算公式？
12. 何谓债券期货的发票金额？
13. 解释债券期货的最便宜交割债券这一概念。
14. 债券期货的合理价格公式是什么？
15. 何谓隐含回购利率？
16. 套期保值所需要的债券期货的合约数量是如何确定的？

第九章
债券久期的基本概念

【本章学习要点】

久期是债券投资及其风险管理的重要概念。本章涉及的其他重要概念有：麦考利久期、修正久期、美元久期、凸度及风险免疫等。要求掌握和理解久期的计算及其数学解释、久期与债券到期期限、票息率，以及市场利率之间的关系等；对将久期概念应用到债券组合资产的风险免疫有一定的理解和认识。

第一节 麦考利久期

一、债券价格与市场利率的关系

一般而言，债券在发行时就规定了其票息额，即每年应当付给债券持有人的票息。所以，债券的息票率在发行时就是确定的。债券的理论市场价格，是债券的未来所有现金流按照市场利率折现的总值。由于市场利率（或称为回购利率）是随着时间变化的，债券的市场价格也随着市场利率的变化而变化。有债券买卖实务操作经验的投资者会知道，当市场利率发生变化时，不同期限的债券的价格变化是不同的。期限较长的债券价格的变化一般会大于期限较短的债券价格的变化。此外，如果两种债券的期限相等，一般票息额较大的债券的价格变化会低于票息额较低的债券的价格变化。

债券持有者，或债券组合的持有者在管理债券的价值时，一件重要的事情是：当市场利率发生变化时，迅速估计所持有的债券或债券组合的价格的变化。由上所述，要估计债券或债券组合价格的变化，不仅要考虑到债券的期限，而且要考虑到债券的票息额，这样估计价格变化的问题就显得比较复杂。对于各种不同期限、不同票息额的债券，能否找到一种共同具备的特征量，由该特征量就可以简单比较出不同债券的价格变化呢？

答案是存在的，即每一种债券都存在一个称作"久期"的特征量。"久期"是资产组合利率敏感性的一个测度，久期相等的资产对于利率波动的敏感性是一致的。

二、麦考利久期的计算

久期（Duration）的正式概念是麦考利（Frederick Macaulay）在1938年提出来的，所以又称为麦考利久期（Macaulay Duration），简记为 D_M。麦考利久期是使用加权平均数的形式计算债券的平均到期时间。它是债券在未来产生现金流的时间的加权平均,其权重是各期现金流在债券价格中所占的比重。

久期是固定收入资产组合管理的一个重要概念。具体体现为:首先,它是对资产组合实际平均期限的一个特征量;其次,它被看作是实施资产组合利率风险免疫的重要工具;最后,它是资产组合利率敏感性的一个测度。

麦考利将久期表述为债券现金流的时间加权现值之和与现金流的总现值的比率。

$$D_M = \frac{\sum_{t=1}^{M} tC_t/(1+i)^t}{\sum_{t=1}^{M} C_t/(1+i)^t} = \frac{\sum_{t=1}^{M} tC_t/(1+i)^t}{P_B} = \sum_{t=1}^{M} tW_t \quad (9.1)$$

$$W_t = \frac{C_t/(1+i)^t}{\sum_{t=1}^{M} C_t/(1+i)^t} = \frac{P_t}{\sum_{t=1}^{M} P_t} = \frac{P_t}{P_B} \quad (9.2)$$

式中:
D_M:债券的久期;
t:债券付息的时间次数;
C_t:第 t 次的付息额;
M:债券的到期期限;
i:市场利率,或称为回购利率;
P_B:债券的当前价格;
P_t:第 t 次的付息额的折现值。

[例 9-1] 一种债券的面值为 100 元。票息额为每年 9 元。市场利率为 8%。债券的到期期限为 6 年。计算该债券的久期,如表 9-1 所示。

解:$i=8\%$,$C_t=9$,$M=6$。

表 9-1　　　　　　　　　　例 9-1 久期的计算

时间 t	票息额 C_t	折现因子 $1/(1+i)^t$	折现值 $C_t/(1+i)^t$	时间的加权值 $t \times C_t/(1+i)^t$
1.00	9.00	0.93	8.33	8.33
2.00	9.00	0.86	7.72	15.43
3.00	9.00	0.79	7.14	21.43
4.00	9.00	0.74	6.62	26.46
5.00	9.00	0.68	6.13	30.63
6.00	9.00	0.63	5.67	34.03
6.00	100.00	0.63	63.02	378.10
加总			104.62	514.42
$D_M=(514.42/104.62)=4.92$				

由久期的计算公式(9.1)可以看出,零息票债券的久期等于债券的期限 M,即 $D_M = M$。零息票债券的未来现金流除了 M 期的债券面值外,其时间的票息额均为零。正是由于债券

的收益率不受票息额再投资收益率的影响,所以,可以说零息票债券本身是利率风险免疫的。

三、修正久期、美元久期及债券价格变化估计

由债券的价格公式,

$$P_B = \sum^t \frac{C_t}{(1+i)^t} \tag{9.3}$$

对市场利率 i 求导可得:

$$\frac{dP_B}{di} = -\sum^t \frac{tC_t}{(1+i)^{t+1}} = -\frac{1}{(1+i)} \sum^t \frac{tC_t}{(1+i)^t}$$

$$\frac{dP_B}{P_B} = -\frac{\sum^t \frac{tC_t}{(1+i)^t}}{(1+i)P_B} di = -\frac{D_M}{(1+i)} di \tag{9.4}$$

令,$D^* = D_M/(1+i)$,称 D^* 为修正久期(Modified Duration)。则有:

$$dP_B = -D^* P_B di \tag{9.5}$$

写成微小变化关系,

$$\Delta P_B = -\frac{D_M P_B}{(1+i)} \Delta i = -D^* P_B \Delta i \approx -D_M P_B \Delta i \tag{9.6}$$

令,$D^{**} = D^* P_B$,称 D^{**} 为美元久期(Duration USD)。则有:

$$\Delta P_B = -\frac{D_M P_B}{(1+i)} \Delta i = -D^{**} \Delta i \tag{9.7}$$

利用上式,可以在利率发生变化时对债券价格的变化做出估计。

[例 9—2] 已知某种债券当前的市场价格为 125 美元,当前的市场年利率为 5%,债券的久期为 4.6 年,求:如果市场利率上升 40 个基点,债券的市场价格将发生怎样的市场变化?

解:$P_B = 125$ 美元,$i = 5\%$,$D_M = 4.6$ 年,$\Delta i = +0.004$。

$$\Delta P_B \approx -D_M P_B \Delta i = -4.6 \times 125 \times 0.004 = -2.3(\text{美元})$$

表明该债券的价格将下降 2.3 美元。

更加精确的计算结果为:

$$\Delta P_B = -\frac{D_M P_B}{(1+i)} \Delta i = -\frac{4.6 \times 125 \times 0.004}{1.05} = -2.19(\text{美元})$$

四、久期的数学解释

不仅债券具有久期,其他有未来现金流的资产同样具有久期。久期是资产未来现金流的期限的加权平均值,加权的权重是现金流折现值占整个折现现金流值的比重。一般而言,债券的未来现金流是不变的,而债券的价格是未来所有现金流的折现值之和。由于市场利率的变化导致了折现因子的变化,所以,市场利率的波动是债券价格变动的主要原因。如果将债券的价格 P_B 看成是市场利率 i 的函数,记为,

$$P_B = P_B(i) \tag{9.8}$$

当市场利率变化很小时,债券价格的变动有以下关系,

$$\Delta P_B \approx \frac{dP_B}{di} \cdot \Delta i \tag{9.9}$$

上式中,$\frac{\partial P_B}{\partial i}$ 是债券价格对市场利率的一阶导数。两边同除以债券的价格 P_B,则有,

$$\frac{\Delta P_B}{P_B} \approx \left(\frac{dP_B}{di}/P_B\right) \cdot \Delta i \tag{9.10}$$

久期 D 的数学定义为：

$$D = -\left(\frac{dP_B}{di}/P_B\right) \tag{9.11}$$

前面的负号表示债券的价格是随着市场利率的增加而降低、利率的降低而上升的反向变化关系。所以有：

$$\Delta P_B \approx -D \cdot P_B \cdot \Delta i \tag{9.12}$$

比较前面的(9.6)式，可见修正久期 D^* 最为符合(9.11)式久期的定义。因此，可以说：债券的价格的变化等于债券的修正久期乘以债券的价格再乘以市场利率的变化。

五、凸度

如果债券价格与市场利率的函数的关系是精确的线性关系，那么，(9.9)式的近似关系就变成"等于"关系。然而，一般情况下债券的价格与市场利率的关系并非线性关系，而是一种非线性的关系。如果说久期实际描述的是债券价格对市场利率的一阶导数关系，那么，凸性描述的是债券价格对市场利率的二阶导数关系。为什么要研究凸性？见图9-1。

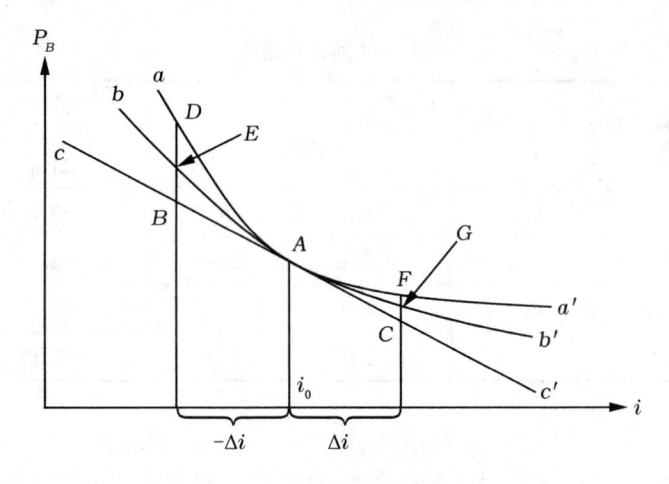

图 9-1　凸性的数学解释

图9-1表示的债券价格相对于市场利率的曲线，曲线 aa' 和曲线 bb' 分别表示凸性不同的两种债券的价格曲线，前者的凸度大于后者。凸度越大，曲线的弯曲程度越大。这两种债券的久期是相同的，对应于同一条切线 cc'。然而，当市场利率发生变化时，两种债券的风险却是不同的。可以看出，当市场利率增加相同单位时，凸度大的债券价格减少的幅度相对较小；当市场利率减少相同单位时，凸度大的债券价格增加幅度相对却较大。可见，当市场利率发生变化时，只用久期来估计债券价格的变化的假设条件是债券的凸度不大，或市场利率的变化幅度很小，否则，需要考虑债券的凸度对价格变化的影响。

把债券的市场价格 P_B 看成是市场利率 i 的非线性函数，用高等数学中的泰勒级数展开式展开，展开至二阶导数项，有：

$$\Delta P_B \approx \frac{dP_B}{di} \cdot \Delta i + \frac{1}{2}\frac{d^2 P_B}{di^2}(\Delta i)^2$$

上式两边同除以 P_B，有：

$$\frac{\Delta P_B}{P_B} \approx \frac{\frac{dP_B}{di}}{P_B} \cdot \Delta i + \frac{1}{2} \frac{\frac{d^2 P_B}{di^2}}{P_B} (\Delta i)^2 \tag{9.13}$$

用 C_B 来表示债券的凸度，定义为：

$$C_B = \frac{\frac{d^2 P_B}{di^2}}{P_B} \tag{9.14}$$

则债券价格的变化率为：

$$\frac{\Delta P_B}{P_B} \approx -D \cdot \Delta i + \frac{1}{2} C_B (\Delta i)^2 \tag{9.15}$$

由(9.3)式，可以求得：

$$C_B = \frac{1}{P_B} \frac{d^2 P_B}{di^2} = \frac{1}{P_B (1+i)^2} \sum^T \frac{t(t+1)C_t}{(1+i)^t} \tag{9.16}$$

[**例 9—3**] 一种债券的面值为 100 元。票息额为每年 9 元。债券的到期期限为 6 年。计算在不同市场利率情况下以及市场利率增加 0.5%，该债券的久期和凸度以及债券市场价格的估计变化，如表 9—2 所示。

表 9—2　　　　　　　　　　例 9—2 的计算结果

市场利率(%)	债券的价格 P_B	修正久期 D^*	仅考虑久期的价格变化 ΔP_B	凸度 C_B	考虑久期与凸度的价格变化 ΔP_B	两种债券价格变化估计的差差距
3.00	132.50	4.67	−3.10	28.43	−3.05	−0.05
5.00	120.30	4.63	−2.78	28.04	−2.74	−0.04
8.00	104.62	4.55	−2.38	27.45	−2.35	−0.03
10.00	95.64	4.50	−2.15	27.04	−2.12	−0.03

根据(9.15)式，第一项是一阶导数，即久期效应。这项数值较大，比较关键。第二项为二阶导数，即凸度效应。但是除非利率变动很大，凸度的变动效应应该是比较小的(参见久期和凸度的基本性质)，一般可以忽略不计。

第二节　久期与债券到期期限、票息率以及市场利率之间的关系

一、久期与债券到期期限的关系

首先，零息票债券的久期等于到它的到期时间。由久期的计算公式(9.1)式可以看出，零息票债券的久期计算中，只有最后期限的本金不为零，所以，久期 D 等于债券期限 M。

如果给定市场利率与票息率，久期与债券到期期限的关系：债券的到期期限越长，久期也越长。图 9—2 表示出，市场利率为 8%，而票息率为 7% 的债券的久期随着到期期限的变化关系。

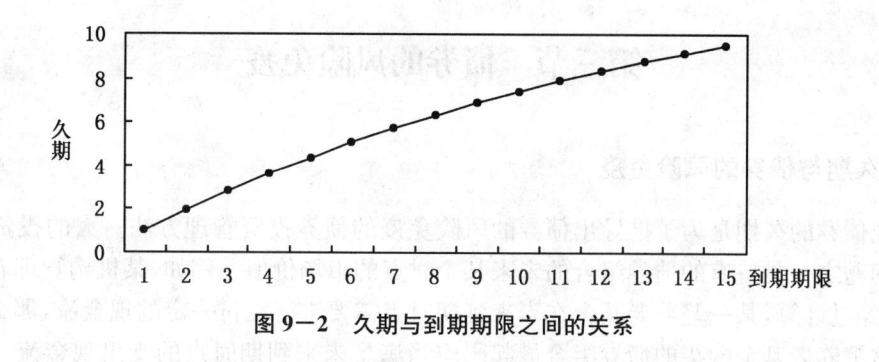

图 9—2　久期与到期期限之间的关系

二、久期与市场利率之间的关系

如果给定债券的票息率,久期与市场利率之间的关系是:市场利率越低,久期越长。图 9—3 表示,票息率为 7% 的债券的久期随着市场利率的变化关系。

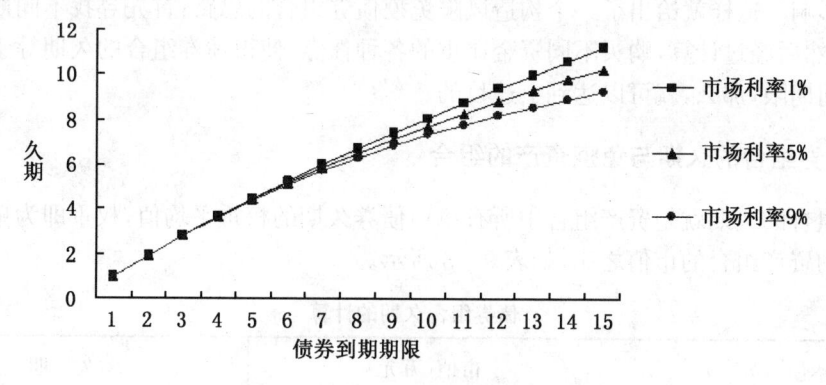

图 9—3　久期与市场利率之间的关系

三、久期与债券票息率之间的关系

如果给定市场利率,久期与债券票息率之间的关系是:票息率越低,久期越长。如图 9—4 表示,市场利率为 7% 的债券的久期随着债券票息率的变化关系。

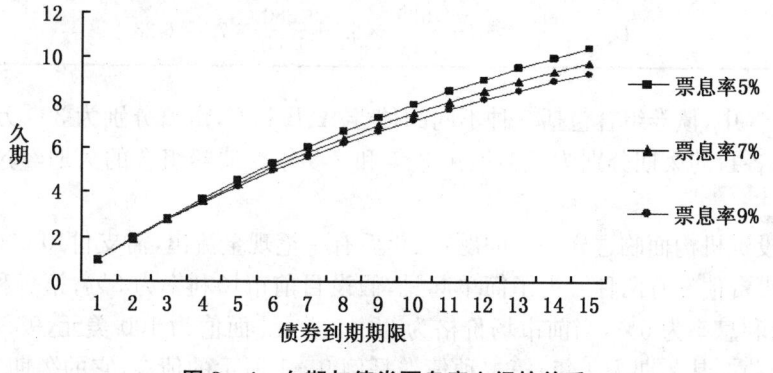

图 9—4　久期与债券票息率之间的关系

第三节 债券的风险免疫

一、久期与债券的风险免疫

研究债券的久期是为了推导出债券的风险免疫的债券投资管理方法。大的投资机构最关心的问题之一是持有的债券组合的未来某个时点的市场价值。例如，某机构管理着某个养老基金，经过计算，某一笔养老基金在未来到期时点需要进行支付一定的现金流，那么该投资机构用这笔养老基金购买的债券组合最起码应当满足未来到期时点的支出现金流。也就是说，所投资的债券组合的到期市场价值应当得到保障，而不受市场利率变化的影响。如果理论上可以证明所投资的债券组合的未来到期市场价值不受利率的影响，那么，该债券组合理论上讲就是免疫的。利用债券久期的概念，可以推导出这样的免疫债券组合。

理论上讲，债券组合在其久期所指的未来时间点上的市场价值是免疫的，即不受市场利率变化的影响。这样就给出了一个构造风险免疫债券组合的思路：首先寻找不同期限的债券多种债券，然后经过计算，购买不同资金比重的各种债券，使得债券组合的久期等于资金需要保值的时间期限，那么，就可以达到上述目的。

二、债券组合的久期与免疫资产的组合

债券组合的久期就是资产组合中所有单项债券久期的权重平均值，权重即为单项债券的市值与总的资产组合的市值之比，如表9-3所示。

表9-3　　　　　　　债券组合久期的计算

债 券	市值（万元）	久 期
A	300	5.1
B	530	6.3
C	280	7.5
债券组合	1 110	$D_P=6.28$

$$D_P = \frac{300}{1\,110} \times 5.1 + \frac{530}{1\,110} \times 6.3 + \frac{280}{1\,110} \times 7.5 = 6.28$$

在表9-3中，债券组合包括三种不同的债券A、B和C，市值分别为300万元、530万元和280万元，各自的久期分别为5.1年、6.3年和7.5年。债券组合的久期经过计算为6.28年。

如果某投资机构面临这样一个问题：三年后有一笔现金流出，需支付10 000 000美元，他可以考虑的投资债券有两种。为了简单起见，假设目前市场利率为8%；第一种债券的期限为1年，息票利息率为6%，当前市场价格为98.15美元[面值为100美元，98.15美元＝106美元/(1+8%)]，其久期为1年；第二种债券是例9-1所示的债券，它的久期为4.92年，其当前的市场价格为104.62美元。

面对可投资的两种债券,投资机构可以有多种选择。首先,可以将资金全部购买第一种债券,1年后到期,再将得到的全部现金投资到另一个2年期限的债券。这样,面临的风险是如果市场利率下跌,再投资的收益率就会低于目前的8%;当然,如果市场利率上涨,将会带来再投资收益率的提高。其次,可以将资金全部购买第二种债券,由于该债券的期限为6年,为了支付3年到期的现金支出,必须在3年到期的时点卖出该债券。如果此期间市场利率上涨,那么,债券的价格必然下跌,售出的价格可能低于需要支付的现金流。当然,如果此期间市场利率下跌,售出的价格可能高于需要支付的现金流。从风险免疫的角度看,以上两种投资方式都不具备利率风险的免疫性,前者,市场利率下跌带来不利,后者,市场利率上涨带来不利。

为了保证投资组合三年后能够支付这笔美元,达到利率风险免疫,投资组合的久期必须等于3年。这样,首先需要计算出两种债券各自的久期(已经给出),然后根据投资组合的久期为3年的条件,计算出每种债券的投资比重和数额。求解下面的联立方程:

$$w_1 \cdot D_1 + w_2 \cdot D_2 = D_E \tag{9.17}$$

$$w_1 + w_2 = 1 \tag{9.18}$$

其中,D_E表示当前到支付现金流的期限,此处为3年;w_1,D_1,w_2,D_2分别表示第一种债券和第二种债券的资金权重和久期。将第一种债券的久期1年,第二种债券的久期4.92年代入上述方程,可以求得,$w_1=0.4898$,$w_2=0.5102$。在本问题中,当前需要投资债券的金额应当是7 938 322.30美元[10 000 000/(1+8%)³]。其中,3 888 190.26美元(7 938 322.30×w_1)用来购买第一种债券,约购买面值100美元的该种债券约39 614.78张(3 888 190.26/98.15)。4 050 132.04美元(7 938 322.30×w_2)用来购买第二种债券,约购买面值100美元的该种债券约38 712.79张(4 050 132.04/104.62)。这样就完成了具有利率风险免疫的投资债券组合。

三、免疫债券组合的免疫分析

对于上述债券组合,首先考虑市场利率上升的情况,1年后到期的第一种债券,收回票息和面值后,可以较原来市场利率更高的利率进行为期2年的再投资,获得额外的超额收益。第二种债券在3年期的时间点必须出售,由于市场利率的上升,其市场价格会下跌。理论上讲,第二种债券价格下跌的损失刚好由第一种债券的再投资超额收益所补偿。因而,当市场利率上升时,债券组合在久期时点的价值不变。另一方面,考虑市场利率下跌的情况。1年后到期的第一种债券,收回票息和面值后,只可以较原来市场利率更低的利率进行为期2年的再投资,再投资收益受到损失。第二种债券在3年期的时间点必须出售,由于市场利率的下跌,其市场价格会上升。理论上讲,第二种债券价格上升带来的超额收益刚好由第一种债券的再投资损失所抵消。因而,当市场利率下跌时,债券组合在久期时点的价值不变。可见,上述债券组合是利率风险免疫的。

下面用上述问题的数据模拟当市场利率发生变化时的风险免疫效果。见表9-4。

表 9—4　　　　　　　　　　债券组合的利率风险免疫效果

假设 1 年后的市场利率	债券组合在久期时点的市场价值（美元）		
	7%	8%	9%
3 年到期时点第一种债券的价值=106×39 614.78 张×(1+i%)²	4 807 625.93	4 897 908.02	4 989 029.93
第二种债券在第 1 年年末的利息再投资价值=9×38 712.79×(1+i%)²	398 900.46	406 391.38	413 951.99
第二种债券在第 2 年年末的利息再投资价值=9×38 712.79×(1+i%)	372 804.17	376 288.32	379 772.47
第二种债券在第 3 年年末的利息=9×38 712.79	348 415.11	348 415.11	348 415.11
第二种债券在第 3 年年末的出售价格=109×38 712.79/(1+i%)³+9×38 712.79/(1+i%)²+9×38 712.79/(1+i%)	4 074 468.19	3 971 045.61	3 871 279.00
在 3 年时点的债券组合价值	10 002 213.86	10 000 048.44	10 002 448.50

由表 9—4 可以看出，在债券组合的久期的时点(3 年)，第一种债券的总价值随市场利率的下跌而下跌，随市场利率的上涨而上涨。第二种债券的出售价值随市场利率的下跌而上涨，随市场利率的上涨而下跌。当市场利率发生变化时，债券价值的下跌部分几乎刚好为另外债券价值的上涨而抵补。

四、实践中存在的问题

上述利用久期概念构造的免疫债券组合，在实践中可能存在一些问题，使得其实际免疫效果不如人们预期的那样理想。原因可能是复杂的。但主要原因之一是当市场利率发生变化时，不同期限的债券的收益率可能发生不同的变化，事实上，期限短的债券的价格波动可能大于期限长的债券的价格波动，有的债券的收益率的变化可能大于市场利率的变化，有的债券的收益率的变化可能小于市场利率的变化。而前面的分析的前提假设条件之一是所有债券的收益率是一样的，而变化也是一样的。另一个实践中存在的问题是当市场利率发生变化时，如果不同债券的收益率的变化不同，就会导致债券组合的久期发生不同的变化，这样债券组合就失去了原有的免疫性。这就意味着上述免疫债券组合需要经常进行动态调整，以适应原来的免疫要求，即通过调出一些原有的债券或调进一些新的债券，使得债券组合的久期等于约定的现金流支出的时间。因为，调整债券组合是需要付出交易成本的，实践中也不是随时调整，而是在权衡了交易成本之后再进行调整。

实践中遇到的另一个重要问题是，当可投资的债券比较多时，如何选择债券来构造债券组合？理论上讲是求解下列方程组。

$$\sum_{i=1}^{n}(w_i \cdot D_i) = D_E \tag{9.19}$$

$$\sum_{i=1}^{n} w_i = 1 \tag{9.20}$$

上面方程组仅包括两个方程，要求解的变量有 n 个，所以有许多个解。存在许多个债券的组合可以满足久期等于资产价格保值的期限。在实践中遵循这样的经验原则：一是选择收益率高的债券,原因是构成的成本低;二是选择债券本身的久期与保值期限比较近的债券。这是因为这样的债券组合价格随利率变动的幅度最小。

本章小结

本章讲述了久期这一重要的基本概念,讲述了如何利用修正久期、美元久期对债券价格变化做出估计作了重点分析;分别阐述了久期与债券到期期限的关系,久期与市场利率之间的关系以及久期与债券票息率之间的关系;对债券组合的久期与债券资产组合的风险免疫问题结合实践问题做了概述。

思考与练习

1. 一般而言,债券的价格变化与利率变化之间的关系有何规律?
2. 麦考利久期的计算公式是什么?各个变量有何意义?
3. 推导债券价格变化和久期及利率变化的关系公式。
4. 久期与债券的到期期限以及息票支付额之间的关系如何?
5. 固定收益率证券资产组合的久期是如何计算的?
6. 什么是债券的风险免疫概念?

第十章
股票指数期货

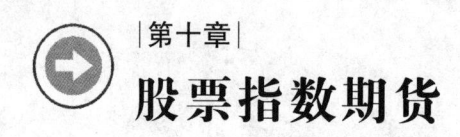

【本章学习要点】

本章讲述了股票指数期货的基本概念。本章重要的基本概念包括股票指数、股票指数期货合约、系统风险、非系统风险、贝塔系数等;需要掌握股票指数期货的定价原理,了解股票指数期货的主要应用,它的市场功能以及它相对于股票现货交易的优势等。

第一节 股票指数期货合约

一、股票指数

(一)股票指数的定义

股票指数,也称股票价格指数,是由证券交易所或相关机构编制的、公开公布的、用于显示一个股票市场中的全部股票或部分股票价格总体走势的一种指示数字。它是股票行市变动情况的价格平均数。投资者根据指数的升降,可以判断出股票价格的变动总体趋势。为了使投资者即时了解股票市场的走势行情,所有的股市几乎都是在股票交易的时间内即时公布股票价格指数。

(二)世界上几种著名的股票指数

1. 道·琼斯股票指数

道·琼斯指数是一种算术平均股价指数。该指数是世界上历史最为悠久的股票指数,它的全称为股票价格平均指数。它以在纽约证券交易所挂牌上市的一部分有代表性的公司股票作为编制对象,由四种股价平均指数构成,分别是:以30家著名的工业公司股票为编制对象的道·琼斯工业股价平均指数,以20家著名的交通运输业公司股票为编制对象的道·琼斯运输业股价平均指数,以6家著名的公用事业公司股票为编制对象的道·琼斯公用事业股价平均指数,以上述三种股价平均指数所涉及的56家公司股票为编制对象的道·琼斯股价综合平均指数。在四种道·琼斯股价指数中,以道·琼斯工业股价平均指数最为著名,它被大众传媒广泛地报道,并作为道·琼斯指数的代表加以引用。因此,通常人们所说的道·琼斯指数一般是指道·琼斯指数四组中的第一组道·琼斯工业平均指数(Dow Jones Industrial Average)。

2. 标准·普尔股票价格指数

标准·普尔股票价格指数是标准·普尔公司编制的股票价格指数。该公司于1923年开始编制并发表股票价格指数。最初该指数的成分股仅包括在纽约证券交易所上市的230种股票,编制两种股票价格指数。后来这一股票价格指数的成分股票扩大到500只股票。该股票价格指数是1941~1943年成分股票的平均市价为基期,以上市股票数为权数,按基期进行加权计算而得到。随着时间的推移,该指数的成分股发生了较大的变化,但始终保持为500种。

3. 纽约证券交易所股票价格指数

该股票价格指数是由纽约证券交易所编制的。它的成分股包括在纽约证券交易所上市的1 500种股票。它以1965年12月31日确定的50点为基数,采用的是综合指数形式。比较全面及时地反映了纽约证券交易所上市的股票价格变动的综合状况。

4. 日经道·琼斯股价指数(日经平均股价)

该指数是由日本经济新闻社编制并公布的股票指数,反映日本股票市场价格变动的情况。该指数从1950年9月开始编制。该指数分为两种:一种是日经225种平均股价。成分股为在东京证券交易所第一市场上市的股票,样本选定后很少更改。因而其连续性及可比性较好,是反映日本股票市场长期演变可靠指标。该指数的另一种是从1982年1月4日起开始编制的日经500种平均股价,代表性相对更为广泛,其成分股每年4月份根据上市公司的经营状况、成交量和成交金额、市价总值等因素进行调整。

5.《金融时报》股票价格指数

它是由英国《金融时报》公布发表的。该股票价格指数的成分股包括在英国工商业中挑选出来的具有代表性的30家公开挂牌的普通股股票。它以1935年7月1日作为基期,其基点为100点。该股票指数反映伦敦股票市场的价格变动情况。

6. 香港恒生指数

它是由香港恒生银行于1969年11月开始编制的。其成分股由33家在香港上市的大公司股票组成。该股票指数成分股涉及香港的多个行业,具有较强的代表性。自1969年恒生股票价格指数发表以来,调整过多次,是反映香港股票市场价格走势的最主要的股票指数。

二、股票指数期货合约的要素

(一)股票指数期货合约

股票指数期货(简称股指期货)是一种金融期货,它以股票价格指数作为期货的标的物。股票指数期货合约是交易双方按照约定的股票指数价格在未来特定的时间进行股票指数交易的标准化的合约。

20世纪70年代之后,世界上的股票市场整体波动日益加剧,投资者规避股市系统风险的要求也越来越迫切。由于股票指数基本上能代表整个市场股票价格变动的趋势和幅度,人们开始将股票指数设计成一种期货交易的标的物,对手中持有的实际股票组合进行套期保值,规避系统风险。

进行股指期货交易有以下理由:

(1)与股票相比股指期货的交易费用很低;

(2)股票指数期货实际上相当于进行组合股票投资,风险分散,交易方便,极大地方便了

像养老基金这样大规模的机构投资者的股票组合风险管理;

(3)指数期货提供了便捷的交易手段和很高的杠杆比率;

(4)许多股票的卖空是受限制的,而股指期货交易可以方便地进行卖空操作。

(二)股票指数期货合约的要素

如同其他金融期货合约,股票指数期货合约也有自身的一些要素,以香港恒生指数期货合约为例加以说明,如表10-1所示。

表10-1　　　　　香港交易所恒指期货合约文本的主要要素

香港交易所恒指期货合约文本的主要内容	
	50港币/点
合约报价	以恒生指数的点数报价
合约价值	合约报价×合约乘子
最小变动价位	1点
交割月份	3月、6月、9月、和12月
交易时间	上午9:15~12:30,下午14:00~16:15
最后交易日的交易时间	上午9:15~12:30,下午14:00~16:15
最后交易日	交割月份的倒数第2个营业日
合约结算价值	最后结算价×合约乘子
最后结算日	最后交易日后的第1个营业日
最后结算价	最后交易日恒生指数每间隔5分钟报价的平均值
结算方法	现金差价结算:合约价值和最后结算价的差值
每张合约单边交易费	11.50港币

资料来源:香港联交所网站。

与其他实物期货合约不同的是,股票指数期货合约的交易标的是一个具体的数据,而不是实物。实物期货的价格是对每一单位的实物的货币价格,股指期货的价格是每一单位数据的价格。在股指期货中数据的单位被称为"点",例如,香港恒指10 000点与10 001点之间相差一个点,恒生股指期货合约规定,一个单位"点"的货币价格是50港元。由于"点"的货币价格是一定的,股指期货的叫价实际上对未来股指的叫价,表示人们对未来股票指数的期望值。股指期货合约的交割没有实物交割,只有平仓才可以离场。

[例10-1] 一位投资者在8月1日以8 000点的价格买了1份9月份到期的恒生指数期货合约。到交割日,恒生指数收在8 100点。问该投资者的收益情况。

如果不考虑交易费用,收益等于结算的恒生指数点数与买入期货的点数之差再乘以合约乘子50港币/点:

$$(8\,100 - 8\,000) \times 50 \text{港币} = 5\,000(\text{港币})$$

第二节 股票指数期货的定价及贝塔系数

一、股票指数期货的定价依据

股票指数期货的定价原理同样是遵循无风险套利原则。考虑无摩擦市场,即不考虑交易费用等其他因素,不能单纯通过交易获得无风险利润。下面通过一个具体例子来推导出股票指数期货的合理定价公式。如表10-2所示,假设今天的香港恒生指数 $P(0) = 20\,573.33$,某投资者今天做了以下几件事情:

(1) 以年利率2.6%(r)借入现金,$20\,573.33 \times 50 = 1\,028\,666.50$(港币)。

(2) 将1 028 666.50港币买进组成恒生指数的成分股票,该资产组合中的股票比例等同于计算恒指的各股票的权重市值比例。

(3) 卖出1份9月份到期的恒指期货合约,假设价格为 $F(0, t)$。

(4) 假设距交割日还有51天($t = 51/360$),在交割日收到股票红利 $P(0) \times 50 \times d \times t$(设 d 为股票面值的年红利率)港币;交割日恒指为 $P(t)$。

表10-2　　　　　　恒指期货空头和成分股多头的现金流合计

	恒指期货空头和成分股多头的现金流	
	交易日现金流	交割日现金流
	(1) 借入现金 $+P(0) \times 50 = 20\,573.33 \times 50 = 1\,028\,666.50$(港币)	(1) 归还现金 $-P(0) \times 50(1 + r \times t) = 20\,573.33 \times 50 \times (1 + 0.026 \times 51/360) = -1\,032\,455.42$(港币)
	(2) 买进成分股 $-20\,573.33 \times 50 = 1\,028\,666.50$(港币)	卖出股票获得现金:$P(t) \times 50$ 股票红利:$P(0) \times 50 \times d \times t$
	(3) 卖出1份恒指期货合约	$[F(0, t) - P(t)] \times 50$
合计	0	$-P(0) \times 50(1 + r \times t) + P(t) \times 50 + P(0) \times 50 \times d \times t + [F(0, t) - P(t)] \times 50 = 0$

根据无风险套利原则,由表10-2的合计现金流,可以得到,

$$F(0, t) = P(0)[1 + (r - d)t] \tag{10.1}$$

如果将股票指数看成能够持续产生股利收益的资产,考虑复利,股票指数期货的合理指数可以用公式计算为:

$$F(0, t) = P(0)e^{(r-d)t} \tag{10.2}$$

[例10-2] 假设今天的香港恒生指数 $P(0) = 20\,573.33$,一年期国债收益率为2.6%,恒生指数的成分股的股票红利利率为1.9%,卖出1份9月份到期的恒指期货合约,距交割日还有51天,求9月份到期的股指期货的合理报价。

$$\begin{aligned}F(0, t) &= P(0)[1 + (r - d)t] \\ &= 20\,573.33[1 + (2.6\% - 1.9\%) \times 51/360] \\ &= 20\,593.73\end{aligned}$$

二、股票的贝塔系数与股票组合的贝塔系数

(一)系统风险和非系统风险

在股票市场上进行投资,通常面临两种风险,即系统风险和非系统风险。系统性风险是指某些因素会给市场上所有的证券市场价值带来波动的可能性。如政策风险、市场风险、利率风险和购买力风险等具有比较宏观影响的风险,投资者不能通过购买多种特征的股票来分散风险。非系统风险是指某些因素对单个证券市场价值产生波动的可能性,属于微观层面上的风险,如上市公司摘牌风险、流动性风险、财务风险、信用风险、经营管理风险等,投资者可以通过制定证券投资组合将这种风险分散或转移。由于非系统风险是可以通过投资组合分散掉的风险,所以构建投资组合是机构投资者的主要投资方式。

(二)贝塔系数(β)

贝塔系数是统计学概念,可以作为一种评估证券系统性风险的工具,用以度量单一证券或多种证券组合相对总体市场的波动性。从统计学的意义上讲,它的绝对值越大,显示其市场价格变化幅度相对于大盘的变化幅度越大;绝对值越小,显示其变化幅度相对于大盘越小。如果是正值,则显示其市场价格变化的方向与大盘的变化方向相同:如果是负值,则其变化的方向与大盘的变化方向相反。贝塔系数为1的证券,其价格统计地与市场同方向同幅度地变化。贝塔系数高于1的证券,其价格统计地与市场同方向变化,其幅度变动大于市场。

贝塔系数的计算公式为:

$$\beta_i = \frac{\text{COV}(r_i, r_m)}{\text{VAR}(r_m)} \tag{10.3}$$

其中,β_i 表示股票 i 的贝塔系数,$\text{COV}(r_i, r_m)$ 表示股票 i 的价格变化率 r_i 与股票市场总体价格变化率 r_m 之间的协方差,$\text{VAR}(r_m)$ 表示股票市场总体价格变化率的方差。

令:N 表示时间样本数,t 表示时间,r_{it} 表示 t 时间股票 i 的价格变化率样本值,r_{mt} 表示 t 时间股票市场总体价格变化率样本值,$E(r_{it})$ 表示 r_{it} 的期望值,$E(r_{mt})$ 表示 r_{mt} 的期望值,则:

$$\beta_i = \frac{\sum_{t=1}^{N}[(r_{it} - E(r_{it}))(r_{mt} - E(r_{mt}))]}{\sum_{t=1}^{N}[r_{mt} - E(r_{mt})]^2} \tag{10.4}$$

[例 10—3] 2009 年 7 月 7 日至 2009 年 8 月 4 日的上证指数和中国联通股票的价格如表 10—3 所示。

表 10—3　　　　　　　　上证指数和中国联通股票的价格及其变动幅度

上证指数	3 113.93	3 080.56	3 145.16	3 188.55	3 183.74	3 189.74	3 266.92	3 213.21	3 296.61
	3 328.49	3 372.60	3 435.21	3 438.37	3 266.43	3 321.56	3 412.06	3 462.59	3 471.44
中国联通	7.18	6.99	7.24	7.26	7.1	7.08	7.28	7.07	7.15
	7.38	7.64	7.73	7.76	7.42	8.13	8.14	8.12	7.93
上证指数变动幅度		−0.010 7	0.021 0	0.013 8	−0.001 5	0.001 9	0.024 2	−0.016 4	0.026
	0.009 7	0.013 3	0.018 6	0.000 9	−0.05	0.016 9	0.027 2	0.014 8	0.002 6

续表

上证指数	3 113.93	3 080.56	3 145.16	3 188.55	3 183.74	3 189.74	3 266.92	3 213.21	3 296.61
中国联通股价变动幅度		−0.026 5	0.035 8	0.002 8	−0.022	−0.002 8	0.028 2	−0.028 8	0.011 3
	0.032 2	0.035 2	0.011 8	0.003 9	−0.043 8	0.095 7	0.001 2	−0.002 5	−0.023 4

资料来源：上海证券交易所网站。

如果以上述时间段中的数据为样本，中国联通股票相对于上证指数的贝塔系数，由(10.4)式计算为1.118 7，表明在这段时间内中国联通股票的波动幅度大于上证指数，且统计学意义而言变动方向相同。

(三) 投资组合的贝塔系数(β)

如果有一个股票指数可以描述股票市场总体价格变化率 r_m，可以将 r_m 看作该股票指数的变化率，那么，β_i 表示股票 i 的相对于股票指数变化率 r_m 的贝塔系数，从统计学的意义而言，有以下统计关系：

$$r_i = a_i + \beta_i r_m + \varepsilon_i \tag{10.5}$$

如果有一个股票组合 I，其中有 n 种股票，每一种股票的资金比重为 x_i，则该股票组合的总体价格变化率为：

$$r_I = \sum_{i=1}^{n} x_i r_i = \sum_{i=1}^{n} x_i (a_i + \beta_i r_m + \varepsilon_i)$$

$$= \sum_{i=1}^{n} x_i a_i + \left(\sum_{i=1}^{n} x_i \beta_i\right) r_m + \sum_{i=1}^{n} x_i \varepsilon_i$$

$$= a_I + \beta_I r_m + \varepsilon_I \tag{10.6}$$

其中：

$$\beta_I = \sum_i x_i \beta_i = x_1 \beta_1 + x_2 \beta_2 + \cdots + x_n \beta_n \tag{10.7}$$

这样，股票投资组合的贝塔值的计算是比较简单的，即组合中所有股票贝塔值的加权平均值，权重即为每个股票的资金比重。

[例10—4] 设有一个股票组合，其中资金分配和每个股票的贝塔系数如表10—4所示，求该股票组合的贝塔系数。

表10—4　　　　　　　　股票组合的资金及其各自股票的贝塔系数

股票资产组合		
股票	市场价值（万港币）	β系数（相对于恒指）
1	7 000	0.7
2	8 000	1.1
3	3 000	−1.5
合 计	18 000	

根据表10—4给出的各只股票的贝塔系数，可以求出该股票组合的贝塔系数为：

$$\beta_I = \sum_i x_i \beta_i = \frac{7\ 000}{18\ 000} \times 0.7 + \frac{8\ 000}{18\ 000} \times 1.1 + \frac{3\ 000}{18\ 000} \times (-1.5) = 0.511$$

第三节 股票指数期货的运用和市场功能

一、股票指数期货的运用

(一)利用股票指数期货套利

股票指数期货是金融衍生产品,如果投资者预期股票指数的未来走势将偏离股票股指货的报价,则可以通过买入或卖出股票指数期货进行套利。投资原则是:当投资者预期股票指数的未来走势将高于股票股指期货的当前报价,则买入股指期货,当股指期货到期前通过卖出股指期货清仓而获利;当投资者预期股票指数的未来走势将低于股票股指期货的当前报价,则卖出股指期货,当股指期货到期前通过买入股指期货清仓而获利。

[例10—5] 假设今天的9月份到期的恒指期货合约的报价为20 593.73,距交割日还有51天,一位投资者预测9月份的恒生指数将高于9月份到期的恒指期货合约的价格,于是,他买入一份9月份到期的恒指期货合约,在9月20日,果然恒生指数为20 700.55点,他在当日以20 700.55点卖出清仓,他的获利为:(20 700.55−20 593.73)×50=5 341港币。相反,如果到了9月20日,恒生指数为20 473.22点,该投资者决定清仓,他只能以20 473.22点卖出,他的获利为:(20 473.22−20 593.73)×50=−6 025.5港币,负值表示亏损。

(二)通过股票指数交易对股票投资组合进行保值

利用股指期货对股票投资组合进行套期保值的原理是基于股票指数与总体股票价格变动的同方向性,投资者在股指期货市场进行与股票先后相反的操作来抵补股价变动,从而使得投资者的资产总价值基本保持不变。要完成上述目标,投资者要买入或卖出多数份股指期货合约呢?要计算应当买入或卖出股票指数期货合约的份数,需要掌握的信息有:

I_P:当前股票资产组合的总价值;

x_i:第i种股票的价值比重,$i=1,\cdots,n$;

β_i:第i种股票的贝塔系数,$i=1,\cdots,n$;

m:合约乘子;

P_0:当前股价指数;

N:股指期货合约份数。

这样,由下面的公式计算交易的股指期货合约的份数:

$$N=\frac{I_P}{m\times P_0}\times \beta_I \quad [\text{其中},\beta_I \text{由}(10.7)\text{式计算}] \tag{10.8}$$

[例10—6] 如例10—3,一位投资者在香港股市投资了3只股票,假设当前时间为某年3月份,当前总市值为18 000万港元,每种股票的贝塔系数如表10—4所示。该投资者认为未来半年内香港股市整体下跌可能性很大,但是,他又不愿意现在就将手中的股票抛掉,为规避风险他运用恒生指数期货进行套期保值,假设当前恒生指数为20 300点,9月份的恒生指数期货合约的指数点数为20 350点。问该投资者要对自己的股票投资组合进行保值,要在卖出多少份的价位上卖出9月份的恒指期货合约?如果期货到期时恒生指数果然大幅下跌,恒指变为19 000点,分析该投资者的保值效果。

已知:$I_P=18\,000$万港币,$\beta_I=0.511$,$P_0=20\,300$,$m=50$港币/点。

卖出恒指期货合约的份数：$N = \dfrac{I_p}{m \times P_0} \times \beta_I = \dfrac{180\,000\,000}{50 \times 20\,300} \times 0.511 = 91$（份）

分析：此期间恒生指数下降了6.403%，该股票投资组合的价值变化为：

$\Delta I_P = (-6.403\%) \times 0.511 \times 180\,000\,000 = -5\,889\,479.4$（港币）

由于卖出恒指期货所获得的收益为：

$N \times m \times (20\,350 - 19\,000) = 91 \times 50 \times 1\,350 = +6\,142\,500$（港币）

总体保值效果为盈利：$6\,142\,500 - 5\,889\,479.4 = 253\,020.6$（港币）。

问题：例10-6中，如果9月份恒指实际是上升的，变为21 400点，分析保值效果。

分析：此期间恒生指数上升了5.419%，该股票投资组合的价值变化为：

$\Delta I_P = (+5.419\%) \times 0.511 \times 180\,000\,000 = +4\,984\,380$（港币）

由于卖出恒指期货所受到的损失为：

$N \times m \times (20\,350 - 21\,400) = -91 \times 50 \times 1\,050 = -4\,777\,500$（港币）

总体保值效果为盈利：$4\,984\,380 - 4\,777\,500 = 206\,880$（港币）。

（三）运用股指期货进行资产转换

理论上讲，将资金分别投资于国债和股指期货，可以拟合出将资金全部投资于实际股票的效果。假设一位投资者当前拥有一笔现金，数量为A，假设国债的年回报率为r，股票指数的成分股总体年股息率为d，当前股指为$P(0)$，当前的期限为t的股指期货的股指数为$F(0,t)$，股指期货到期时的实际股指为$P(t)$。

该投资者可以选择两种不同的投资途径：第一种投资途径是用资金A买入股指的成分股，且按照成分股的比重买入股票，到期时卖出股票离场。第二种是将现金A投资于国债，期限为t，同时买入期限为t的股指期货，股指期货的资金额为A；股指期货到期时，清仓离场。

第一种投资途径的到期现金流收入R_1为：

$$R_1 = A \times dt + A\left[1 + \dfrac{P(t)-P(0)}{P(0)}\right] = A + A \times dt + A\left[\dfrac{P(t)-P(0)}{P(0)}\right] \tag{10.9}$$

第二种投资途径的到期现金流收入R_2为：

$$R_2 = A(1+rt) + [P(t) - F(0,t)] \times N \times m \tag{10.10}$$

由(10.8)式，知，$N = \dfrac{A}{m \times P(0)} \times \beta_I$，且$\beta_I = 1$，

所以，

$$R_2 = A(1+rt) + [P(t) - F(0,t)] \times \dfrac{A}{P(0)} \tag{10.11}$$

由(10.1)式可知，理论上$F(0,t) = P(0)[1+(r-d)t]$，代入上式，可得：

$$R_2 = A + A \times dt + \dfrac{[P(t)-P(0)]}{P(0)} \times A \tag{10.12}$$

由(10.9)式和(10.12)式可知，两种投资途径的现金流理论上是相同的，两种投资的收益率也是相同的。然而在实践中，两种投资途径的交易成本和流动性却相差很大。对于资金量比较小的投资者而言，如果想获得股票市场的总体收益水平，将资金按照股票指数的成分股及其成分权重购买股票组合本身就是一件不易做到的事情，其中资金量是重要的因素。对大的投资机构而言，即使资金量不成问题，按照股票指数成分股购买股票的交易成本也是很高

的,而且在短时间内大量买进或卖出股票还可能影响股价,操作起来也不方便。所以,股票指数期货对于大的投资机构尤为重要。

[例10—7] 香港股票市场在2008年由于受到全球性金融危机的影响大幅下跌。一个香港股市的投资机构在2009年初观察到由于各国采取了积极的经济政策,香港股票市场可能在半年之内大幅反弹。该投资机构计划投资18 000万港币来获取与恒生指数大幅反弹相当的收益,同时承担相应的风险。如果没有恒生指数期货,该机构只能将资金按照恒生指数成分的比重来实际购买成分股。如果有了恒生指数期货,该机构就可以选择购买债券加购买恒生指数期货来拟合与购买股票同样的投资效果。假设当前时间为2009年1月份,恒生指数为14 000点,6月份到期的恒生指数期货价格为14 028点,此间,债券的年收益率为2.10%,恒生指数成分股的总体年股息率为1.70%;到了2009年6月恒生指数上升为19 000点。计算两种投资的实际效果。

已知:$A=18\,000$万港币,$P(0)=14\,000$,$P(t)=19\,000$,$F(0,t)=14\,028$,$r=2.10\%$,$d=1.70\%$,$\beta_I=1$,$m=50$港币/点,$t=180/360=0.5$。

第一种投资途径的到期现金流收入R_1为:

$$R_1 = A \times dt + A\left[1+\frac{P(t)-P(0)}{P(0)}\right] = A + A \times dt + A\left[\frac{P(t)-P(0)}{P(0)}\right]$$

$$=180\,000\,000+180\,000\,000\times 0.017\times 0.5+180\,000\,000\left[\frac{19\,000-14\,000}{14\,000}\right]$$

$$=24\,581.57(万港币)$$

第二种投资途径的到期现金流收入R_2为:

购买恒生指数期货的份数 $N=\dfrac{A}{m\times P(0)}\times \beta_I=\dfrac{180\,000\,000}{50\times 14\,000}=257$(份)

$$R_2 = A(1+rt)+[P(t)-F(0,t)]\times N\times m$$

$$=180\,000\,000(1+0.021\times 0.5)+[19\,000-14\,028]\times 257\times 50$$

$$=24\,578.02(万港币)$$

两种投资效果的细微差异是由于计算购买指数期货份数时取了整数所致。在实践中,由于股指期货$F(0,t)$的市场值与理论值之间存在差异,也会导致两种投资效果有一定程度上的差异。

二、股票指数期货的市场功能及交易优势

(一)股指期货的市场功能

股指期货与其他实务期货同样具有价格发现功能和风险转移功能,此外它还有资产转换的功能。

由于股指期货的交易成本较低,其对市场中信息变化的反应迅速。人们对交易标的的价格预期会很快传递到现货市场,因而股指期货交易有利于促使股票价格迅速达到新的均衡状态。另外,当股票指数期货的市场价格与其合理定价偏离很大时,就会出现股票指数期货套利活动,套利活动的作用会使得股指向合理水准靠拢。

股指期货为股票市场提供了对冲风险的工具。如前所述,为了规避股票组合的跌价风险,可以通过卖出股票指数期货合约,即做空股指期货与做多股票组合的交易策略来规避风

险,大大降低了股票资产的避险成本。

通过股指期货的资产转换功能,很容易合理配置资金,用很少的交易费用完成拟合实际投资股票的效果。不同的投资者具有不同的市场偏好,有的投资者只想获得股票市场的平均收益,有的投资者只看好某一类股票,如能源类股票等,为了满足这些不同的需求,同一个股票市场可能有多种股票指数。人们可以通过交易不同的股票指数来拟合满足自己需求的股票投资效果。这样,当市场出现短期上涨机会时,机构可以运用股指期货迅速完成所期望股票组合的投资效果。当市场出现短暂不景气时,投资机构可以借助指数期货,把握时机离场,无须抛售准备长期投资的股票。

(二)股指期货的交易优势

股票指数期货交易与实际买卖股票相比具有下述明显优势:

(一)交易费用较低

股票现货交易包括印花税、佣金等多项费用,如果购买多种股票(一般股指期货的成分股都包括几十种甚至上百种的股票)则需要多笔的税费和佣金费用,交易成本相当高。相反,股指指数期货交易的费用是相当低的。股票指数期货交易的成本一般包括交易佣金、用于支付保证金的机会成本和可能的税项。各国国家还会有许多不同的优惠条件,如美国一笔股指期货交易(包括建仓并平仓的完整交易)收取的费用只有 30 美元左右;在英国期货合约是免印花税的,并且购买指数期货只进行一笔交易(包括平仓)。一般市场普遍认为股票指数期货交易费用约为股票交易费用的 10% 左右。

(二)自由卖空交易

即使在国际成熟股票市场上,也并非人人都可以做股票的卖空交易,只有可以从他人手中借到股票,才可以进行卖空交易。例如在英国只有证券做市商才能借到英国股票,而美国证券交易委员会规则规定,投资者借股票必须通过证券经纪人进行,还得缴纳一定数量的相关费用。因此,卖空交易也并非人人可做。而国际股票市场对股票指数期货交易没有卖空限制,从开展股指期货的初衷来看,卖空机制正是规则所鼓励的。事实上,在国际股票指数期货市场上确实时刻存在大量的卖空头寸。

(三)较高的资金杠杆

股票指数期货合约与其他实物期货合约一样,一般具有较高的资金杠杆比率。可以节约投资者的资金,用较少的资金完成所期望的较大规模的投资效果。

(四)市场流动性强

基于上述多种因素,指数期货市场比股票现货市场具有明显的流动性强的特征。市场流动性强是各类机构投资者(如各类共同基金、养老基金、保险基金)而言是极为重要的,使得机构投资者可以用较少的交易费用和对市场的较小的影响达到自由出入,从而完成自身的投资期望。

本章小结

股票指数期货是现代金融衍生产品之一。它没有实物交割,只能平仓才可离场。它为投资者,尤其是机构投资者完成所期望的股票投资效果带来极大方便。它可以方便地完成套利,规避股票市场风险,进行有效的资产转换。理论上,它的交易还可以起到抑制股票市场过度炒作的作用。

思考与练习

1. 什么是股票指数?
2. 什么是股票指数期货的合约乘子?
3. 何谓股票市场的系统风险和非系统风险?
4. 什么是股票组合的贝塔系数?
5. 投资股票本身就是为了获取收益,获取收益必须承担相应的风险,为什么还要对股票组合进行保值?
6. 股票指数期货的主要市场功能有哪些?
7. 相对于股票现货交易,股指期货交易有哪些优势?

第十一章

期权市场概述

【本章学习要点】

期权是一种独特的金融衍生产品,在本质上不同于远期和期货合约,期权给予期权持有者做某事的权利,持有者并非一定要行使这一权利,它使买方能够避免坏的结果,同时,又能从好的结果中获益。本章介绍了期权交易的产生和发展、期权市场的演变历史、期权合约的构成要素等;介绍了期权市场的基本概念,包括期权交易的基本术语、期权的基本特点、基本价格特征和期权的基本交易策略,并根据不同的划分标准对期权进行了分类。

第一节 期权市场的基本概念

期权交易起始于18世纪后期的美国和欧洲市场。由于制度不健全等因素影响,期权交易的发展一直受到抑制。直到1973年4月26日,美国建立了芝加哥期权交易所(CBOE),首次交易股票期权,标志着期权交易从此可以合法进行,开始了期权合约标准化、期权交易规范化的进程,此后期权交易得了迅猛的发展。20世纪70年代末期,货币期权和利率期权也开始在银行间同业市场上迅速发展。1982年,美国费城股票交易所推出了货币期权;1985年芝加哥商业交易所推出了利率期权。期权交易在美国迅速发展,其他发达国家也迅速跟上。1975年,加拿大在蒙特利尔交易所(ME)推出了股票期权交易,1982年推出了货币期权交易。荷兰于1982年在阿姆斯特丹成立了欧洲期权交易所(EOE),进行英镑、马克及荷兰盾对美元的期权交易。

伦敦国际金融期货期权交易所成立于1952年,1992年与伦敦期权交易市场合并,1996年收购伦敦商品交易所。交易品种主要有英镑、德国马克、美元、日元、瑞士法郎、欧洲货币单位、意大利里拉的期货和期权合约、70种英国股票期权、金融时报100种股票指数期货和期权以及金融时报250种股票指数期货合约等。该交易所虽然成立时间较晚,但发展速度惊人,截至1996年,已成为欧洲最大、世界第三的期货期权交易所。

此外,悉尼期货交易所(SFE)、温哥华股票交易所(VSE)等也陆续引入了期权交易,日本东京、新加坡、韩国和中国香港都陆续推出了期权交易。

一、期权的基本概念

期权(option)又称选择权,当期权购买者支付给期权出售者一定的期权费用后,在特定的时间，期权购买者就拥有了以特定的价格交易某种一定资产的权利。期权交易同任何金融交易一样，都有买方和卖方，但这种买卖的划分并不建立在商品和现金的流向基础上。它是以权利的获得和履行为划分依据的。期权的买方就是支付期权费（option premium）的一方，在他支付了期权费之后，即获得了能以确定的时间、价格、数量和品种买卖合约的权利。期权合约（option contracts）是期货合约的一个发展，它与期货合约的区别在于期权合约的买方有权利而没有义务一定要履行合约，而期货合约双方的权利和义务是对等的。期权在金融学中被称为是一种衍生证券（derivative security）。一份标准化期权合约的要素主要包括以下内容。

（一）期权的买方

期权的买方即购买期权的一方，是支付期权费，获得权利的一方，也称期权的多头方。在金融期权交易中，期权购买者可在期权合约所规定的某一特定的时间，以事先确定的价格向期权卖方买进或卖出一定数量的某种金融商品或金融期货合约。在期权合约规定的时间之内或期权合约所规定的某一特定的履约日，期权的买方既可以执行他所拥有的这一权利，也可以放弃这一权利。

（二）期权的卖方

期权的卖方即出售期权的一方，获得期权费，因而承担着在规定的时间内履行该期权合约的义务。期权的卖方也称为期权的空头方。在金融期权交易中，期权的卖方应在期权合约规定的时间内或期权合约所规定的某一特定履约日，只要期权购买方要求执行期权，期权卖方就必须无条件地履行期权合约所规定的义务。

（三）协定价格

协定价格也称敲定价格或执行价格（striking price，或 exercise price），是指期权合约所规定的期权买方在行使权利时所实际执行的价格。在金融期权交易中，协定价格是指期权购买者买卖事先确定的标的资产（或期货合约）的交易价格。这一价格一旦确定，则在期权有效期内，无论期权之标的物的市场价格发生何种变化，只要期权购买者要求执行期权，期权出售者就必须以协定价格履行他必须履行的义务。因此，如果期权购买者买进了看涨期权，那么在期权合约规定的时间内，即使该期权的标的物——某种金融商品或金融期货合约的市场价格业已上涨，且已经远远高于该期权的协定价格，期权购买者仍然可以以较低的协定价格向期权出售者买进一定数量的某种金融商品或金融期货合约，而期权出售者也必须无条件地以协定价格卖出该期权所规定的标的物。同样，如果期权购买者买进了看跌期权，那么在期权合约规定的时间内，即使该期权的标的物的市场价格业已下跌，且已经远远低于该期权的协定价格，期权购买者仍然可以以较高的协定价格向期权出售者卖出一定数量的某种金融商品或金融期货合约，而期权出售者也必须无条件地以较高的协定价格买进该期权所规定的标的物。

（四）期权费

期权是一种权利的交易，期权费（premium）就是这一权利的价格。期权费，又称为权利金、期权价格（option price），是指期权买方为获取期权合约所赋予的权利而向期权卖方支付的费用。这一费用一旦支付，则不管期权购买者是否执行期权均不予退回。它是期权合约中唯一的变量，其大小取决于期权合约的性质、到期日及敲定价格等各种因素。

金融期权首先是作为一种套期保值的工具而产生的。一般来说，期权交易中的套期保值者主要是期权买方。他们之所以买进期权,是因为他们担心市场价格将发生不利于他们的变动。买进期权后,他们便获得了在期权有效周内以已知的协定价格买进或卖出一定数量的某种金融商品或金融期货合约的权利,从而将自己所面临的价格风险转移出去。而与此同时,期权卖方则因为卖出期权而承担了市场价格变动的风险。由此可见,期权买方向期权卖方支付的期权费与投保人向保险公司支付的保险费在本质上是一样的,都是为了规避风险,达到套期保值的目的而付出的代价。因此,人们通常将期权费称为保险费。

在金融期权交易中,期权费的决定是一个既十分重要又十分复杂的问题。在这里,应该首先明确的是,期权价格,即期权费与协定价格是完全不同的概念。期权费只是期权合约的价格,更确定地说,它是期权合约所赋予权利的价格,而协定价格则是期权合约之标的物的价格。

(五)通知日

当期权买方要求履行标的物(或期货合约)的交货时,他必须在预先确定的交货和提运日之前的某一天通知卖方,以便让卖方做好准备,这一天就是通知日。

(六)到期日

到期日也称履行日,在这一天,一个预先作了声明的期权合约必须履行交货。通常,对于期货期权来说,期权的到期日应先于其标的资产——期货合约的最后交易日。期权到期日一般无须指明特定的日期,因为其永远是到期日当月的第三个星期五之后的那个星期六。举例来说,当我们说3月份的期权时,就是指3月第三个星期五之后的那个星期六,很多时候也就是当月的第三个星期六。

下面我们以场内的标准期权合约为例来熟悉期权合约的主要要素。

场内的标准期权合约报价行情如下:

3	IBM	NOV.	400	Call	premium 15
合约份数	标的物名	期权到期日	协定价格	买权	期权费

其含义是:3份IBM公司的协定价格为400的11月份到期的买权股票期权,期权费为15。

二、期权交易的特点

期权交易的特点是随着期权交易的发展而日趋显露的。早期期权交易的特点是:交易不在固定的专门的组织机构中进行,而是一种分散的、"两相情愿"式的交易。也就是把期权作为一种"定做"的金融商品,由中间商或经纪人按照他们自己或委托方的要求,逐项进行交易,并规定期权合约在到期之前不得转让。20世纪50年代至70年代,随着一些国家由证券期权交易发展到实物商品期权交易,随着世界主要金融证券期货市场的发展,一些国家决定设立固定的期权交易场所,并实行期权转让标准化的期权交易市场。这种期权交易市场与过去的那种分散的、"两相情愿"式的期权交易市场相比,是一大进步,标志着期权交易发展到了新的阶段,出现了新的特点,主要表现在以下方面。

(一)期权合约标准化

每份期权合约具有统一、标准的规格,按国际惯例进行设计,诸如交易单位、最小变动价位、每日价格最大波动限制、合约月份、交易时间等都是固定的,以便对其进行估价和转让(见表11—1)。

表 11-1　　　　　　　　　CBOE 主要期权合约的基本交易规格

	股票期权	S&P500 指数	S&P100 指数	NASDAQ100 指数
标的资产	标的股票或 ADRs	500 只指数成分股的市场价值加权	100 只指数成分股的市场价值加权	100 只指数成分股的市场价值加权
乘数	100 股	100 美元	100 美元	100 美元
执行类型	美式	欧式	美式	欧式
到期月	两个最近日历月合所属循环中的下两个月	三个最近日历月和 3 月循环中的下三个月	四个最近日历月和 3 月循环中的下一个月	三个最近日历月和 3 月循环中的下三个月
执行价格级距	2.5、5 或 10 个基点	5 个基点	5 个基点	5 个基点
结算方式	标的资产交割	现金	现金	现金

资料来源：www.cboe.com 资料整理。

（二）期权交易规范化

期权交易是集中交易，为此建立了专门的固定的期权交易场所，为实行集中交易、清算和履约、监督和检查提供了基本的前提条件。同时，现代期权交易市场大多采用了由计算机网络组成的交易系统、信息管理系统、结算系统、审计监测跟踪系统等，处理日常交易业务。计算机网络系统可把交易过程中的交易者的姓名、交易合约的种类、合约交易数量、成交合约的价格、履约时间等立即显示出来，使期权管理现代化、科学化。为适应现代市场经济是法制经济的要求，期权交易也将走向法制阶段，建立健全期权交易法规，创造一个公开、公平、公正的竞争环境。使期权交易沿着法制轨道稳步前进，已成为现代期权交易规范化的重要标志。

（三）职权交易范围和品种扩大化

现代期权交易范围和品种呈现出不断扩大的趋势。从布局来看由美国扩展到英国、法国、澳大利亚等国家，几乎覆盖了所有的西方发达国家。可以预见，发展中国家在建立、发展期货市场的基础上，也必将进行期权交易，这是现代市场经济、现代期货市场发展的必然趋势。从交易品种来看，期权交易已由金融证券发展到农产品、金融产品、能源化工产品等。

三、期权合约的分类

期权（option），是指赋予其购买者在规定期限内按双方约定的价格购买或出售一定数量某种资产（称为潜含金融资产 Underlying Financial Assets，或标的资产）的权利的合约。

（一）看涨期权（call option）和看跌期权（put option）

按期权买者的权利划分，期权可分为看涨期权（call option）和看跌期权（put option）。

买权或看涨期权（call option）：看涨期权的多头方有权在某一确定时间以某一确定价格购买标的资产，但无履约义务。一旦多方决定履约，空头方必须出售资产。买入协议价格为某一价位的买权，意味着买方在支付了一定数额的权利金之后，就获得了在合约有效期内执行该期权合约，并以该协议价格获得期货多头部位的权利。如果买入的合约为欧式期权，买方只能够在合约规定的日期提出执行指令，如果买入的合约为美式期权，那么买方可以在合约到期前的任一交易日（含到期日）提出执行指令，以此要求卖出买权的一方履行按照事先约定的价格（协议价格）向买入买权的一方卖出期货的义务。

卖权或看跌期权(put option)：多头方有权在某一确定时间以某一确定价格出售标的资产，但无履约义务。空头方只有履约义务。买入卖权即获得了在期权的有效期内(美式期权)或者在期权的到期日(欧式期权)以某一事先确定的协议价格卖出一定数量标的资产合约的权利。与之相反，卖出卖权则意味着在期权有效期内可能要承担按照期权的协议价格从卖权的买方手里买入标的资产的义务。

(二) 欧式期权和美式期权

按期权买者执行期权的时限划分，期权可分为欧式期权和美式期权。

欧式期权的买者在期权到期日才能执行期权(即行使买进或卖出标的资产的权利)。而美式期权允许买者在期权到期前的任何时间执行期权。

(三) 权益期权、金融期货期权、固定收益期权

按标的资产(underlying asset)划分，可以分为权益期权、金融期货期权、固定收益期权。

权益期权：股票期权、指数期权等。股票期权是指赋予持有者买卖股票的权利，购买某公司股票看涨期权的人就是购买买入该公司股票的权利。指数期权指数期权是以各种指数变动为对象的期权合约的买卖，主要是股票价格的变动指数，比如标准普尔 500 股票指数。指数期权与股票期权很多方面很相似。二者最重要的区别是指数期权是以现金结算的。

美国开设股票期权品种的交易所有：芝加哥期权交易所(CBOE：the Chicago Board Options Exchange)、费城交易所(the Philadelphia Exchange)、美国股票交易所(the American Stock Exchange)、太平洋股票交易所(the Pacific Stock Exchange)和纽约股票交易所(the New York Stock Exchange)。美国有许多不同的股指期权，但是交投最活跃的是在芝加哥期权交易所交易的 S&P100 和 S&P500 股指期权，其中 S&P500 股指期权是欧式期权，而 S&P100 是美式期权。

金融期货期权：股指期货期权，将期货与期权结合在一起。美国交投最活跃的期货期权是在 CBT (the Chicago Board of Trade)交易的国债期货期权，以玉米、大豆、原油、活牛、黄金、欧洲美元和其他货币为标的物的期货期权也比较普遍。

固定收益期权：利率期权、外汇期权等。美国开设外汇期权品种的交易所主要是费城交易所，投资者在该交易所可以进行澳元、英镑、加元、德国马克、法国法郎、日元和瑞士法郎的欧式和美式期权交易。

(四) 实值期权、平价期权、虚值期权

按期权的标的资产价格和协议价格的关系划分，可以分为：实值期权(In the Money)、平价期权(At the Money)、虚值期权(Out of the Money)。

对于看涨期权来说，为了表达标的资产市价(S)与协议价格(X)的关系，我们把 $S>X$ 时的看涨期权称为实值期权，把 $S=X$ 的看涨期权称为平价期权，把 $S<X$ 的看涨期权称为虚值期权。而对于看跌期权来说，$X>S$ 时的看跌期权称为实值期权，$X=S$ 的看跌期权称为平价期权，把 $X<S$ 的看跌期权称为虚值期权。

四、期权与期货交易的区别

期权与期货交易有以下主要区别：

(1) 交易双方的权利和义务。期权合约与期货合约的最主要的区别是权利和义务的不对等。期货合约的双方都被赋予相应的权利和义务，而期权合约只赋予买方权利，卖方也仅有

义务。

(2)交易双方的盈亏风险。期货交易双方所承担的盈亏风险可能都是无限的。期权交易买方的亏损风险是有限的(以期权费为限),盈利风险可能是无限的(看涨期权),也可能是有限的(看跌期权)。期权交易卖方的亏损风险可能是无限的(看涨期权),也可能是有限的(看跌期权),盈利风险是有限的(以期权费为限)。

(3)标准化。期货合约都是标准化的,而期权合约则不一定。

(4)保证金。期货合约的双方均需缴纳保证金。期权的买方则无须缴纳保证金。

(5)风险规避。运用期货合约进行套期保值时,在转移不利风险时,也同时放弃了有利风险。在保留有利风险时,也同时保留了不利风险。而运用期权时,可以做到把有利风险留下的同时放弃不利风险。当然,这样的结果是需要付出期权费的。

五、几种重要的金融期权介绍

(一)外汇期权

1. 外汇期权的特点

期权外汇买卖实际上是一种权力的买卖。权力的买方有权在未来的一定时间内按约定的汇率向权力的卖方(如银行)买进或卖出约定数额的外币。同时,权力的买方也有权不执行上述买卖合约。

期权分为买权和卖权两种。买权是指期权(权力)的买方有权在未来的一定时间内按约定的汇率向银行买进约定数额的某种外汇;卖权是指期权(权力)的买方有权在未来一定时间内按约定的汇率向银行卖出约定数额的某种外汇。期权按行使权力的时限可分为两类:欧式期权和美式期权。欧式期权是指期权的买方只能在期权到期日前的第二个工作日,方能行使是否按约定的汇率买卖某种货币的权力;而美式期权的灵活性较大,因而费用价格也高一些。

2. 功能

外汇期权买卖是近年来兴起的一种交易方式,它是原有的几种外汇保值方式的发展和补充。它既为客户提供了外汇保值的方法,又为客户提供了从汇率变动中获利的机会,具有较大的灵活性。

例如,某家合资企业手中持有美元,并需要在一个月后用瑞士法郎支付进口货款,为防止汇率风险,该公司向中国银行购买一个"美元兑瑞士法郎、期限为一个月"的欧式期权。假设,约定的汇率为1美元=1.060 8瑞士法郎,那么该公司则有权在将来期权到期时,以1美元=1.060 8瑞士法郎向中国银行购买约定数额的瑞士法郎。如果在期权到期时,市场即期汇率为1美元=1.090 8瑞士法郎,那么该公司可以不执行期权,因为此时按市场上即期汇率购买瑞士法郎更为有利。相反,如果在期权到期时,1美元=1.020 2瑞士法郎,那么该公司则可决定行使期权,要求中国银行以1美元=1.060 8瑞士法郎的汇率将瑞士法郎卖给他们。由此可见,外汇期权业务的优点在于客户的灵活选择性,对于那些合同尚未最后确定的进出口业务具有很好的保值作用。

(二)利率期权

1. 利率期权的特点

利率期权是一项关于利率变化的权力。买方支付一定金额的期权费后,就可以获得这项权力:在到期日按预先约定的利率,按一定的期限借入或贷出一定金额的货币。这样当市场利率向不利方向变化时,买方可固定其利率水平;当市场利率向有利方向变化时,买方可获得利率变化的好处。利率期权的卖方向买方收取期权费,同时承担相应的责任。

2. 功能

利率期权是一项规避短期利率风险的有效工具。借款人通过买入一项利率期权,可以在利率水平向不利方向变化时得到保护,而在利率水平向有利方向变化时得益。

3. 几种常见的利率期权

利率期权有多种形式,常见的主要有利率上限、利率下限、利率上下限。

(1)利率上限(interest rate cap)。利率上限是客户与银行达成一项协议,双方确定一个利率上限水平,在此基础上,利率上限的卖方向买方承诺:在规定的期限内,如果市场参考利率高于协定的利率上限,则卖方向买方支付市场利率高于协定利率上限的差额部分;如果市场利率低于或等于协定的利率上限,卖方无任何支付义务,同时,买方由于获得了上述权力,必须向卖方支付一定数额的期权手续费。

(2)利率下限(interest rate floor)。利率下限是指客户与银行达成一个协议,双方规定一个利率下限,卖方向买方承诺:在规定的有效期内,如果市场参考利率低于协定的利率下限,则卖方向买方支付市场参考利率低于协定的利率下限的差额部分,若市场参考利率大于或等于协定的利率下限,则卖方没有任何支付义务。作为补偿,卖方向买方收取一定数额的手续费。

(3)利率上下限(interest rate collar)。所谓利率上下限,是指将利率上限和利率下限两种金融工具结合使用。具体来说,购买一个利率上下限,是指在买进一个利率上限的同时,卖出一个利率下限,以收入的手续费来部分抵销需要支出的手续费,从而达到既防范利率风险又降低费用成本的目的。而卖出一个利率上下限,则是指在卖出一个利率上限的同时,买入一个利率下限。

(三)股指期权

股指期权也是对股票组合进行套期保值的一个重要工具。股票指数期权就是以某种股票指数为标的的期权,同股指期货一样,股指期权也是以现金结算的。国际上有不少交易所有股指期权的交易,有很多种股票指数期权的标的商品。例如,在芝加哥期权交易所(CBOE)交易的股指期权标的指数主要有:S&P500指数、S&P100指数和主要市场指数(Major Market Index),其中S&P500指数期权是欧式的,S&P100指数和主要市场指数期权是美式的。一般的期权有效期比较短,大多在3个月左右,在CBOE还提供基于以上指数的长期期权,被称为LEAPS(Long-term Anticipation Securities),LEAPS的期限可长达3年。

下面以在CBOE交易的S&P500指数期权合约为例,介绍其具体条款。该期权合约规定:

(1)期权合约为欧式。

(2)期权标的为S&P500指数,每一指数点相当于100美元。

(3)执行价以指数点表示,开始的时候提供实值、两平、虚值三种执行价格的期权品种,当标的指数值超过现有最高执行价或低于现有最低执行价时,再提供具有新的执行价的期权品种,执行价的间隔为5个指数点(长期期权时25个指数点)。

(4)期权费的报价也按报价指数点表示,每一指数点相当于100美元,例如,某月某日,显示一份 S&P500 指数未来到期日的买入权的期权费报价为 $31\frac{1}{8}$，意味这期权费为 3 112.5 美元（31.125×100）。

（5）失效日为到期月的第三个星期五之后的那个星期六。

（6）到期以现金结算方式交割，以失效日前一个交易日（通常为星期五）的开盘指数作为指数结算价格，结算金额等于执行价格与指数结算价格之差乘以 100 美元，在失效日后的第一个工作日进行现金支付。

（7）到期月为最近的 3 个月，再加上 3 个 3 月份系列（3、6、9、12）的月份，比如在 1 月份的到期日之前就有 1、2、3、6、9、12 月到期的期权合约可供交易。

第二节 期权的价值

一、内在价值和时间价值

期权价格（或者说价值）等于期权的内在价值加上时间价值。

（一）期权的内在价值

期权的内在价值（intrinsic value）是指立即执行期权合约时即可获得的收益，是期权权力的实值部分，对于看涨期权来说，是期权的市场价格高于执行价格的部分，对于看跌期权来说，是期权市场价格低于执行价格部分。对于欧式看涨期权来说，假设其在到期时间 T 的市场价格为 S_T，因多方只能在期权到期时行使，因此其内在价值为 (S_T-X) 的现值。由于对于无收益资产而言，S_T 的现值就是当前的市价 S，而对于支付现金收益的资产来说，S_T 的现值为 $S-D$，其中 D 表示在期权有效期内标的资产现金收益的现值。因此，无收益资产欧式看涨期权的内在价值等于 $S-Xe^{-r(T-t)}$，而有收益资产欧式看涨期权的内在价值等于 $S-D-Xe^{-r(T-t)}$。

当然，当标的资产市价低于协议价格时，期权多方是不会行使期权的，因此期权的内在价值应等于 0。

（二）期权的时间价值

期权的时间价值（time value，TV）是指在期权有效期内标的资产价格波动为期权持有者带来收益的可能性所隐含的价值。显然，标的资产价格的波动率越高，期权的时间价值就越大。确定期权时间价值的根本因素，是期权买卖双方对未来相关标的物价格波动的预期，预期是时间的衰减函数，在期权到期时，时间价值会衰竭为零。

例如，如果某种玉米期货市场价格为 1 580 元/吨，执行价格为 1 570 元/吨的 6 月份玉米看涨期权的内在价值是 10 元，如果期权费是 15 元，那么该期权的时间价值就是 5 元。

再如，买进执行价格为 1 500 元/吨的玉米看涨期权时，期货价格为 1 490 元/吨，若期权费为 2 元/吨，权利价格就全部为时间价值，也就是说虚值期权无内涵价值，只有时间价值。

二、到期日时的期权价值分析

对于欧式期权来说，在期权到期日时，期权买方可以根据期权价值来判断是否执行。由于到期日期权价值就是其内在价值。下面分别就看涨期权和看跌期权来介绍期权到期日的期权价值和买卖双方的利润。

(一)看涨期权

如果期权是看涨期权时,到期日期权价值取决于期权是实值、虚值还是平值期权,买方与卖方的所得和所失也不同:

假如到期日为实值期权,即市场价格高于期权合约的执行价格,期权内在价值等于期权价值,也就是市场价格与执行价格的差价。期权买方履约时就能获得这些价值,利润就是期权价值减去期权费,而期权卖方的亏损就是期权价值减去期权费。

假如到期日是平值期权,则期权内在价值变为0,期权价值变为0,期权买方就会选择放弃执行,买方亏损了期权费,卖方利润为期权费。

假如到期日虚值期权,则期权内在价值为0,买方所失和卖方所得都是期权费。

(二)看跌期权

如果期权是看跌期权时,期权买方也要根据期权是实值、虚值和平值来决定是否执行,买方与卖方所得和所失也不相同。

假如到期日是实值期权,即市场价格低于执行价格,期权的内在价值执行价格与市场价格的差价。期权买方就会选择执行期权,买方利润就是差价再减去期权费,这也是期权卖方所失。

假如到期日是平值期权,市场价格就是执行价格,差价为0,期权买方放弃执行,买方损失期权费,卖方获得期权费。

假如到期日期权为虚值期权,市场价格高于执行价格,期权买方放弃执行,买方损失期权费,卖方获得期权费。

如表11-2所示。

表11-2　　　　　　　　　　　到期日期权价值

	期权价值	看涨期权	看跌期权
实值期权	有	执行价格<市场价格	执行价格>市场价格
平值期权	0	执行价格=市场价格	执行价格=市场价格
虚值期权	0	执行价格>市场价格	执行价格<市场价格

三、基本期权盈亏图形分析

下面将对四种基本期权交易方的盈亏分布情况进行讨论。定义如下:

t:期权交易时刻;

T:期权到期时刻;

S_t:标的资产现价(t时刻);

S_T:期权到期日标的资产现价;

K:期权的执行价;

c:看涨期权价格(t时刻);

p:看跌期权价格(t时刻);

r:无风险利率。

由于期权有看涨和看跌两种,每一合约有交易双方,因此期权的基本头寸有4种,即看涨期权有多头、看涨期权空头、看跌期权有多头、看跌期权空头。

(一)看涨期权

1. 看涨期权多头(long call)

即买入看涨期权的一方。买入一方在购买期权时支付期c,这是他的成本,假设他能以无风险利率r融资,考虑其融资成本,将他购买期权的成本折算到期权到期时,即T时刻,应为:$ce^{(T-t)r}$。

而在T时刻,若$S_T>K$,则他应执行期权,获得收入为S_T-K;若$S_T \leqslant K$,则不执行期权,收入为零。

看涨期权的买入者支付期权费后买入期权,以获得盈利或保值权利。当期权标的市场价格等于或低于执行价格时,期权买方其时最大的损失是期权费。当标的价格处于一个上升趋势中,买方获得了一个潜在的无限的盈利机会。看涨期权买方盈亏情况如图11-1所示。

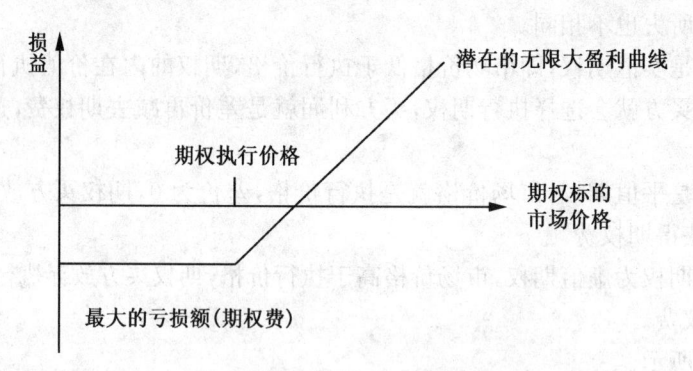

图11-1 看涨期权买方的盈亏图

2. 看涨期权空头(short call)

即卖出看涨期权的一方。卖出一方在出售期权时收入期权费c,设他以无风险利率r投资,期权费收入折算到期权到期时,即T时刻,应为:$ce^{(T-t)r}$。

而在T时刻,若$S_T>K$,则他被要求执行期权,为了履行合约,他将损失S_T-K;若$S_T \leqslant K$,则期权不会被执行,无损失。

但对于看涨期权卖方来说,期权标的价格等于或低于执行价格时,由于期权不会被执行,获利是期权费,但如果市场价格处于上涨趋势,卖方的风险将变得无穷大。图11-2表示期权卖方的盈亏情况。

(二)看跌期权

1. 看跌期权多头(long put)

即买入看跌期权的一方。买入一方在购买期权时支付期权费p,这是他的成本,折算到期权到期时,即T时刻,应为$pe^{(T-t)r}$。

而在T时刻,若$S_T<K$,则他应执行期权,获得收入为$K-S_T$;若$S_T \geqslant K$,则不执行期权,收入为零。

对于看跌期权,当标的价格的现货市场价格高于执行价格,期权买方损失最大就是期权费。当市场价格处于下跌趋势中,买方就有无限制的盈利机会。如图11-3所示。

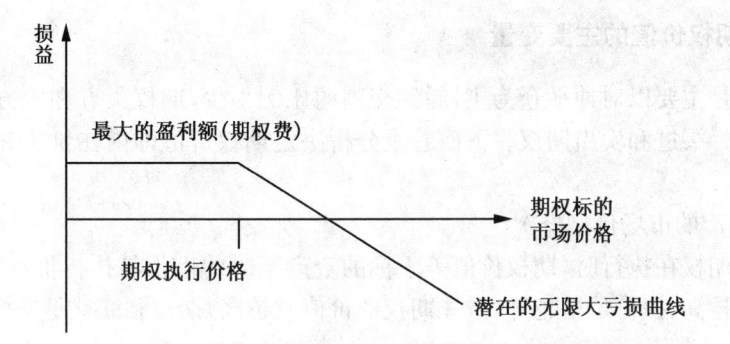

图 11-2 看涨期权卖方的盈亏图

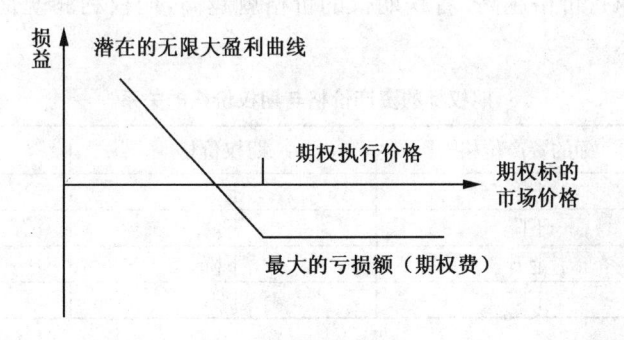

图 11-3 看跌期权买方的盈亏图

2. 看跌期权空头(short put)

即卖出看跌期权的一方。卖出一方在出售期权时收入期权费 p，折算到期权到期时，即 T 时刻，应为：$pe^{(T-t)r}$。而在 T 时刻，若 $S_T<K$，则期权会被执行，为了履行合约，他将损失 $K-S_T$；若 $S_T \geq K$，则期权不会被执行，无损失。当标的价格高于执行价格时，他的最大盈利就是期权费，而标的市场价格处于下降趋势时，他所承受的风险将变得无穷大。如图 11-4 所示。

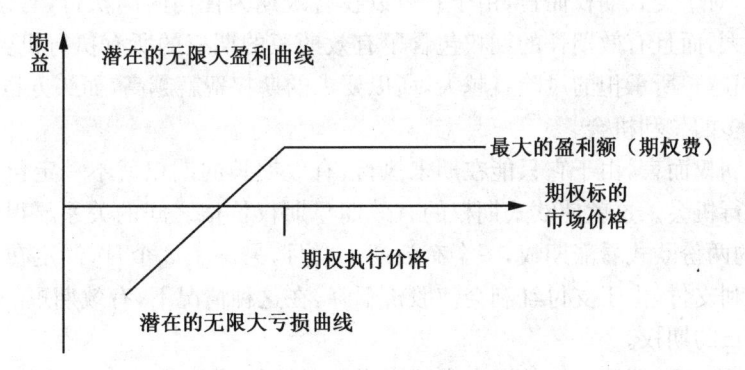

图 11-4 看跌期权卖方的盈亏图

四、决定期权价值的主要变量

由于期权是主要以对冲平仓为主,履约交割的比例很少,期权买方和卖方随时根据期权价值的变化选择买进和卖出期权。下面着重分析决定期权价值即内在价值和时间价值的主要六个变量。

1. 标的资产的市场价格(S)

由于看涨期权在执行时,期权价值等于标的资产当时的市价与执行价格之差。因此,标的资产的价格越高、执行价格越低,看涨期权的价值就越高,期权利润就是期权价值减去期权费。

对于看跌期权而言,由于期权价值等于执行价格与标的资产市价的差额,因此,标的资产的市场价格越低、执行价格越高,看跌期权的价格就越高,期权利润就是期权价值减去期权费,如表11—3所示。

表11—3　　　　　　　期权标的资产价格与期权价格的关系

	标的资产价格	期权价格	两者关系
看涨期权	上升	上升	同向变化
	下降	下降	同向变化
看跌期权	上升	下降	反向变化
	下降	上升	反向变化

2. 期权的有效期(T)

买入期权的好处就是风险有限,回报巨大,投资者可以利用期权以小博大。假如投资者预测方向正确,很短时间就可以获得较高的回报。不过,期权也是一种高风险工具,判断方向错误,期权费将全部损失。

时间价值是期权的投机价值。平值期权时,期权向实值还是虚值转化的方向很难确定,如果转向实值则是买方盈利,转向虚值则是卖方盈利,具有很强的投机性,因此平值期权的时间价值比实值和虚值期权价值高,交易活跃得多。

一般来说,对于美式期权而言,由于它可以在有效期内任何时间执行,有效期越长,买方获利机会就越大,而且有效期长的期权包含了有效期短的期权的所有执行机会,而对于期权买方来说,时间越长所承担的风险就越大,所以要求的期权费就越高,而买方也愿意付出更多资金以获得更多的盈利机会。

对于欧式期权而言,由于它只能在期末执行,有效期长的期权就不一定包含有效期短的期权的所有执行机会。这就使欧式期权的有效期与期权价格之间的关系显得较为复杂。例如,同一股票的两份欧式看涨期权,一个有效期1个月,另一个2个月,假定在6周后标的股票将有大量红利支付,由于支付红利会使股价下降,在这种情况下,有效期短的期权价格甚至会大于有效期长的期权。

但在一般情况下(即剔除标的资产支付大量收益这一特殊情况),由于有效期越长,标的资产的风险就越大,空头亏损的风险也越大,因此即使是欧式期权,有效期越长,其期权价格也越高,即期权的边际时间价值(marginal time value)为正值。

随着时间的延长,期权时间价值的增幅是递减的。这就是期权的边际时间价值递减规律。换句话说,对于到期日确定的期权来说,在其他条件不变时,随着时间的流逝,其时间价值的减小是递增的。这意味着,当时间流逝同样长度,期限长的期权的时间价值减小幅度将小于期限短的期权时间价值的减小幅度。

3. 标的资产价格的波动率(σ)

简单地说,标的资产价格的波动率是用来衡量标的资产未来价格变动不确定性的指标。由于期权多头的最大亏损额仅限于期权价格,而最大盈利额则取决于执行期权时标的资产市场价格与协议价格的差额,因此波动率越大,对期权多头越有利,期权价格也就越高。

所以,期权交易者既要选择期权执行价格,更要考虑期权标的资产的波动率,因为可以根据标的资产的波动价格选择实值期权、平值期权和虚值期权,才可以确定期权费。价格波动率是期权定价模型中最重要的变量。如果改变期权价格波动率的假设,期权价值就会发生变化。

标的资产价格波动能增加期权向实值期权方向的转变的机会,这时期权买方也愿意接受较高期权费的期权合约。当标的资产价格出现某种上涨趋势时,看涨期权的买方就愿意支付更高期权费买进期权,而看跌期权的卖方就会降低期权费;当标的资产价格出现下跌趋势,道理也是一样的。总之,标的资产价格变动的越剧烈,期权费就会越贵。

当标的资产价格波动激烈时,期权越有可能被执行,此时,期权卖方希望避免美式合约避免执行,而不愿意出售期权,除非期权费特别高。当标的价格波动幅度很小时,执行期权盈利也很小,买方买入期权积极性不高,所以期权费较低。

4. 执行价格(K)

对于看涨期权而言,执行的收益为标的资产市价与执行价格的差额,所以在执行价格相同时,随着市场价格的上升,看涨期权的价值也就越高,期权费就越高。对于标的资产价格相同时,随着执行价格的上涨,看涨期权价值递减,期权费下调。

对于看跌期权而言,由于执行时其收益等于执行价格与标的资产市价的差额,因此,标的资产的价格越低、执行价格越高,看跌期权的价格就越高。执行价格和期权价值之间的关系如表11-4所示。

表11-4 期权标的执行价格与期权价格的关系

	执行价格	期权价值	两者关系
看涨期权	上升	下降	反向变化
	下降	上升	反向变化
看跌期权	上升	上升	同向变化
	下降	下降	同向变化

5. 无风险利率(r)

无风险利率水平会影响期权的时间价值。但是,它对期权价值的影响关系十分复杂,在此不予以讨论。

6. 标的资产的收益

假如期权标的资产是有分红派息的,由于标的资产的分红派息会减少标的资产的价格,而执行价格并未进行相应调整,因此在期权有效期内标的资产产生收益将使看涨期权价格下降,而使看跌期权价格上升。

本章小结

本章主要介绍了期权市场的基本概念,第一节介绍了期权市场的发展历史;第二节介绍了期权市场的基本概念,期权交易的特点,以及期权的分类;第三节介绍了期权的价值,包括内在价值和时间价值,并对到期日时的期权价值进行了分析。通过本章的学习,读者应对期权市场基本概念有个基础性的了解。

思考与练习

1. 期权合约的构成要素有哪些?
2. 影响期权价格的主要因素有哪些?
3. 用图形表示持有看涨期权多头和股票空头的盈亏状况。
4. 举例说明如何用期权对现货市场进行套期保值。
5. 一名投资者用3美元买入一个欧式看跌期权。股票价格为35美元,执行价格为30美元,在何种情况下投资者会获利?在何种情况下期权会被执行?
6. 假设一种执行价格为180美元的欧式看涨期权的价格3美元,且该期权被持有到期。在何种情况下期权持有者可以赚取利润?何种情况下期权会被执行?用图来表示期权多头方利润随期权到期日的股价变化情况。

第十二章

期权的交易策略

【本章学习要点】

本章涉及的重要概念有期权组合图形的算式表述及其算法、标的资产的期权保护、抵补等,以及各种不同的期权组合策略。要求掌握期权图形的算法,理解掌握不同标的资产与不同期权的组合分类和特点、差价期权组合中的各种分类以及跨式期权组合的原理。

第一节 期权组合图形的算法

一、不同期权图形的算式表述

在讲述本章的内容之前,要先介绍一下期权组合图形的算法。期权组合图形可以给出不同类型的期权组合的直观效果。掌握期权组合的图形算法,可以方便迅速地求出期权组合的总的图形,也是直观理解本章的内容的基础。

首先定义算式规则:

(1)如果期权盈亏图上,期权收益曲线出现负斜率,就用(-1)表示。
(2)如果期权盈亏图上,期权收益曲线出现正斜率,就用(+1)表示。
(3)如果期权盈亏图上,期权收益曲线是水平线,就用(0)表示。

依次算式规则,参照第十一章图11-2至图11-5,可以得出不同期权的算式表达式:

(1)看涨期权多头图形算式表达式:(0,+1)。
(2)看涨期权空头图形算式表达式:(0,-1)。
(3)看跌期权多头图形算式表达式:(-1,0)。
(4)看跌期权空头图形算式表达式:(+1,0)。
(5)标的资产多头图形算式表达式:(+1,+1)。
(6)标的资产空头图形算式表达式:(-1,-1)。

二、期权组合图形的算法举例

下面举几个例子来说明期权组合图的算法。

(一)看跌期权多头与标的资产多头

由于看跌期权多头图形算式表达式为(-1,0),标的资产多头图形算式表达式为$(+1,+1)$,所以组合图形的算式表达式为$(-1,0)+(+1,+1)=(0,+1)$。

可以得出结论:看跌期权多头与标的资产多头的组合等于看涨期权多头的图形,如图12-1所示。

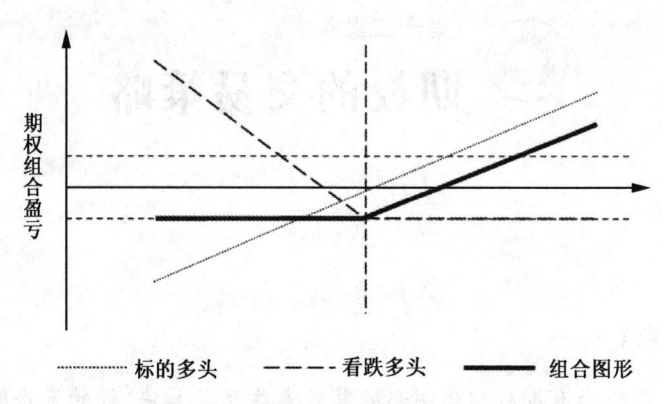

图12-1 看跌期权多头与标的资产多头组合

(二)看涨期权多头与看跌期权空头

由于看涨期权多头图形算式表达式为$(0,+1)$,看跌期权空头图形算式表达式为$(+1,0)$,所以组合图形的算式表达式为$(0,+1)+(+1,0)=(+1,+1)$。

可以得出结论:看涨期权多头与看跌空头的组合等于标的资产多头的图形。见图12-2。

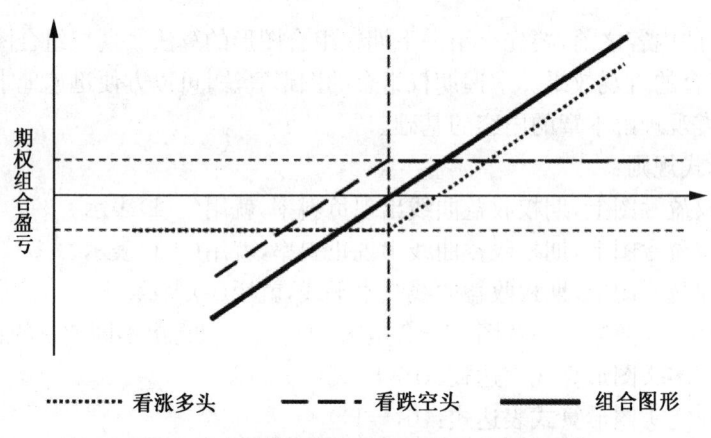

图12-2 看跌期权多头与标的资产多头组合

(三)标的资产空头与看跌期权空头

由于标的资产空头图形算式表达式为$(-1,-1)$,看跌期权空头图形算式表达式为$(+1,0)$,所以组合图形的算式表达式为$(-1,-1)+(+1,0)=(0,-1)$。

可以得出结论:标的资产空头与看跌期权空头的组合等于看涨期权空头的图形。如图12-3所示。

.... 标的空头   - - - 看跌空头   —— 组合图形

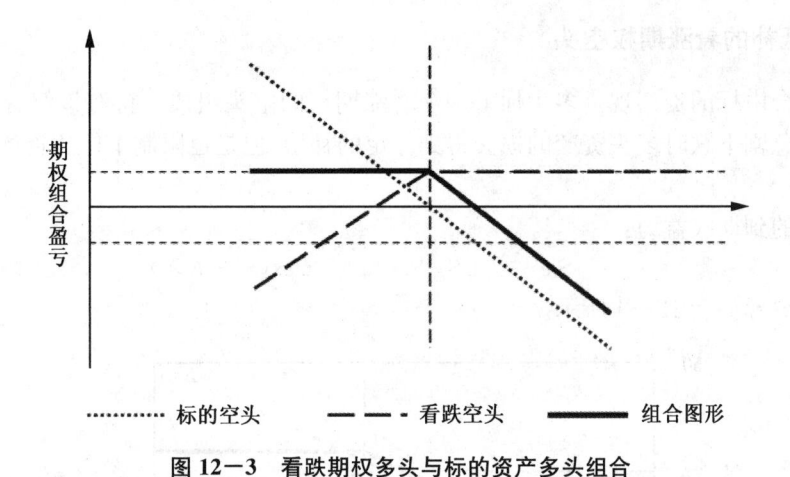

图 12-3 看跌期权多头与标的资产多头组合

第二节 标的资产与期权的组合策略

许多常见的交易策略中都包括期权头寸和其标的资产头寸,为了便于在讨论中确定各种交易策略的收益情况,定义如下:

t:期权交易时刻;
T:期权到期时刻;
S_t:标的资产现价;
S_T:期权到期日标的资产现价;
K:期权的执行价;
c:看涨期权价格(t 时刻);
p:看跌期权价格(t 时刻);
r:无风险利率;
Y_T:到期时的持有收益。

一种最简单的交易策略由一个期权基本头寸和一个标的资产现货头寸组成。利用前面的记号,我们知道一个标的资产现货多头头寸的到期收益为:

$$Y_T = -S_t e^{(T-t)r} + S_T \tag{12.1}$$

而一个标的资产现货空头头寸的到期收益为:

$$Y_T = S_t e^{(T-t)r} - S_T \tag{12.2}$$

期权交易有四个基本形式:买入看涨期权、卖出看涨期权、买入看跌期权和卖出看跌期权。根据买卖方向,期权的套期保值策略可以分为保护性策略(protective strategy)与抵补性策略(cover strategy)。通过买入期权,为现货或期货资产进行套期保值,可以有效地保护基础资产的风险最大损失是锁定的,称为保护性策略;通过卖出期权,为现货或期货资产进行套期保值的策略,权利金可以抵补基础资产的损失,但风险不能得到完全的转移,称为抵补性策略。

一、有抵补的看涨期权空头

这一组合由标的资产现货多头加上一个看涨期权的空头组成。持有该组合能使得当标的资产价格急剧下跌时多头资产的损失得到一定的补偿，但是也限制了标的资产价格上升时的收益。

该策略的到期收益为：

$$Y_T = -S_t e^{(T-t)r} + S_T + c e^{(T-t)r} - \max(S_T - K, 0) \tag{12.3}$$

该组合盈亏如图 12-4 所示。

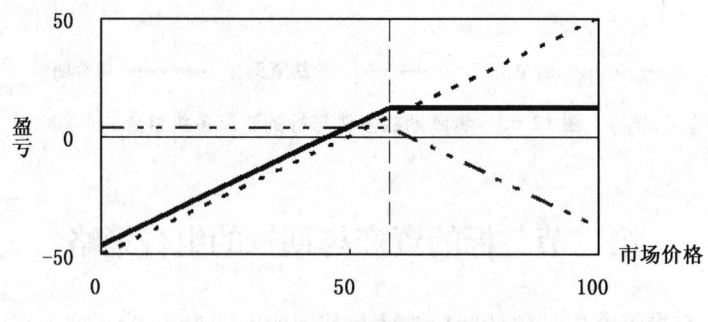

图 12-4 抵补的看涨期权空头盈亏

二、有保护的看跌期权多头

标的资产现货多头加看跌期权多头的组合。持有该组合能保护投资者锁定由于标的资产价格急剧下跌的损失。

该策略的到期收益为：

$$Y_T = -S_t e^{(T-t)r} + S_T - p e^{(T-t)r} + \max(K - S_T, 0) \tag{12.4}$$

该组合盈亏如图 12-5 所示。

图 12-5 有保护的看跌期权多头盈亏

三、有保护的看涨期权多头

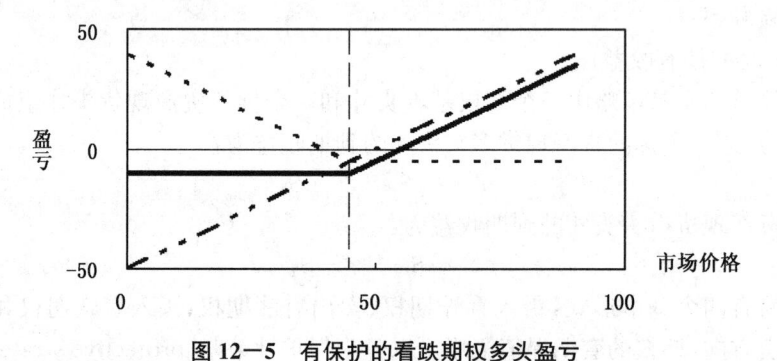

它是标的资产现货空头加看涨期权多头的组合。在持有一个标的资产现货空头时，加看涨期权多头，可以有效保护投资者免受由于标的资产价格急剧上升带来的损失。该策略的到期收益为：

$$Y_T = S_t e^{(T-t)r} - S_T - c e^{(T-t)r} + \max(S_T - K, 0) \tag{12.5}$$

如图 12-6 所示。

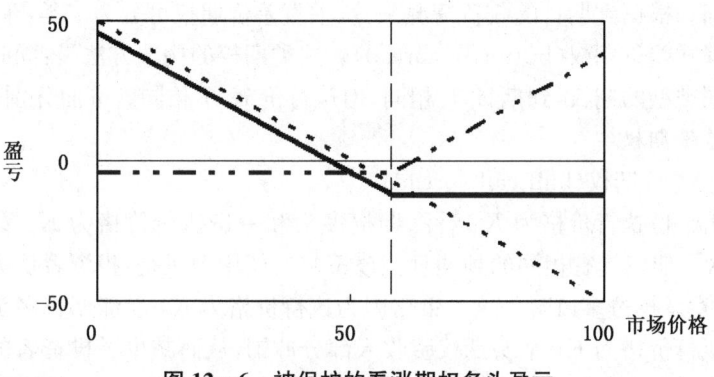

图 12-6 被保护的看涨期权多头盈亏

四、有抵补的看跌期权空头

它由标的资产现货空头加看跌期权空头组成，持有标的资产现货空头投资者会面临较大的当标的资产价格急剧上升的风险。但是当投资者有充分的把握认为未来基础资产的价格下降的可能性远大于上升的可能性时，可以采取该策略。这样，他还可以获得出售期权所得的期权费。如果标的资产价格真的上升了，其损失可以得到一定的补偿。该策略的到期收益为：

$$Y_T = S_t e^{(T-t)r} - S_T + p e^{(T-t)r} - \max(K - S_T, 0) \tag{12.6}$$

如图 12-7 所示。

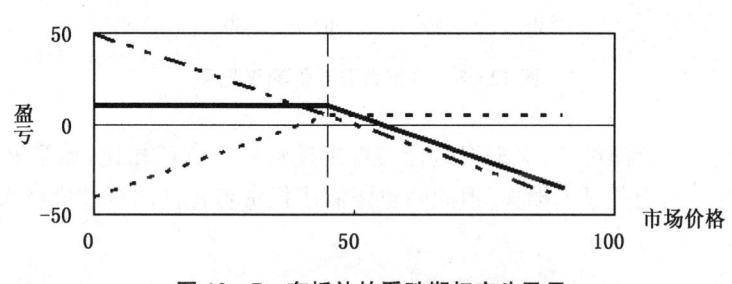

图 12-7 有抵补的看跌期权空头盈亏

第三节 差价期权的组合策略

差价期权（spread）是指买入一个期权同时卖出另一个同一种类的期权，所谓的同一种类指的是两个期权要同时为看涨期权或同时为看跌期权，而且标的相同。又可分为两大类：垂直差价期权和水平差价期权。这是因为：在实际交易中，在期权交易行情表上，各类不同到期日的期权均以横向排列，各种不同执行价的期权均以纵向排列，因此，称到期日相同但执行价不同的期权为一个垂直系列期权，称执行价相同但到期日不同的期权为一个水平系列期权。

一、垂直差价期权

垂直差价期权(vertical spread)是指构成差价期权的各个期权头寸具有相同的到期日，但执行价格不同。根据到期日的收益情况来分，垂直差价期权可分为三类：牛市差价期权、熊市差价期权和碟式差价期权(butterfly spread)。这类期权的构造方法是：同时购入一个期权和卖出一个相同类型的期权，到期日 T 相同，但执行价 K 不相同。下面分别讨论。

（一）牛市差价期权

1. 牛市看涨差价期权(bull call spread)

该组合是由一份执行价格为 K_1 看涨期权多头和一份执行价格为 K_2 看涨期权空头组成，其中 $K_1<K_2$，期权具有相同的到期日。该策略的使用动机是：投资者认为标的资产价格会上涨，但不愿意承担过多风险。这一策略因为执行价格为 K_1 看涨期权多头所支付的期权费支出可以由执行价格为 K_2 空头期权费收入部分冲销，从而减少了投资者的投资成本。若标的资产价格处于 K_1、K_2 之间，期权的投资损益随标的资产价格的上涨而增加；但在标的资产价格达到并超过执行价格 K_2 后，投资者的损益便不再增加，这是因为，此时投资者所持有的看涨期权多头会因标的资产价格继续上涨而获得的收益与看涨期权空头因期货价格上涨所产生的亏损相抵销。如图 12-8 所示。

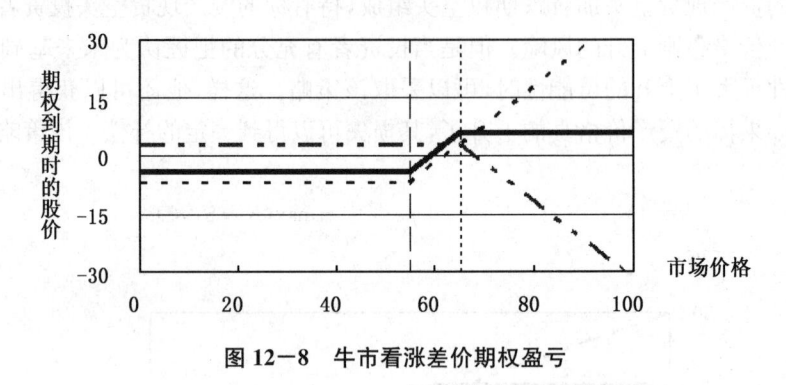

图 12-8 牛市看涨差价期权盈亏

从策略的到期组合图可知，该期权组合与直接投资标的资产相比，该策略可以避免在标的资产剧烈下跌时候避免过大损失，但同时也限制了投资者在标的资产价格大幅上涨时候的大幅盈利。

2. 牛市看跌差价期权(bull put spread)

该策略持有执行价格 K_1 看跌期权多头和执行价格为 K_2 的看跌期权空头组成，其中 $K_1<K_2$。采用该策略的动机是：对市场看涨，但不愿意承担过多风险。看跌期权多头意味着当标的资产价格上涨时损失期权费，当标的资产价格下跌时赚取标的资产价格与期权执行价格 K_1 间的价差收益；看跌期权空头的损益曲线则正好相反，当标的资产价格上升时获得期权费收益，当标的资产价格下跌时承担标的资产价格与执行价格 K_2 之间的价差损失。

因此，牛市看跌差价策略的损益特征表现为：标的资产价格在 K_1、K_2 之间，组合投资收益随现货价格上涨而增加；标的资产价格高于执行价格 K_2 时，投资者有限收益；在标的资产价格涨过低于的执行价格 K_1 之后，投资者盈利也受到限制(见图 12-9)。

可见，牛市看跌差价期权的损益图和牛市看涨期权形状完全一致。因此，对于牛市差价

图 12-9 牛市看跌差价期权盈亏

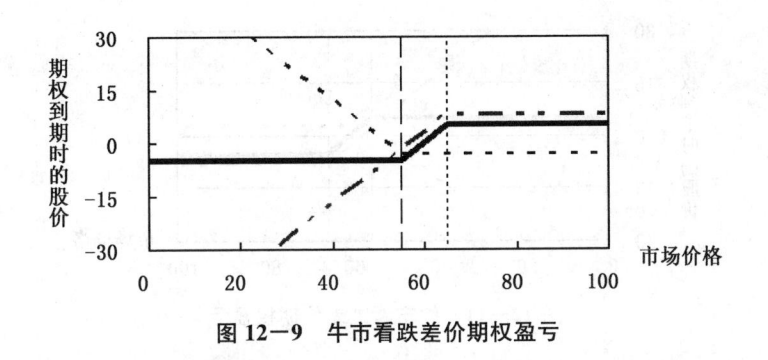

期权来说,可以由看涨期权来构造,也可以由看跌期权来构造。但两者是有区别的,看涨期权构造的牛市差价期权在期初就有成本支出,在到期时则可能有收益;而由看跌期权构造的牛市差价期权在期初是有收益的,在到期可能有成本支出。

(二)熊市差价期权

当投资者预期标的资产价格会小幅度下跌时候,但同时又担心标的资产价格会大幅度上涨时,可构造熊市差价期权。熊市差价期权与牛市差价期权正好相反。

1. 熊市看涨差价期权(bear call spread)

由一份执行价格为 K_1 看涨期权空头和一份执行价格为 K_2 看涨期权多头组成,其中 $K_1 < K_2$,两份期权有相同的到期日。该策略的使用动机是:投资者认为标的资产价格会下跌,但不愿意承担过多风险。使用这一策略,当市场价格低于 K_1 时,投资者可以获得稳定的收益。若标的资产价格处于 K_1、K_2 之间,期权的投资亏损随着标的资产价格上涨而增加;但在标的资产价格达到并超过执行价格 K_2 后,投资者的亏损将不再增加,这是因为,此时投资者所持有看涨期权多头会因标的资产价格继续上涨而获得的收益与看涨期权空头因期货价格上涨所产生的亏损相抵消(见图 12-10)。

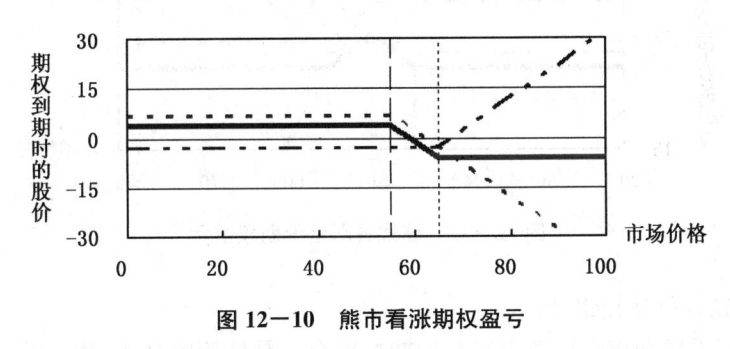

图 12-10 熊市看涨期权盈亏

2. 熊市看跌差价期权(bear put spread)

该策略由一份执行价格为 K_1 的看跌期权空头和一份协议价格为 K_2 的看跌期权多头组成,其中 $K_1 < K_2$,两份期权有相同的到期日。该策略的使用动机是:投资者认为标的资产价格会下跌,但不愿意承担过多风险。分析和熊市看涨期权类似(见图 12-11)。

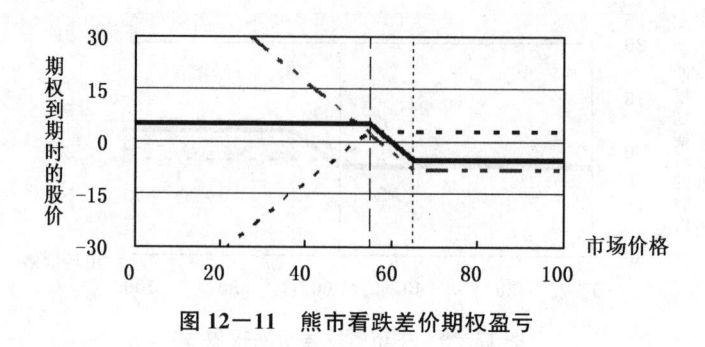

图 12—11　熊市看跌差价期权盈亏

(三)蝶式差价期权

蝶式差价是标的资产期权的差价交易策略中比较重要的策略,它是垂直差价的一种特殊形式。根据所操作的期权是看涨期权或是看跌期权,蝶式差价期权可分为看涨蝶式差价和看跌蝶式差价。

1. 碟式看涨期权差价组合

它是由三个不同执行价的期权头寸组成。具体策略如下:由一份执行价格为 K_1 和一份执行价格为 K_3 的看涨期权多头,另外还持有两份执行价格为 K_2 看涨期权空头。其中,$K_1 < K_2 < K_3$,$K_1 + K_3 = 2K_2$;到期日 T 均相同。

从该策略的到期收益图(图 12—12)可以看出,如果采用这个策略,当期权到期时,标的资产价格如在 K_2 附近时,投资者可以获利,而如果标的资产价格与 K_2 差距很大,投资者仍然会有损失,但损失是有限的。通常情况下,使用碟式看涨差价期权,所采取的执行价格 K_2 是比较接近标的资产现价的,因此,当投资者预测标的资产价格波动不大,可以采取此策略。

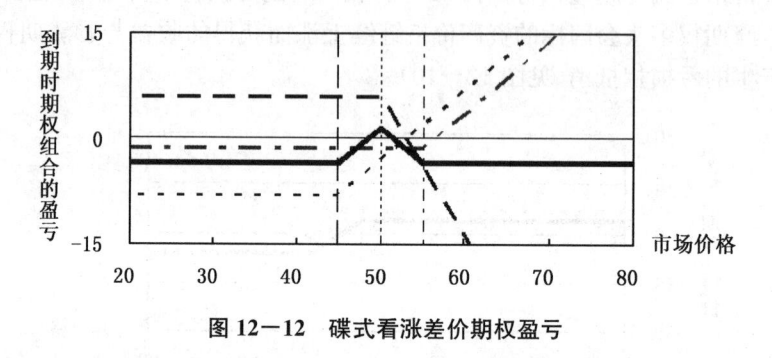

图 12—12　碟式看涨差价期权盈亏

2. 蝶式看跌差价期权组合

同样可以用看跌期权来构造碟式差价期权组合。具体策略如下:由一份执行价格为 K_1 和一份执行价格为 K_3 的看跌期权多头,另外还持有两份执行价格为 K_2 的看跌期权空头。其中,$K_1 < K_2 < K_3$,$K_1 + K_3 = 2K_2$;到期日 T 均相同。如图 12—13 所示。

由图 12—13 可以看出,蝶式看跌差价期权和碟式看涨差价跌期权盈亏线是完全一致的。这表明,它们适用于同样的投资策略。

采取碟式差价期权的优点就是损失有限的,所以,一般在投资者对自己的预期不是十分肯定,可以采取这种组合将各种可能性带来的损失控制在一定的范围。

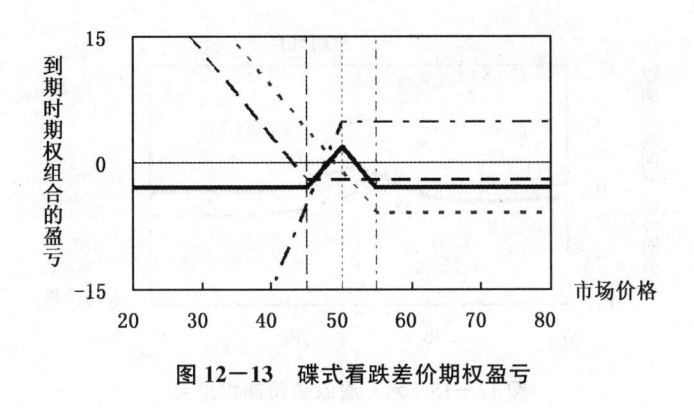

图 12-13 碟式看跌差价期权盈亏

二、水平差价期权

水平差价期权(horizontal spread)，又称为时间差价期权或日历套利(calendar spread)。

1. 看涨期权正向差期组合

以相同执行价 K 分别卖出一个近期看涨期权（到期日为 T_1）和购入一个远期的看涨期权（到期日为 T_2），$T_1<T_2$，在 T_1 时刻对两个期权进行平仓。可以从图 12-14 中看出期权的收益。

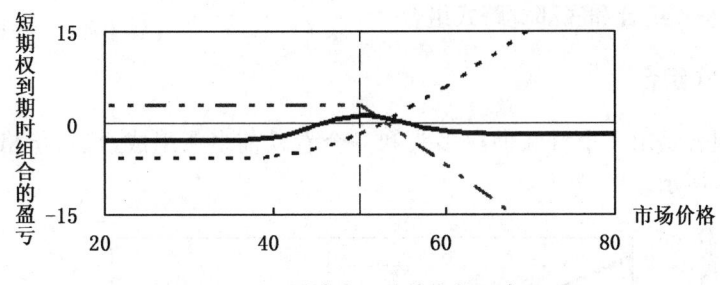

图 12-14 看涨水平差价期权组合盈亏

由图 12-14 可以知道水平差价期权和碟式差价期权到期盈亏相似，在短期权到期的 T_1 时，如果标的资产价格 S_{T_1} 非常接近标的资产执行价格 K 时，这时投资者可以获得盈利，而如果执行价格 K 与标的资产价格 S_{T_1} 相差很大时，投资收益也为负值。因此，如果投资者预测标的资产价格波动不大，就可以构造执行价格 K 接近标的资产现价的水平差价期权；如果投资者预测标的资产价格上涨到某一水平时，就可以构造执行价格 K 接近该价格的看涨水平差价期权。

2. 看跌期权正向差期组合

以相同执行价 K 分别卖出一个近期看跌期权（到期日为 T_1）和购入一个远期看跌期权（到期日为 T_2），$T_1<T_2$，在 T_1 时刻对两个期权进行平仓。可以从图 12-15 中看出期权的收益。

从图 12-15 可以看出，标的资产价格在执行价附近变化时可以盈利。投资者预计标的资产价格在到期日只会小幅度偏离执行价，但担心不发生此小偏离时会损失过大，可采用这种操作。具体分析与水平看涨差价期权类似。

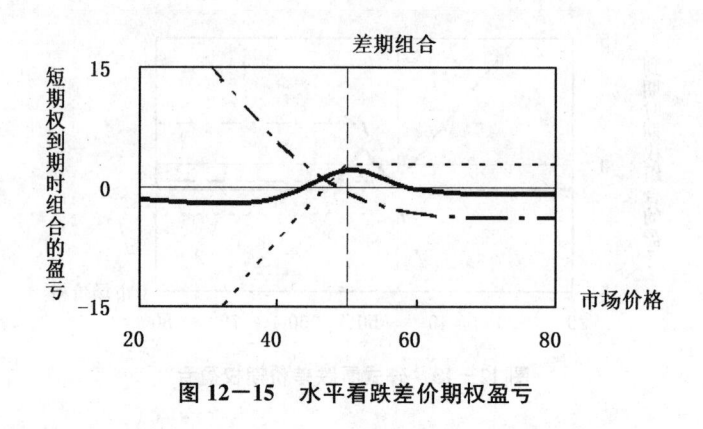

图 12-15 水平看跌差价期权盈亏

第四节 跨式期权组合策略

该类期权组合是由同一标的资产的看涨和看跌期权组合,即在期权交易中同时购入或卖出涨、跌期权,这种交易策略称为"跨式组合"(straddle)。

组合期权有顶部跨式组合、底部跨式组合、顶部条式组合、底部条式组合、顶部带式组合、底部带式组合、顶部宽跨式组合、底部宽跨式组合等多种策略。这里只介绍两种比较常用的组合期权:底部跨式组合和底部宽跨式组合。

一、底部跨式组合

底部跨式组合是由一个看涨期权多头和一个看跌前多头组成,执行价格和到期日均相同,如图12-16所示。

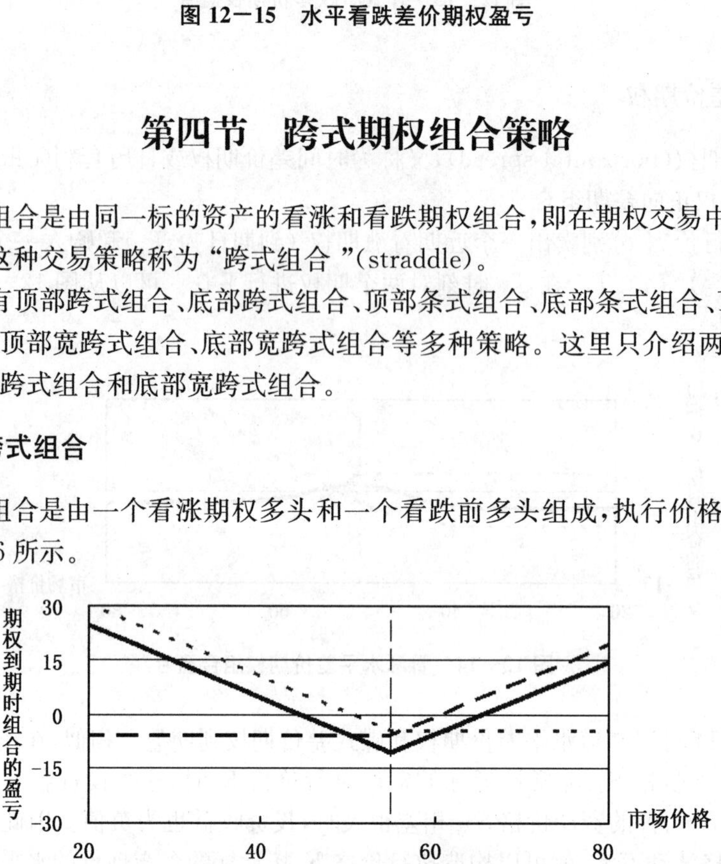

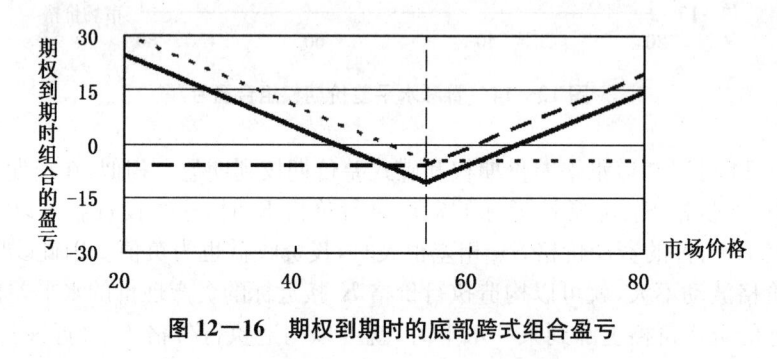

图 12-16 期权到期时的底部跨式组合盈亏

从图12-16可以看出,执行价格与标的资产价格偏离越大时,期权组合盈利越大。通常情况下,采用跨期策略时,一般把期权的执行价格定在标的资产现价附近。可知,当投资者在预测标的资产价格变化较大时可以采用该策略。

二、底部宽跨式组合

底部宽跨式组合是由一份看跌期权多头和一份看涨期权多头构成。策略是:同时买入一个看涨期权和一个看跌期权,看跌期权执行价格为 K_1,看涨期权执行价格为 K_2,$K_1<K_2$;

到期日 T 均相同,如图 12-17 所示。

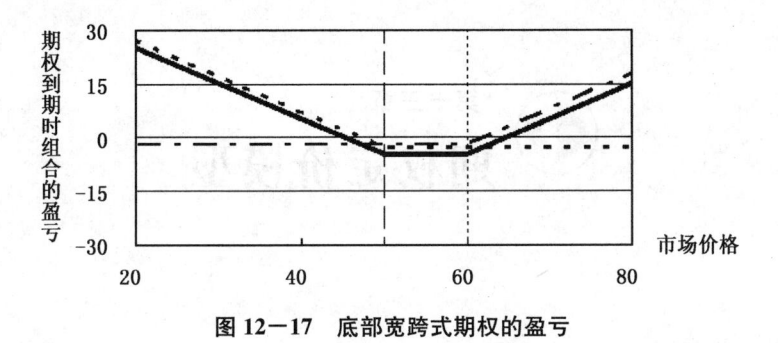

图 12-17　底部宽跨式期权的盈亏

从图 12-17 可以看出,若到期日标的资产价格 S_T 在 K_1 和 K_2 之间,损失是固定的。与底部跨式期权相比,宽跨式期权策略要在标的资产价格变化比较大的情况下才能获利,但它成本相对较低,若判断错误,蒙受的损失也较小。

本章小结

本章首先讲述了期权组合图形的算式表达式以及图形的算法。把期权当作投资组合的一部分而不是一种单一的证券,讨论单个标的资产期权头寸与标的资产头寸组合会产生的状况,接着讨论当投资基于同一标的资产的两种或者两种以上不同期权时,各种不同期权组合的损益状态以及分析方法。

思考与练习

1. 解释构造熊市差价期权的两种方法。
2. 对于投资者来说什么时候购买蝶式期权是合适的?
3. 在标的资产与期权的组合策略中,"保护"与"抵补"有什么区别?
4. 用表格说明执行价格为 X1 和 X2(X1<X2)的看跌期权所构成牛市差价期权的损益状况。
5. 执行价格为 50 元的看涨期权成本为 2 元,执行价格为 45 元的看跌期权的价格是 3 元,解释由这两种期权如何构造宽跨式期权,并表示出其损益状态。
6. 假设执行价格为 30 美元和 35 美元的标的资产看跌期权的价格分别为 4 美元和 7 美元。怎样使用这两种期权构建牛市差价和熊市差价组合? 用表格表示两个期权的收益和利润。

第十三章 期权定价模型

【本章学习要点】

本章涉及的重要概念有期权定价的二叉树模型、资产组合复制定价、风险中性定价、n期二叉树模型、美式期权的定价、布莱克——斯科尔斯微分方程、布莱克——斯科尔斯期权定价公式、维纳过程等。要求理解二叉树模型期权定价的原理;掌握二叉树期权定价公式的推动过程;了解布莱克——斯科尔斯微分方程的总结过程;并能够根据实际条件进行欧式期权的价格计算。

第一节 二叉树期权定价模型的推导

一、基本假定

关于期权定价的模型主要有两种:二叉树模型(The Binominal Option Pricing Model,BOPM)和布莱克—斯科尔斯模型(Black-Scholes)。本节介绍二叉树模型,第三节介绍布莱克—斯科尔斯模型。

决定期权的价值是其执行价与到期标的资产价格之差,而在确定期权价格的时候,我们并不知道未来的标的资产价格,因此在讨论期权定价模型时候必须对未来标的资产价格做出一个假设。由于标的资产价格具有不确定性,所以必须假定未来标的资产价格服从某种分布。

对于标的资产价格,假设它当前的价格为S_0,假定未来价格是一个简单的二项分布,一种是$S_0 u$,其概率为p,另一种是$S_0 d$,概率为$1-p$,$u \geqslant 1, d < 1$。假设市场利率为r。这就是关于股价的单期二叉树模型。

二叉树模型的主要假定有:
(1)最基本的模型为不支持股利的欧式股票看涨期权定价模型;
(2)股票市场和期权市场是完全竞争的,市场运行是高效率的,如没有卖空限制,无套利的;
(3)股票现货交易与期权合约的交易无交易成本,同时也没有税收;
(4)市场参与者可以按照已知的无风险利率无限制地借入和贷出资金,利率在期权有效期内保持不变,不存在信违约风险。

推导二叉树期权定价模型,是从最简单的单期模型开始的。这里的单期是指1个单位时间,至于这个单位时间的长度是可以任意选择的。

二叉树模型首先把期权的有效期分为很多很小的时间间隔 Δt,并假设在每一个时间间隔 Δt 内证券价格只有两种运动的可能:从开始 t_0 的 S_0 上升到原先的 u 倍,即到达 $S_0 u$;下降到原先的 d 倍,即 $S_0 d$。如图13-1所示。相应地,期权价值也会有所不同,分别为 V_u 和 V_d。期权价格的计算是从树图的末端(时刻 T)向后倒推进行的。T 时刻期权价值可以根据期权到期时的价值计算。例如一个看涨期权的价值为 $\max(S_T-K,0)$,而一个看跌期权价值为 $\max(K-S_T,0)$,其中 S_T 是 T 时刻的标的资产价格,K 是执行价格。

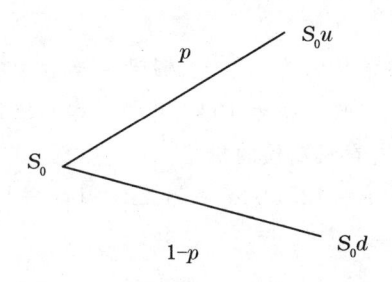

图13-1 Δt 时间内基础资产价格和对应的期权价格的变动

注意到在较大的时间间隔内,这种简化的二叉树运动的假设当然不符合实际,但是当时间间隔非常小的时候,比如在每个瞬间,资产价格只有这两个运动方向的假设是可以接受的。因此,二叉树模型实际上是在用大量离散的小幅度二值运动来模拟连续的资产价格运动。

二、看涨期权单步二叉树模型

运用单步二叉树为期权定价有两种期权定价机制:无套利定价机制和风险中性定价机制。

(一)资产组合复制定价法

前面已经假定:在时间间隔 Δt 后是 T 时刻股票价格为 S_T,S_T 有两个值,从开始的 S_0 上升到 $S_0 u$;或下降到 $S_0 d$;对应于该股票的 T 时刻看涨期权的价值为 $\max(S_T-K,0)$,分别为 V_u 和 V_d。

$$V_u = \max(S_0 u - K, 0) \tag{13.1}$$

$$V_d = \max(S_0 d - K, 0) \tag{13.2}$$

假设某投资者,在 t_0 时刻,卖出了一份该股票的看涨期权,价格为 V_0,以得到的货币同时买入了 h 股股票,和利率为 r 的 k 货币单位的债券。有:

$$V_0 = hS_0 + k \tag{13.3}$$

根据无套利原则,在将来的 T 时刻一定有:

$$hS_0 u + ke^{r\Delta} = V_u \tag{13.4}$$

$$hS_0 d + ke^{r\Delta} = V_d \tag{13.5}$$

求解上两式可得:

$$h = \frac{V_u - V_d}{S_0 u - S_0 d} \tag{13.6}$$

$$k = \left(V_u - \frac{V_u - V_d}{u - d}u\right)e^{-r\Delta} \tag{13.7}$$

将 h 和 k 的表达式代入(13.3)式,可求得,

$$V_0 = e^{-r\Delta}\{p^* V_u + (1 - p^*)V_d\} \tag{13.8}$$

其中,

$$p^* = \frac{e^{r\Delta} - d}{u - d} \tag{13.9}$$

从形式上看,V_0 的表达式是一个未来价值期望值的折现。需要注意的是,这里的 p^* 并不是现实中人们的主观预测概率。期权的当前价格在本章的假设前提下,与人们对股票的主观预测概率无关。

[例13—1] 设以 A 股目前价格为 100 元,假设一年后标的资产价格可能是 125 元,也可能是 75 元,当期市场的无风险收益率为 10%(月收益率),求以 A 股为标的资产,执行价格为 100 元,一年后到期的该欧式看涨期权的价格。

解:根据题意,$K = 100$,$S_0 u = 125$,$S_0 d = 75$,$\Delta t = 1$,$r = 10\%$,$u = 125/100 = 1.25$,$d = 75/100 = 0.75$

可得:

$$V_u = \max(S_0 u - K, 0) = \max(125 - 100, 0) = 25$$
$$V_d = \max(S_0 d - K, 0) = \max(75 - 100, 0) = 0$$

则一份欧式看涨期权现在的价格 = 16.07

$$V_0 = e^{-10\%}\left[\frac{e^{10\%} - 0.75}{1.25 - 0.75} \times 25 + 0\right] = 16.07$$

(二)风险中性定价机制

在风险中性假定下,所有风险资产期望收益率与无风险资产收益率相同。在其他金融工具中(如股票和债券等)的定价过程中,风险是一个重要的因素;而期权的定价并不依赖于投资者对待风险的态度。在实践中,股票是一种风险资产,它的期望收益率一般不是一种无风险利率,因此股票期权价值也不能通过无风险利率得到。尽管如此,在此仍然假设存在一个虚拟的风险中性世界。在风险中性的假定下,可以得到以下结论:

(1)所有可交易股票的期望收益率为无风险利率;
(2)未来资产的当前现金流可以根据其期望值按无风险利率贴现而得到。

由于假设风险中性,$T - \Delta t$ 时刻每个节点上的期权价值都可以由 T 时刻期权价值的期望值用标的股票的预期收益率(在风险中性的世界中应等于无风险利率 r)贴现求得。同理,$T - 2\Delta t$ 时刻的每个节点的期权价值可由 $T - \Delta t$ 时刻的期望值在 Δt 时间内利用利率 r 贴现求得,以此办法向后倒推通过所有的节点就可得到 0 时刻的期权价值。

在风险中性的假定下,若期初的股票价格为 S,则在很短的时间间隔 Δt 末的股票价格期望值应为 $Se^{r\Delta t}$。因此,参数 p^*、u 和 d 的值必须满足这个要求,即:

$$Se^{r\Delta t} = p^* Su + (1 - p^*)Sd$$
$$e^{r\Delta t} = p^* u + (1 - p^*)d \tag{13.10}$$

则 $p^* = \frac{e^{r\Delta} - d}{u - d}$,这与前面资产组合复制定价法求得的 p^* 完全一致。

期权在现在的价值,在一个风险中性的世界里,就可表达为用其未来期望值按无风险利

率贴现,对于一期而言,有:
$$V_0 = e^{-r\Delta t}\{p^* V_u + (1-p^*)V_d\}$$

这一结论与前面资产组合复制定价法完全吻合。

其实,只要仔细思考就会发现,如果未来期权的价值只存在两种可能性,为了满足无套利原则,或所谓的风险中性原则,这两种可能结果的概率就已经被假设条件客观地确定了,不可能再有其他的可能存在的概率,因为任何其他的人为概率都将导致无风险套利机会的存在。而这种被确定的概率就是上述方法求得的概率。

[例 13—2] 按照风险中性定价机制,我们重新计算例 13-1 中的看涨和看跌期权现在的价格。

解:首先,计算风险中性概率 p^*。在一个风险中性的假定下,可得:

$$100 e^{-10\%} = 125 p^* + 75(1-p^*)$$

即:
$$p^* = \frac{e^{10\%} - 0.75}{1.25 - 0.75} = 0.71$$

因此,在未来单一期末,看涨期权价值为 25 的概率为 0.71,价值为零的概率为 0.29。因此,一份看涨期权的期望值为:

$$25 \times 0.71 + 0 = 17.76$$

用无风险率进行贴现后,该看涨期权现在的价值为:

$$V_0 = e^{-r\Delta t}\{p^* V_u + (1-p^*)V_d\} = e^{-10\%}(0.71 \times 25 + 0) = 16.07$$

在未来单一期末,看跌期权价值为 0 的概率为 0.71,价值为 25 的概率为 0.29。因此,一份看跌期权的期望值为:

$$0 + 25 \times 0.29 = 7.24$$

用无风险率进行贴现后,该看跌期权现在的价值为:

$$7.24 e^{-10\%} = 6.55$$

比较上面的两种二叉树期权定价方法,可以发现,无套利定价机制和风险中性定价机制实际上具有内在的一致性。一般来说,在运用二叉树方法时,风险中性定价是常用的方法,而无套利定价机制则主要提供了一种定价思想。因为在风险中性假定下,所有资产的预期收益率都是无风险利率,所有资产定价都可以根据无风险利率贴现得到,而且计算结果放回现实世界也是很有意义的。为什么计算结果在现实世界中也是有意义的呢?因为在现实中,人们对未来的事件的预测概率是根据无套利原则而进行的,当人们对未来事件的预测概率明显偏离无套利原则时,就会出现套利机会,人们的套利行为会使得偏离的预测概率向无套利的预测概率靠拢。

三、n 期的二叉树模型

单期二叉树模型虽然比较简单,但它包含了二叉树定价模型的基本原理和方法。其合理性是建立在时间间隔比较短暂的假定下,如果期权有效期延长,采用单期二叉树模型就有很大的局限性。

自然,人们会想到将期权的有效期分为若干个时间间隔小区间 Δt,并假设每一个小的时间区间内 Δt,标的资产变动方向也是两个,标的资产价格在原有的基础上乘以 u,称为上升,在原有的基础乘以 d,称为下降,假设市场利率为 r。

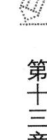

可以得到进一步拓展的多期二叉树模型。下面是一个3期的二叉树模型，表示标的资产价格的变化。完整树型结构如图13-2所示。

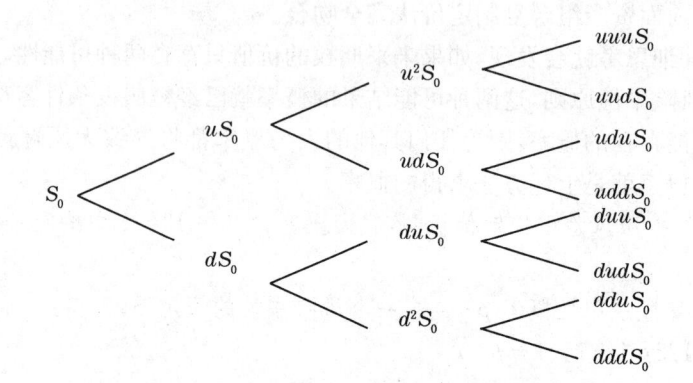

图13-2 三期的二叉树期权定价模型示意图

根据无套利原则可以求出概率为 p^*，即(13.9)式或(13.10)式确定的无风险套利原则确定的概率。

在多期二叉树的定价模型中，假设条件是：已知的信息是第3期期末的标的资产的各种可能的价格，$uuuS_0, uudS_0, uduS_0, uddS_0, duuS_0, dudS_0, dduS_0, dddS_0$。自然可以得到看涨期权的各种可能的期权价值为：

$$V_{3,i} = \max(S_0 u^{3-i} d^i - K, 0) \quad i=0,1,2,3 \tag{13.11}$$

用递推的方法可以得到期初时看涨期权的无套利贴现值为：

$$V_0 = e^{-3r\Delta t}(p^{*3}\max(S_0 u^3 - K, 0) + 3p^{*2}(1-p^*)\max(S_0 u^2 d - K, 0)$$
$$+ 3p^*(1-p^*)^2 \max(S_0 u d^2 - K, 0) + (1-p^*)^3 \max(S_0 d^3 - K, 0)) \tag{13.12}$$

将上述结论推广到 n 期二叉树模型，有：

$$V_{n,i} = \max(S_0 u^{n-i} d^i - K, 0) \quad i=0,1,2,3,\cdots,n \tag{13.13}$$

$$V_0 = e^{-3r\Delta t}\sum_{i=0}^{n}\frac{n!}{i!(n-i)!}(p^{*n-i}(1-p^*)^i \max(S_0 u^{n-i} d^i - K, 0)) \tag{13.14}$$

其中，$p^* = \dfrac{e^{r\Delta t}-d}{u-d}$。

如果是离散的情况，有：

$$V_0 = \frac{1}{(1+r)^n}\sum_{i=0}^{n}\frac{n!}{i!(n-i)!}(p^{*n-i}(1-p^*)^i \max(S_0 u^{n-i} d^i - K, 0)) \tag{13.15}$$

其中，
$$p^* = \frac{1+r-d}{u-d} \tag{13.16}$$

第二节 二叉树期权定价模型的扩展应用

一、标的资产价格按比例支付股息

前面的二叉树模型的分析，都是假定在期权合约有效期内公司不支付股息的假定下进行的。但现实中，大部分上市公司都会定期的分红派息。分红派息的方式主要有两种：一种是按照股票市场价格的固定比例派发一定股息,在财务上称为"股息实得率",另一种是每股股票派发一定固定数额的股息。在此仅讨论第一种情况。

股息的支付会对股票期权的定价产生影响,因为股市一般都会在除息日做出调整,也就说标的资产价格一般会出现与股息额相等比例的下降,称作除权。受其影响,股票看涨期权的价值也随着下降;反之股票看跌期权的价格则按股息支付的同等幅度的上升。

若标的股票在未来某一确定时间将支付已知股息率 δ(股息与标的资产价格之比),我们只要调整在各个结点上的标的资产价格,就可算出期权价格。调整方法如下:

如果时刻 $m\Delta t$ 在除权日之前,则结点处标的资产价格仍为:

$$S_0 u^{m-i} d^i \quad i=0,1,2,3,\cdots,m$$

如果时刻 $m\Delta t$ 在除权日之后,则结点处证券价格相应调整为:

$$S_0(1-\delta) u^{m-i} d^i \quad i=0,1,2,3,\cdots,m$$

对在期权有效期内有多个已知红利率的情况,可进行同样处理。理论上讲,根据"股息实得率"进行股息的分配,按照上述调整后的计算方法处理后,并不违反无套利原则,因而是成立的。

二、美式期权的二叉树定价模型

美式期权与欧式期权的区别是美式期权可以在期权合约到期前的任何时点执行权利,而欧式期权则仅在到期日执行权利。如果美式期权的定价也试图应用二叉树的方法,首先考虑到的一个问题是提前在到期日之前提前执行权利是否会影响期权的价值?答案是肯定的。

事实上,在运用二叉树方法求当前的期权价格时,前提假设条件是期权的定价者,对于二叉树中所有节点上的信息是知道的。求美式期权的当前价格时,在每个二叉树的节点上,期权持有者可以有两个价格选择,一个是立刻执行期权获得收益,另一个选择是持有期权继续等待,继续等待相当于选择了与欧式期权一样的期望价值。这样,美式期权的价格计算与欧式期权的价格计算的路径基本相同,都是由期末的期权价值向后递推而来的。不同之处是在每一个节点处,期权的持有者可以选择上述两种收益中的较大者作为向后递推的价格依据。

[例 13—3] 已知股票的信息:$S_0=100$ 美元,$u=1.2$,$d=0.8$,$K=100$ 美元,$r=0.05$,$n=3$;求解看跌美式期权的价格。

$$p^* = \frac{e^{r\Delta}-d}{u-d} = \frac{e^{0.05}-0.8}{1.2-0.8} = \frac{1.0513-0.8}{0.4} = 0.6283$$

下面根据股票价格等信息求美式看跌期权的价格。求解的方法是向后递推,首先从期末的股权价值开始。在期末,凡是股票大于执行价格的节点处的期权价值均为零。

对于期末执行价值大于零的节点的后面一期的节点,美式期权的权利持有者面临两个选择,其一是继续等待的价值,即期末期权价值的向后递推值,其二是立刻执行期权,也就是获得即刻执行价值,期权的权利持有者需在二者中选择最大价值作为其再继续向后递推的价值依据。如图 13—5 所示。

向后递推值$=e^{-r}[p^* \times V_i+(1-p^*)\times V_k]$,即刻执行值$=\text{Max}[K-$该节点的股价,$0]$。

例如图 13—4 中,第 2 期期末最下面的节点,有

向后递推值$=e^{-0.05}[0.6283\times 23.2+0.3717\times 48.8)=31.1191$

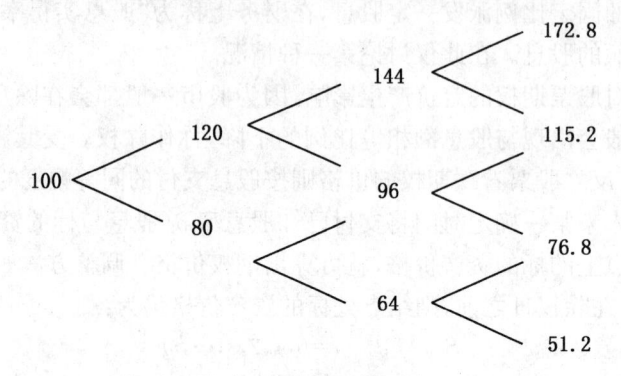

图 13—3 已知股票价格的二叉树

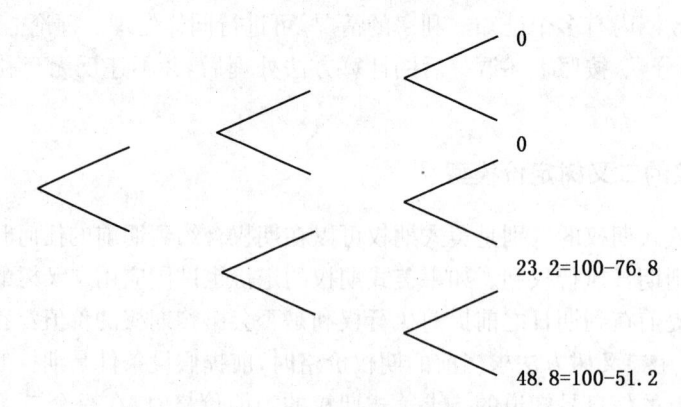

图 13—4 期末期权价值的二叉树

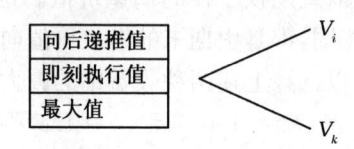

图 13—5 节点处的价值选择图

即刻执行值＝100－64＝36

所以最大值为36。如图 13—6 所示。

依照上述方法,逐步完成全部向后递推过程,如图 13—6 所示,最终可以得到该美式看跌期权的当前价格应当为8.804 4美元。

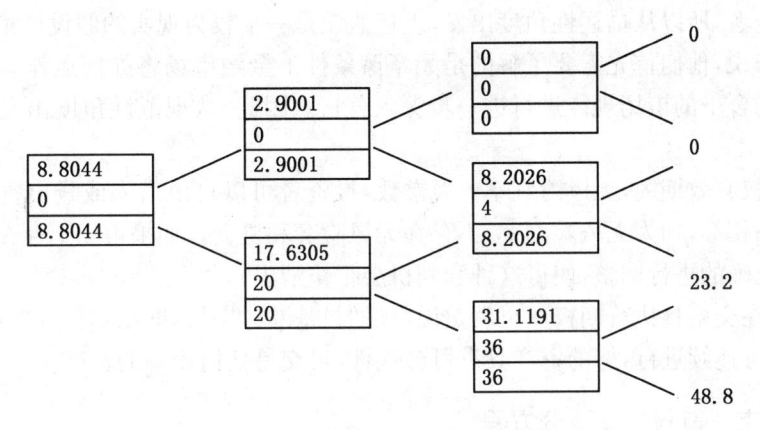

```
                                              0
                    2.9001                    0
                    0                         0
          8.8044    2.9001              0
          0                   8.2026
          8.8044              4                   0
                    17.6305   8.2026
                    20
                    20              23.2
                              31.1191
                              36
                              36
                                              48.8
```

图 13—6　求解看跌美式期权的二叉树

第三节　布莱克—斯科尔斯期权定价模型

一、布莱克—斯科尔斯模型的假设条件

布莱克—斯科尔斯模型(Black-Scholes)是一个关于欧式期权的股票看涨期权的定价模型，是一个对金融理论与实践产生很大影响的模型。与其他模型一样，在其建模过程中，做了一系列前提假设。

布莱克—斯科尔斯期权定价模型的五个假设条件如下：

(1)期权标的资产为风险资产(不妨设为股票)，市场价格为 S。S 遵循几何布朗运动，即

$$\frac{dS}{S} = \mu dt + \sigma dz$$

其中，dS 为股票价格瞬时变化值，dt 为极短瞬间的时间变化值，dz 为均值为零，方差为 dt 的无穷小的随机变化值[$dz = \varepsilon \sqrt{dt}$，称为标准布朗运动，$\varepsilon$ 代表从标准正态分布(即均值为 0、标准差为 1.0 的正态分布)中取的一个随机值]，μ 为股票价格在单位时间内的期望收益率(以连续复利表示)，σ 则是股票价格的波动率，即证券收益率在单位时间内的标准差。μ 和 σ 都是已知的。

简单地分析几何布朗运动，意味着股票价格在短时期内的变动(即收益)来源于两个方面：一是单位时间内已知的一个收益率变化 μ，被称为漂移率，可以被看成一个总体的变化趋势；二是随机波动项，即 σdz，可以看作随机波动使得股票价格变动偏离总体趋势的部分。

(2)在期权有效期内，标的资产本身不产生现金收益等(如标的资产是股票，在期权有效期内不支付红利)。

(3)市场不存在摩擦。也就是说金融市场没有交易成本(包括佣金费用、买卖价差、税赋、市场冲击等)，没有保证金要求，也没有卖空的限制。

市场无摩擦的假设在于简化金融资产定价的分析过程，其主要理由有以下两点：第一，对于大的金融机构来说，这一假设是一个较好的近似，因为他们的交易成本很低，他们在保证金要求和卖空方面受的约束很少，他们能够以买卖差的中间价进行交易等。由于金融机构是市

场价格的制定者,所以从描述性角度出发,上述假设是一个较为现实的假设。第二,对于小的市场参与者来说,他们首先需要了解的是无摩擦条件下金融市场将如何运作。在此基础上,才能对复杂场合下的市场规律进行进一步深入分析。因此,从规范性角度出发,上述假设也是必要的。

(4)在期权有效期内,无风险利率 r 为常数,投资者可以自由借入或贷出资金,借入利率与贷出的利率相等,均为无风险利率,不存在无风险套利机会。如果市场上存在套利的机会,价格会迅速准确的进行调整,使得这种套利机会很快消失。

(5)只能在交割日执行期权。也就是说,该期权是欧式期权,即在期权到期前不可实施。

(6)交易可连续进行,标的资产具有可分割性(可交易任何比例的资产)。

二、布莱克—斯科尔斯微分方程

由于我们假设证券价格 S 遵循几何布朗运动,因此有:
$$dS = \mu S dt + \sigma S dz \tag{13.17}$$

令 $f(S,t)$ 是依赖于 S 和时间 t 的衍生证券的价格,即 $f(S,t)$ 是 S 和 t 的函数,从(13.17)式可得:
$$df = \left(\frac{\partial f}{\partial S}\mu S + \frac{\partial f}{\partial t} + \frac{1}{2}\frac{\partial^2 f}{\partial S^2}\sigma^2 S^2\right)dt + \frac{\partial f}{\partial S}\sigma S dz \tag{13.18}$$

在一个小的时间间隔 Δt 中,(13.17)式和(13.18)式变为:
$$\Delta S = \mu S \Delta t + \sigma S \Delta z \tag{13.19}$$

$$\Delta f = \left(\frac{\partial f}{\partial S}\mu S + \frac{\partial f}{\partial t} + \frac{1}{2}\frac{\partial^2 f}{\partial S^2}\sigma^2 S^2\right)\Delta t + \frac{\partial f}{\partial S}\sigma S \Delta z \tag{13.20}$$

从上面分析可以看出,(13.19)式和(13.20)式中的 Δz 相同,都等于 $\varepsilon\sqrt{\Delta t}$。因此只要选择适当的衍生证券和标的证券的组合就可以消除不确定性。为了消除 Δz,可以构建一个包括一单位衍生证券空头和 $\frac{\partial f}{\partial S}$ 单位标的证券多头的组合。令 Π 代表该投资组合的价值,则:
$$\Pi = -f + \frac{\partial f}{\partial S}S \tag{13.21}$$

在 Δt 时间后,该投资组合的价值变化 $\Delta\Pi$ 为:
$$\Delta\Pi = -\Delta f + \frac{\partial f}{\partial S}\Delta S \tag{13.22}$$

将(13.19)式和(13.20)式代入(13.22)式中可得:
$$\Delta\Pi = \left(-\frac{\partial f}{\partial t} - \frac{1}{2}\frac{\partial^2 f}{\partial S^2}\sigma^2 S^2\right)\Delta t \tag{13.23}$$

由于(13.23)式中不含有 Δz,该组合的价值在一个小时间间隔 Δt 后是无风险的,因此该组合在 Δt 中的瞬时收益率一定等于 Δt 中的无风险收益率。否则的话,套利者就可以通过套利获得无风险收益率。因此,在没有套利机会的条件下:
$$\Delta\Pi = r\Pi\Delta t \tag{13.24}$$

把(13.21)式和(13.23)式代入上式中得:
$$\left(\frac{\partial f}{\partial t} + \frac{1}{2}\frac{\partial^2 f}{\partial S^2}\sigma^2 S^2\right)\Delta t = r\left(f - \frac{\partial f}{\partial S}S\right)\Delta t$$

化简为:

$$\frac{\partial f}{\partial t}+rS\frac{\partial f}{\partial S}+\frac{1}{2}\sigma^2 S^2 \frac{\partial^2 f}{\partial S^2}=rf \tag{13.25}$$

这就是布莱克—斯科尔斯微分方程,它适用于价格取决于标的证券价格 S 的所有衍生证券的定价。求解出(13.25)式的 $f(S,t)$ 就是衍生产品的定价公式。

应该注意的是,当 S 和 t 变化时,$\frac{\partial f}{\partial S}$ 的值也会变化,因此上述投资组合的价值并不是永远无风险的,它只在一个很短的时间间隔 Δt 中才是无风险的。在一个较长时间中,要保持该投资组合无风险,必须根据 $\frac{\partial f}{\partial S}$ 的变化而相应调整标的证券的数量。当然,推导布莱克—斯科尔斯微分方程并不要求调整标的证券的数量,因为它只关心 Δt 中的变化。

三、布莱克—斯科尔斯期权定价公式

1973 年,布莱克和斯科尔斯成功地求解了前面的微分方程,得出了欧式看涨期权和看跌期权的精确公式。事实上(13.25)式有很多答案,只有在边界条件下确定时,它的解才唯一。此处,边界条件指衍生产品在到期时的价值。

就欧式看涨期权而言,其到期时的期权价值为:$C_T=\max(S_T-K,0)$,而欧式看跌期权的到期时期权价值为:$C_T=\max(K-S_T,0)$。

因此设,$C(S,t)$ 代表 t 时刻欧式看涨期权价格,其完整数学问题表述是:

求解:

$$\begin{cases} \frac{\partial C}{\partial t}+rS\frac{\partial C}{\partial S}+\frac{1}{2}\sigma^2 S^2 \frac{\partial^2 C}{\partial S^2}=rC \\ C_T=\max(S_T-K,0)(\text{边界条件}) \end{cases} \tag{13.26}$$

对(13.26)式求解得:

$$C=SN(d_1)-Ke^{-r(T-t)}N(d_2) \tag{13.27}$$

其中,

$$d_1=\frac{\ln(S/K)+(r+\sigma^2/2)(T-t)}{\sigma\sqrt{T-t}} \tag{13.28}$$

$$d_2=\frac{\ln(S/K)+(r-\sigma^2/2)(T-t)}{\sigma\sqrt{T-t}}=d_1-\sigma\sqrt{T-t} \tag{13.29}$$

$$\sigma=\sqrt{Var(dS/S)}\text{(股票报酬率的瞬间标准差)} \tag{13.30}$$

(13.27)式是无收益资产欧式看涨期权的定价公式。

其中,C 为时刻 t 欧式看涨期权的价格,即期权费;S 为标的资产时刻 t 市价;K 为期权合约的执行价格;r 为以年率来表示的无风险利率;T 为期权合约的期限,它通常以年份来表示;$N(x)$ 为标准正态分布变量的累计概率分布函数(即变量小于 x 的概率),根据标准正态分布函数特性,有 $N(-x)=1-N(x)$。

将(13.26)式中的边界条件换为欧式看跌期权的 $C_T=\max(K-S_T,0)$,可以得到无收益资产欧式看跌期权的定价公式:

$$P=Ke^{-r(T-t)}N(-d_2)-SN(-d_1) \tag{13.31}$$

四、布莱克—斯科尔斯期权定价公式的应用举例

[例 13-4] 假设某种不支付红利股票的市价为 79 元,无风险利率为 12%,该股票的年

波动率为10%,求该股票协议价格为79元、期限1年的欧式看涨期权和看跌期权的价格。

已知:$S=79, K=79, r=0.12, \sigma=0.1, T=1, t=0$

计算过程分为三步:

第一步,先算出d_1和d_2:

$$d_1 = \frac{\ln(S/K)+(r+\sigma^2/2)(T-t)}{\sigma\sqrt{T-t}} = \frac{\ln(50/50)+(0.12+0.1^2/2)(1-0)}{0.1\sqrt{1-0}} = 1.25$$

$$d_2 = d_1 - \sigma\sqrt{T-t} = 1.25 - 0.1 \times 1 = 1.15$$

第二步,计算$N(d_1)$和$N(d_2)$:

$N(d_1) = N(1.25) = 0.8944$

$N(d_2) = N(1.15) = 0.8749$

第三步,将上述结果以及已知条件代入(14.11)式,可得欧式看涨期权的价格为:

$$C = SN(d_1) - Ke^{-r(T-t)}N(d_2)$$
$$= 79 \times 0.8944 - 79 \times e^{-0.12 \times 1} \times 0.8749 = 9.36(元)$$

将上述结果以及已知条件代入(14.15)式,可得欧式看跌期权的价格为:

$$P = Ke^{-r(T-t)}N(-d_2) - SN(-d_1)$$
$$= 79 \times e^{-0.12 \times 1}(1-0.8749) - 79 \times (1-0.8944) = 0.42(元)$$

第四节 维纳过程与证券价格变化过程

布莱克和斯科尔斯在研究期权定价过程时,对作为期权交易标的物的基础资产的价格进行了详细的研究,这些研究涉及了"弱有效市场""维纳过程""蒙特卡罗模拟"和"伊藤定理"等。

一、弱式效率市场假说

随机过程是描述某个随机变量的价格随着时间的推移而发生随机变化。股票的价格是以一种随机的方式随着时间变化而变化的变量,其遵从的随机过程可以分为连续和不连续两种。假定股票价格在固定时点上才可以发生变化,这是一种不连续的随机过程。而布莱克—斯科尔斯模型是建立在连续的随机过程的基础之上。

股票价格随着时间的推移而发生随机变化意味着股票价格的每个连续的变化都是独立的,这就是有效市场假设。1965年,法玛(Fama)提出了著名的效率市场假说。该假说认为,投资者都力图利用可获得的信息获得更高的报酬;证券价格对新的市场信息的反应是迅速而准确的,证券价格能完全反映全部信息;市场竞争使证券价格从一个均衡水平过渡到另一个均衡水平,而与新信息相应的价格变动是相互独立的。

效率市场假说可分为三类:弱式、半强式和强式。

所谓的弱式效率市场,又称弱型效率市场或弱化效率市场,股票的现行价格包含了过去所有的信息,而不包含任何对预测股票价格未来变动有化方向和变化量的信息。换句话说,就是不能通过过去的价格信息来预测未来的价格走势,也就是说采用技术分析不能获得超额的收益。

半强式效率市场假说认为,股票价格会迅速、准确地根据可获得的所有公开信息调整,因此以往的价格和成交量等技术面信息以及已公布的基本面信息都无助于挑选价格被高估或低估的证券。

强式效率市场假说认为,不仅是已公布的信息,而且是可能获得的有关信息都已反映在股价中,因此任何信息(包括"内幕信息")对挑选股票都没有用处。

效率市场假说提出后,许多学者运用各种数据对此进行了实证分析。结果发现,发达国家的证券市场大体符合弱式效率市场假说。

弱式效率市场假说的随机过程称为"马尔可夫过程"(Markov process)。假如我们以股票为例,众所周知,股价运动一般没有规律可循,但我们可以用这种随机过程来描述股价的运动。股价具有弱型市场有效性(the weak form of market efficiency),它假定了股票价格的有关信息全部反映在当前的股价之中,在预测某个股票未来价格时,只有股票现行价格才与股票未来的价格有关。至于股票过去的变动过程,是历史的过程,现行价格是如何演变而来的过程与股票将来价格预测无关,也就是说任何人不可能通过分析股价的过去历史数据来发现某种特殊规律来指导他有效地买卖股票,股票过去的历史和变量从过去到现在的演变方式与未来的预测无关。

期权是标的资产即股票之类证券的衍生证券,它的价格是随标的资产的价格变化而变化的,如果股票价格变动过程是马尔可夫过程,则其未来价格的概率分布只取决于该股票现在的价格。

二、维纳过程

维纳过程(Wiener process)是一种特殊的形式的马尔科夫随机过程,它所描述的是正态分布变量的变化过程。这个过程的均值变化率为0,方差为1。这种用于描述布朗运动的随机过程的定义是维纳(Wiener)给出的,所以称为维纳过程。

(一)维纳过程的两个特征

假设:Δt 代表一个小的时间间隔长度,Δz 代表变量 z 在 Δt 时间内的变化,服从维纳过程的变量 z 具有下面两种特征:

(1)Δz 和 Δt 的关系满足:

$$\Delta z = \varepsilon \sqrt{\Delta t} \tag{13.32}$$

其中,ε 是标准正态分布(即均值为0、标准差为1的正态分布)的随机样本。

(2)对于任何两个不同时间间隔 Δt,Δz 的值相互独立,服从马尔科夫过程。

考察维纳过程的变量 z 在一段较长时间 T 内的变化情况,用 $z(T)-z(0)$ 表示变量 z 在 T 中的变化量,它可被看作是在 N 个长度为 Δt 的小时间间隔中 z 的变化总量,其中 $N=T/\Delta t$,因此,

$$z(T) - z(0) = \sum_{i=1}^{N} \varepsilon_i \sqrt{\Delta t} \tag{13.33}$$

其中,$\varepsilon_i (i=1,2,\cdots,N)$ 是标准正态分布的随机抽样值。由维纳过程的第二个特征,可知,ε_i 是相互独立的,因此 $z(T)-z(0)$ 也具有正态分布的特征,其均值为0,方差为 $N\Delta t=T$,标准差为 $\sqrt{T}$。

由此,我们可以得出下结论:在任意长度的时间间隔 T 中,遵循标准布朗运动的变量的变化值服从均值为0、标准差为 $\sqrt{T}$ 的正态分布。

当 $\Delta t \to 0$ 时,维纳过程以随机过程趋于极限时的 $dz = \varepsilon \sqrt{dt}$ 的形式出现。

(二)广义的维纳过程

广义维纳过程(a generalized Wiener process)在物理学上称作"几何布朗运动"(geometric Brownian motion)。在这里先介绍两个概念:漂移率和方差率。漂移率(drift rate)是指单位时间内变量 z 均值的变化值。方差率(variance rate)是指单位时间的方差。

标准布朗运动的漂移率为 0,方差率为 1。漂移率为 0 意味着在未来任意时刻 z 的均值都等于它的当前值。方差率为 1 意味着在一段长度为 T 的时间段后,z 的方差为 $1 \times T$。令漂移率的期望值为 a,方差率的期望值为 b^2,就可得到变量 x 的普通布朗运动:

$$dx = adt + bdz \tag{13.34}$$

其中,a 和 b 均为常数,dz 遵循标准布朗运动。这个过程指出变量 x 关于时间和 dz 的动态过程。其中第一项 adt 为确定项,它意味着 x 的期望漂移率是每单位时间为 a。第二项 bdz 是随机项,它表明对 x 的动态过程添加的噪音。这种噪音是由维纳过程的 b 倍给出的。

从(13.32)式和(13.34)式可知,在短时间 Δt 后,x 值的变化值 Δx 为:

$$\Delta x = a\Delta t + b\varepsilon \sqrt{\Delta t} \tag{13.35}$$

因此,Δx 也具有正态分布特征,其均值为 $a\Delta t$,标准差为 $b\sqrt{\Delta t}$,方差为 $b^2 \Delta t$。同样,在任意时间长度 T 后 x 值的变化也具有正态分布特征,其均值为 aT,标准差为 $b\sqrt{T}$,方差为 $b^2 T$。

三、维纳过程与股票价格的变化过程

布莱克—斯科尔斯的期权定价模型假设股票价格运动过程服从维纳过程。一般来说,股票购买人所要求的投资回报率都是以股票价格变动百分比来表示,而与股票本身价格无关。比如:当股票价格是 10 元时,投资者要求的年回报率为 15%;而到股票价格涨到 20 元时,假设其他条件不变,投资者要求的回报率仍然是 15%。因此,广义维纳过程中的固定预期漂移率适用于股票投资的回报率,但对于股票价格来说是不对的,所以,必须假设:在瞬间时间 dt,股票价格的增长为 $\mu S dt$,其中参数 μ 是在单位时间内以小数形式表现的股票投资预期收益率,S 为股票的现行市场价格,σ^2 表示股票收益率单位时间的方差,σ 表示股票收益率单位时间的标准差,简称证券价格的波动率(volatility),dz 表示标准布朗运动。这就意味着:如果假定股票价格的波动性为 0,$dS = \mu S dt$。

在股票操作实践中,投资收益率总是具有一定的不确定性,也就是说,股票价格总是波动的。这种波动性有这样的特征:在一个很短的时间里,特定股票以百分率表示的收益变动性,不论股票价格处于何种水平都是一样的。这样就可以得出下面两个等式:

$$dS = \mu S dt + \sigma S dz$$

两边同除以 S 得:

$$\frac{dS}{S} = \mu dt + \sigma dz \tag{13.36}$$

(13.36)式又被称为几何布朗运动。

从(13.36)式可知,在短时间 Δt 后,证券价格比率的变化值 $\frac{\Delta S}{S}$ 为:

$$\frac{\Delta S}{S} = \mu \Delta t + \sigma \varepsilon \sqrt{\Delta t}$$

可见，$\frac{\Delta S}{S}$ 也具有正态分布特征，其均值为 $\mu \Delta t$，标准差为 $\sigma \sqrt{\Delta t}$，方差为 $\sigma^2 \Delta t$。换句话说，

$$\frac{\Delta S}{S} \sim N(\mu \Delta t, \sigma \sqrt{\Delta t}) \tag{13.37}$$

其中 $N(\mu \Delta t, \sigma \sqrt{\Delta t})$ 表示均值为 $\mu \Delta t$，标准差为 $\sigma \sqrt{\Delta t}$ 的正态分布。

[例 13—5] 某只股票，以不支付红利的连续复利形式计算的投资回报率是 15%，股价波动率是 30%（以年为单位，为 250 个交易日），假设股票在特定时点时，股票市场市场价格为 100 元，假设分析时间为一周（5 个工作日），求股价的变化进程，分析一周后股票价格变化服从的概率分布。

解：
在本例中，$\mu = 0.15$，$\sigma = 0.30$，其股价过程为：

$$\frac{dS}{S} = 0.15 dt + 0.30 dz$$

在随后短时间时隔后的股价变化为：

$$\frac{\Delta S}{S} = 0.15 \Delta t + 0.30 \varepsilon \sqrt{\Delta t}$$

由于 1 周等于 0.02 年，因此

$$\Delta S = 100(0.15 \times 0.02 + 0.30 \times \varepsilon \sqrt{0.02}) = 0.3 + 2.242\varepsilon$$

上式表示一周后股价的增加值是均值为 0.3 元，标准差为 4.242 元的正态分布的随机抽样值。

本章小结

本章讲述了期权有效期内标的资产价格可能遵循的路径，首先阐述了二叉树模型的基本假设，介绍了二叉树模型的两种不同假定下定价模型推导，一种是资产组合复制（无风险套利假定），一种是风险中性假定。然后介绍了布莱克—斯科尔斯期权定价模型以及相关的布莱克—斯科尔斯微分方程、定价公式等。最后，总结了与连续状态下相关的市场效率假说、维纳过程以及股票价格变化的前提假定。本章的学习目的是使读者了解期权价格的特征，掌握布莱克—斯科尔斯期权定价模型，运用定价方法对现实中的期权进行分析。

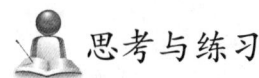

思考与练习

1. 阐述风险中性定价的假设。
2. 考虑这样一种情况，在某个欧式期权有效期内，标的资产价格运动可用两步二叉树图来描述。解释为什么用股票和期权构建的头寸在期权的整个有效期内是不可能一直无风险的。
3. 某股票现价为 50 元，6 个月后价格将变为 55 元或 45 元。无风险年利率为 10%。执行价格为 50 元，6 个月后到期的欧式看跌期权的价格是多少？

4. 股票现价为 50 美元,已知 2 个月后股价将为 53 美元或 48 美元。无风险年利率为 10%(按连续复利计)。执行价格为 49 美元,2 个月期的欧式看涨期权的价值为多少?

5. 某股票现价为 100 元。有连续两个时间步,单个时间步的步长为 6 个月,每个单步二叉树预期上涨 10%,或下跌 10%。无风险年利率为 8%。执行价格为 100 元的一年期欧式看涨期权的价格为多少?

6. 对于美式看跌期权,已知 $t=0$ 时,股票的价格为 125 美元,执行价格定为 120 美元,到期日为未来第 5 期末,每期利率为 1%,$u=1.05$,$d=0.96$,求需提前执行的节点位置。

7. 假设某只不支付红利股票的市价为 50 元,无年风险利率为 10%,该股票的年波动率为 30%,求该股票协议价格为 50 元、期限 3 个月的欧式看跌期权价格。

第十四章

互　换

【本章学习要点】

互换是两个公司之间关于互换未来现金流的协议,是重要的套期保值工具之一。本章重点介绍了利率互换和货币互换的功能和市场动因;互换的估值和定价,以及与此相关的附息债券利率曲线,零息票债券收益率曲线等概念,并做了较详细的估值公式的推导。

第一节　互换的概述

一、互换的定义

互换(swap)是重要的金融衍生产品之一。互换又称"互惠调换",它是约定两个或两个以上当事人按照商定条件,在约定的时间内,交换一系列现金流的合约。即一方支付给另一方一种系列现金流,收取对方的另一种系列现金流。

互换市场的起源可以追溯到20世纪70年代末,当时的货币交易商为了逃避英国的外汇管制而开发了货币互换。而1981年IBM与世界银行之间签署的利率互换协议则是世界上第一份利率互换协议。由于互换具有对多个时间段的风险进行套期保值、降低融资成本和创造复合金融工具的功能,自20世纪80年代正式问世以来,互换市场得到了迅猛的发展,是增长速度最快的金融产品市场。

金融市场上的所有互换无非是互换不同的各种系列的现金流。现实中互换产品十分丰富,各种机构、企业、投资者为满足自身的特定需求、风险偏好、降低成本等,进行着各种各样的互换。本教材仅以利率互换和货币互换为例进行讲解,而其他互换的设计和定价原理与这两种互换是一致的。

二、利率互换

(一)定义

利率互换(interest rate swaps)利率互换又称"利率掉期",是交易双方将同种货币不同利率形式的资产或者债务相互交换,双方同意在未来的一定期限内根据同种货币的同样的名义本金交换现金流,其中一种现金流根据浮动利率计算出来,而另一种现金流根据固定利率计算。本金不互换,是名义上的。由于利率互换只交换利息差额,因此信用风险很小。

(二)功能

利率互换是一项常用的债务保值工具,用于管理中长期利率风险。客户通过利率互换交易可以将一种利率形式的资产或负债转换为另一种利率形式的资产或负债。一般来说,当利率看涨时,将浮动利率债务转换成固定利率较为理想,而当利率看跌时,将固定利率转换为浮动利率较好。从而达到规避利率风险,降低债务成本,同时还可以用来固定自己的边际利润,便于债务管理。

从商业银行经营的角度来分析,开展利率互换业务可以规避资本充足率的限制,扩大银行的经营规模如表14-1所示。规避资本充足率的限制是银行开展金融创新的动力之一。

表14-1　　　　　　　　　　银行利率互换业务对资本充足率的规避

表外业务(利率互换)	表内业务
支付固定利率	发行债券/支付固定利率
收入浮动利率	银行间存款/收入浮动利率
支付浮动利率	银行间借款/支付浮动利率
收入固定利率	购买债券/收入固定利率
不受资本充足率等限制	受资本充足率等限制

(三)利率互换的市场动因

通过利率互换,可以提高市场的效率。其市场动因可以用国际贸易中的相对优势或绝对优势理论来加以解释。例如,假设有跨国公司A和跨国公司B,A公司在固定利率市场上可以以11%的固定利率获得贷款,而公司B在固定利率市场上可以以12%获得贷款。在浮动利率市场上,A公司的筹资利息率是Libor+2/5%,而B公司的筹资利息率是Libor+4/5%。将这些数据总结如表14-2所示。

表14-2　　　　　　　　　　利率互换基本条件举例

	A公司	B公司	A公司相对优势利率基本点
固定利率市场	11%	12%	100基本点
浮动利率市场	Libor+2/5%	Libor+4/5%	40基本点
交易者可分享的基本点			60基本点

由表14-2可见,A公司的融资信用要比B公司好,所以无论在固定利率市场或浮动利率市场中,都能得到比B公司低的借款利率。但比较起来,A公司在固定利率市场上的优势更加显著些。正由于对A公司在两种市场中优势的不相同(一个优势为100个基本点,另一个为40个基本点),所以可以通过一个金融中介机构来安排一种利率互换的交易,来使交易双方都获得利益。当然,在该利率互换例子中,互换交易的前提是A公司想获得浮动利率的贷款,而B公司想获得固定利率的贷款。如图14-1所示。

A公司希望得到一笔浮动利率的借款,但A公司出面时浮动利率是Libor+2/5%,它觉得这样的浮动利率有些高。金融机构在综合了两个公司的具体融资相对优势后,可以答应提供给A公司优于Libor+2/5%浮动利率,只有Libor。作为交换的条件,A公司利用自己的

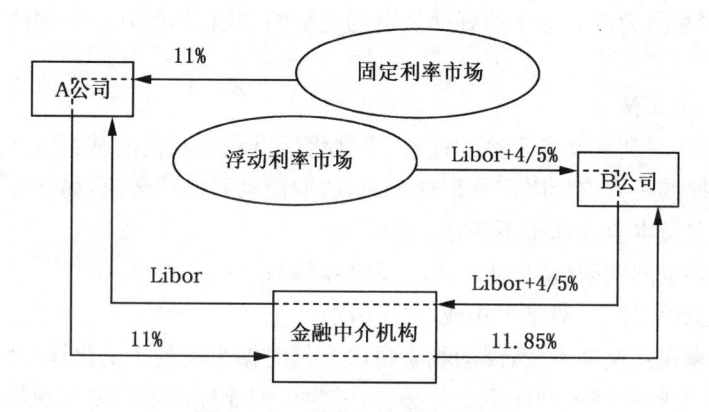

图 14-1 利率互换操作示意图

信誉,到固定利率市场上去为金融机构借一笔固定利率为 11% 的借款给金融机构,该借款到期时由金融机构负责偿还。下面来分析 B 公司的情况,它在两个市场中都处于劣势,但在浮动利率市场中的劣势相对小一点。B 公司希望借到固定利率的债务。如果 B 公司自己出面,它要付 12% 的利息。可以答应给 B 公司 11.85% 的固定利率借款,但是,作为交换的条件,B 公司利用自己的信誉,到浮动利率市场上去为金融机构借一笔浮动利率为 Libor+4/5% 的借款给金融机构,该借款到期时由金融机构负责偿还。这样 A 公司和 B 公司都通过金融机构的交换作用,得到了自己想要的贷款,而且利率都比他们自己出面有优惠,所以它们很满意。

下面再来分析金融机构在这一利率互换的交易中的得失。由图 14-1 可以看出,金融机构在此互换过程中,并没有任何成本的付出。金融机构在互换交易的初期,将 A 公司从固定利率市场上借来的固定利率款项,在原来 11% 的利息率上加了 0.85 个百分点,以 11.85% 的利息率贷给了 B 公司。金融机构同时将 B 公司从浮动利率市场上获得的款项,从原来的 Libor+4/5% 利息率上减去了 4/5% 贷给了 A 公司。到期末还款时,B 公司连本带息还给金融机构固定利率借款,利息率是 11.85%,金融机构从利息中抽取 0.85%,即 85 个基本点作为自己的交易收益,用剩余的 11% 的利息及本金交给 A 公司,由 A 公司还给固定利率市场。与此同时,A 公司连本带息还给金融机构浮动利率借款,利息率是 Libor,金融机构在此将 4/5%,即 80 个基本点,加到 Libor 上,使 B 公司能够以 Libor+4/5% 的浮动利率连本带息地归还给浮动利率市场。金融机构在该互换的整个交易中净获得 5 个基本点的利润。详细的获利基本点分配如下。

可以用于分配的基本点数为:

 A 公司与 B 公司在固定利率市场上的利率差   100 基本点
 —A 公司与 B 公司在浮动利率市场上的利率差   40 基本点
 可以用于分配的基本点数   60 基本点

这 60 个基本点的利率差是这样在 A 公司、B 公司以及金融机构进行之间分配的:

 A 公司获得的利益:Libor+2/5%−Libor   =0.40% =40 基本点
 B 公司获得的利益:12%−11.85%   =0.15% =15 基本点
 +金融机构获得的利益:0.85%−4/5%   =0.05% = 5 基本点
 各互换交易参与者所获利益之和   60 基本点

上面的利率互换为双方带来的好处是市场交易的动因,与国际贸易中的绝对优势理论的解释是一致的。

(四)标准利率互换

为了方便下面对利率互换定价的理解,现在将标准利率互换的基本特征总结如下:

(1)进行互换的一方支付固定利率现金流,收取浮动利率现金流,另一方与之相反;
(2)互换的名义本金额保持不变;
(3)互换有一定的期限(例如1,2,3,…,10年等);
(4)支付利息的时间一般是半年或一年一次;
(5)固定利率在互换期不变,浮动利率每次支付时据市场利率变化作调整。

对标准利率互换的特征的认识十分必要,因为任何非标准的利率互换都是标准利率互换衍生的。

表14-3表示一个利率互换,其中一方以浮动利率负债换成固定利率负债,从而定期支付固定利息,收到浮动利息的数据。

表14-3 利率互换现金流

日期	固定利率	浮动利率	支付固定利息	收到浮动利息	现金流净额
0					
1	5.67%	5.67%	56 700	56 700	0
2	5.67%	5.40%	56 700	54 000	−2 700
3	5.67%	6.80%	56 700	68 000	11 300
4	5.67%	4.50%	56 700	45 000	−11 700
5	5.67%	5.30%	56 700	53 000	−3 700
6	5.67%	4.60%	56 700	46 000	−10 700

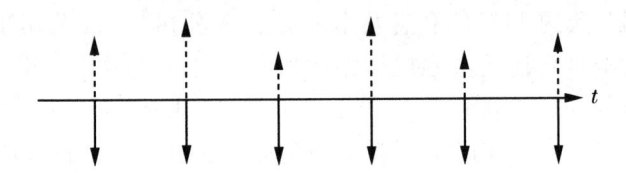

a. 支付固定利率,收取浮动利率一方的现金流

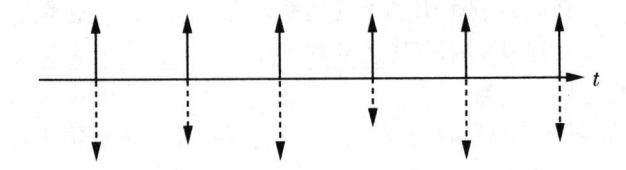

b. 支付浮动利率,收取固定利率一方的现金流

图14-2 标准利率互换现金流量示意图

三、货币互换

(一)货币互换的定义

货币互换(currency swaps),是交易双方达成的一种协议,交易不同种类货币的现金流。在货币互换中,互换双方的关系不是借贷,而是通过互换协议将货币卖给对方,并承诺在未来固定时间内换回该种货币。

(二)功能

货币互换的主要功能之一是规避汇率风险。

例如,某公司有一笔日元贷款,金额为10亿日元,期限7年,利率为固定利率3.25%,付息日为每年6月20日和12月20日。2009年12月20日提款,2016年12月20日到期归还。公司提款后,将日元换成美元,用于采购生产设备。产品出口得到的收入是美元收入,而没有日元收入。这样,公司的日元贷款存在汇率风险。具体来看,公司借的是日元,用的是美元,公司在每年的付息日需要将美元收入换成日元还款。那么到时如果日元升值,美元贬值(相对于期初汇率),则公司要用更多的美元来买日元还款。这样,由于公司的日元的还贷上就存在汇率风险。如果公司将日元贷款通过互换的方式变为美元贷款,汇率风险就可以得到规避。

此外,投资者进行货币互换的还可达到主动承担汇率风险,试图获取汇率变动带来的风险利润的目的,或达到与资产管理或负债管理相关的其他目的。

从投资者或企业的角度看,货币互换是一项常用的债务保值工具,主要用来控制中长期汇率风险,把以一种货币计价的债务或资产转换为以另一种货币计价的债务或资产,达到规避汇率风险、降低成本的目的。早期的"平行贷款""背对背贷款"就具有类似的功能。但是从银行的角度看,无论是"平行贷款"还是"背对背贷款"仍然属于贷款行为,在资产负债表上将产生新的资产和负债。而货币互换作为一项资产负债表外业务,能够在不对资产负债表造成影响的情况下,达到同样的目的。所以,银行开展货币互换,扩大了银行的业务规模,而不受资本充足率的限制。

(三)货币互换的动因

通过货币互换,如同利率互换一样,同样可以提高市场的效率。其市场动因同样可以用国际贸易中的相对优势或绝对优势理论来加以解释。例如,假定A公司是一家美国公司,要到瑞士进行一项投资。但是欧洲瑞士法郎债券市场对A公司的信用有所顾忌。这样A公司计划发行5年期的1亿瑞士法郎债券设想就可能遇到困难。该公司的代理银行知道,欧洲瑞士法郎债券市场比较小,按照A公司的信用及需要,这1亿瑞士法郎债券不付高利是发行不出去的。所以,尽管当时的欧洲瑞士法郎债券市场对一些主要的信誉好的大公司只要求5%的年利,可是A公司自己去发行就要付5.75%年利不可。然而,A公司在欧洲美元债券市场上有比较好的信誉,它在欧洲美元债券的市场中发行5年期债券,可以得到相对优惠的8.75%的年利率。

为了使A公司完成其融资的计划,这时代理银行就要寻找一个外汇互换借贷的伙伴。假如B公司是一家瑞士公司,正好需要美元在美国投资。B公司在欧洲美元市场上只能发行9.25%的年利率的5年期的美元债券,但B公司在瑞士有很好的商业网及信誉,所以它可以轻易地以5%的年利率在欧洲货币市场上发行瑞士法郎十年期的债券。这样,代理银行就可以从中撮合使得货币互换交易得以实现。将上述两家公司的融资背景总结如表14-4所示。

表14-4 货币互换交易基本条件举例

	A公司	B公司	A公司相对优势利率基本点
欧洲美元债券市场	8.75%	9.25%	50基本点
欧洲瑞士法郎债券市场	5.75%	5%	-75基本点
交易者可分享的基本点			125基本点

由表14-4可见,在欧洲美元债券市场上A公司的融资信用要比B公司好,但是,在欧洲瑞士法郎债券市场上B公司的融资信用要比A公司优越。所以可以通过代理银行安排一种货币互换的交易,来使交易双方都获得利益。当然,在该货币互换的例子中,互换交易的前提是A公司想获得瑞士法郎的融资,而B公司则是想获得美元的融资。与前面的利率互换的例子相比较,该货币互换的例子中,由于两家公司分别在两种货币债券市场上各有一定的优势,这样互换交易可以分享的基本点就比较多一些,如图14-3所示。

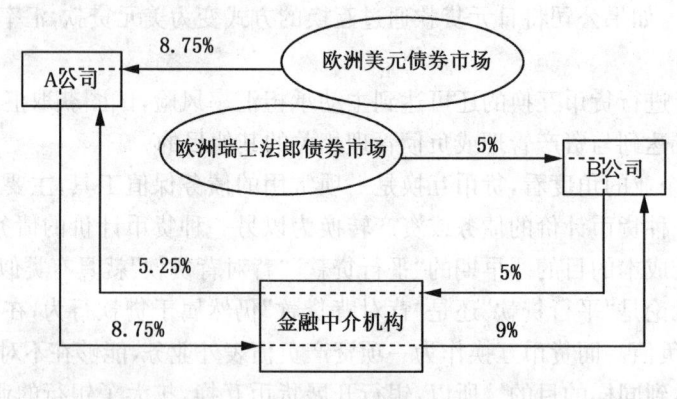

图14-3 货币互换操作示意图

A公司希望得到一笔5年期的瑞士法郎融资,但A公司自己出面发行时的利率是5.75%,它觉得这样的发行利率有些高。代理银行在综合了两个公司的具体融资背景后,可以答应提供给A公司优于5.75%利率的5年期的瑞士法郎融资,年利率只有5%。作为交换的条件,A公司利用自己的信誉,到欧洲美元债券市场上去为代理银行发行一笔年利率为8.75%的5年期的美元债券,将发行所获得的美元交给代理银行,该美元债券到期后由代理银行负责偿还。

下面来分析B公司的情况,它在欧洲瑞士法郎债券市场上占有优势。B公司希望借到美元的债务。如果B公司自己出面发行美元债券,它要付9.25%的利息。代理银行根据两家公司的情况,可以答应给B公司年利率为9%的美元融资,但是,作为交换的条件,B公司利用自己的信誉,到欧洲瑞士法郎债券市场上去发行年利率为5%的5年期的瑞士法郎债券,将融的瑞士法郎交给代理银行,该债券到期时由代理银行负责偿还。这样A公司和B公司都通过代理银行的交换作用,得到了自己想要的融资货币,而且利率都比它们自己出面发行有优惠,所以它们很满意。

下面再来分析代理银行在这一货币互换的交易中的得失。由图14-3可以看出,代理银行在此互换过程中,并没有任何成本的付出。代理银行在互换交易的初期,将A公司从欧洲美元债券市场上借来的美元,在原来8.75%的利息率上加了0.25个百分点,以9%的利息率贷给了B公司。代理银行同时将B公司从欧洲瑞士法郎债券市场上获得的瑞士法郎,在原来的5%利息率上加了0.25%贷给了A公司。到期末还款时,B公司连本带息还给代理银行美元债务,利息率是9%,代理银行从利息中抽取0.25%,即25个基本点作为自己的交易收益,用剩余的8.75%的利息及本金交给A公司,由A公司还给欧洲美元债券市场。与此同时,A公司连本带息还给代理银行瑞士法郎,利息率是5.25%,代理银行在此扣下0.25%,即25个基本点作为自己的交易收益,用剩余的5%的利息及本金交给B公司,由B公司还给欧洲瑞士法郎债券市场。代理银行在该互换的整个交易中净获得50个基本点的利润。详细的获利基本点分配如下。

可以用于分配的基本点数为:

  A公司与B公司在美元债券市场上的利率差 50 基本点
  －A公司与B公司在浮动利率市场上的利率差 －75 基本点
  可以用于分配的基本点数 125 基本点

这125个基本点的利率差是这样在A公司、B公司以及代理银行进行之间分配的:

  A公司获得的利益:5.75%－5.25% =0.50%=50 基本点
  B公司获得的利益:9.25%－9% =0.25%=25 基本点
  ＋代理银行获得的利益:0.25%＋0.25% =0.50%=50 基本点
  各互换交易参与者所获利益之和 125 基本点

上面的货币互换为双方带来的好处是市场交易的动因,与国际贸易中的相对优势理论的解释是一致的。

(四)标准货币互换

一个标准的货币互换有以下特点:

(1)互换双方所支付的现金流的币种是不同的。

(2)货币互换在期初和期末各有一次本金的交换。

(3)互换双方的利息支付可以是固定利率与固定利率、浮动利率与浮动利率或一个固定利率而另外一个浮动利率。

举例说明,英镑固定利率与美元浮动利率的互换,如图14－4所示。货币互换也可以演化为无初始本金互换、无到期的本金互换等。

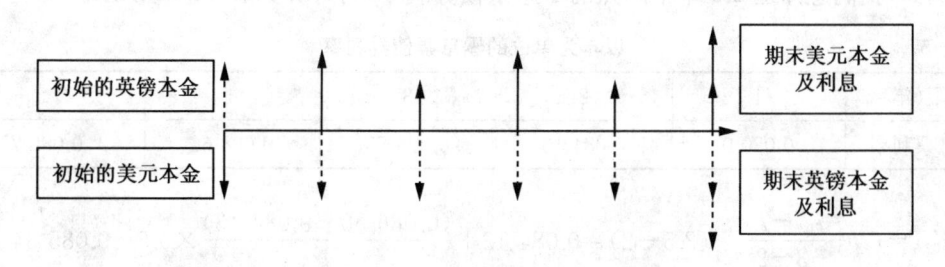

图14－4 标准货币互换现金流示意图

第二节　与互换的定价相关的收益率概念

前面举例提到金融互换产品交易价格会有许多可行的结果,但是,实践中互换产品的报价是由银行或互换中介机构公布的。这样,报价就必须从理论和实践上有一套被投资者接受的报价原则和依据。为此,必须研究对单方面互换标的的定价问题。由于单方面的互换标的可以界定为一种系列的现金流,对互换的定价实际上是对未来特定现金流的现值的确定。

要从理论上讲述清楚对未来现金流的现值的确定,必须弄清楚相关的几个概念:零息票债券利率、零息票债券收益率曲线、附息债券利率率曲线、和远期利率曲线等基本概念。

一、零票息债券利率和零息票债券收益率曲线

零息票这个词来自于债券市场,零票息债券是没有债息的债券。零票息债券的到期收益率称作零票息债券利率(zero-coupon rates)。例如,一个期限为 n 年的零息票债券,在期限内的各个年份或时点上是没有利息支付的,投资者在期末收回利息和本金。用零息票债券利率来为一般未来的现金流定价,是因为这样成功地避免了对于中间期债息现金流再投资的定价问题。对于一个未来在许多时间点上有现金流收入的系列现金流的价值确定问题,只要知道对应于每个现金流时间点的零息票债券利率,就可以解决这一问题。所有时间点的现金流用相应的零息票债券利率折现后的现值之和,就是该系列现金流的价值。

假设有一个互换的单方面标的是这一个系列现金流,本金额为 A,在期末可以得到本金,互换利息率为 i_a,每年支付利息的次数为 k,互换的期限为 n 年。要求对这一单方面互换标的的现值进行确定。现在的问题是:我们需要知道什么信息,才能进行评价呢?答案是:需要知道到期时点与各个利息支付时间相同的所有零息票债券利率。假设我们知道了对应于利息支付时点 t 的零息票债券利率为 i_{0t},那么,该单方面互换标的的现值应当为:

$$P = \sum_{t=1}^{kn} \frac{Ai_a/k}{(1+i_{0t}/k)^t} + \frac{A}{(1+i_{0kn}/k)^{kn}}$$

$$= \sum_{t=1}^{kn-1} \frac{Ai_a/k}{(1+i_{0t}/k)^t} + \frac{Ai_a/k + A}{(1+i_{0kn}/k)^{kn}} \tag{14.1}$$

假设我们知道了一些时间点上的零息票债券利率,如表 14-5 所示。有时我们需要知道已知两个时间点中间的某个时间的零息票债券利率,通常可采用数学上的线性插值法来计算。例如,我们想知道 2.5 年中间点的零息票债券利率,可计算如表 14-5 所示。

表 14-5　　　　　　　　　以年为单位的零息票债券利率

期限(年)	1	2	3	4	5
零息票利率	0.080 0	0.084 13	0.086 55	0.088 66	0.089 77

$$i_{02.5} = i_{02} + \frac{i_{03} - i_{02}}{3-2} \times (2.5-2) = 0.084\ 13 + \frac{(0.086\ 55 - 0.084\ 13)}{1} \times 0.5 = 0.085\ 34$$

在得到足够多时间点上的零息票债券利率后,可以画出零息票债券收益曲线,如图 14-5 所示。

这样看来,只要知道足够的零息票债券利率,画出零息票债券收益率曲线,互换的估值并

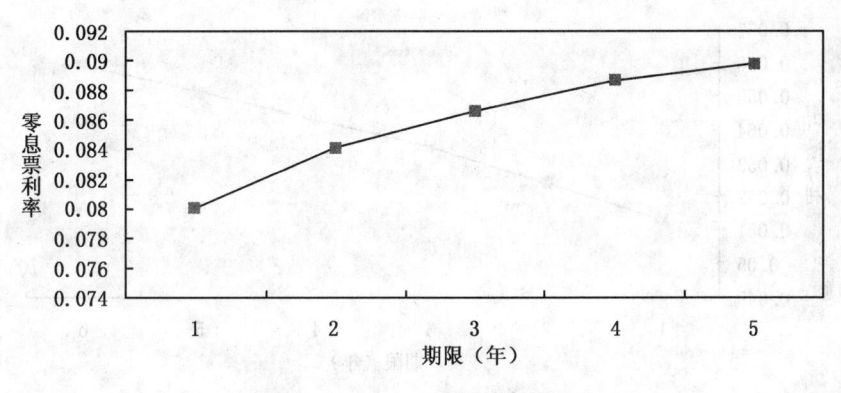

图 14-5 零息票债券收益率曲线

不什么问题。事实上并非如此简单,实践中市场上并没有多少零息票债券和其利率供我们参考。而可供参考的是大量的附息债券,它们的价格提供了大量的市场价格信息。现在的问题是,什么是附息债券?如何利用附息债券来解决互换的估值问题?下面来研究附息债券。

二、附息债券收益率曲线

市场上绝大多数债券是附息债券。附息债券定期支付给债权人债券利息,而债券利息一般都是以本金为基数按年利率计算的,在美国称其为息票(coupon)。在美国的债券市场上,发行的债券包括国库券、地方政府债券和企业债券。国库券是最重要的债券,它反映了美国关于未来预期利率的政策信息,所以是其他证券定价的基准。

这里将全息票债券定义为定期支付固定利息(票面本金乘以固定利率,通常为半年一次),并且在期末获得票面本金的债券。而一般的附息债券都是全息债券,美国的国库券一般也是附息债券。市场上有大量的附息债券的价格信息。如果知道各种到期时点的附息债券的利率信息,可以画出附息债券的收益率曲线。如表 14-6、图 14-6 所示。

表 14-6　　　　　　　　　　以年为单位的附息债券利率

期限(年)	1	2	3	4	5	6
附息债券利率	0.051 3	0.052 4	0.053 5	0.054 3	0.055 1	0.055 9

现在的问题是:如果我们从市场上获得了大量时间点为到期日的附息债券的当前价格,可否求出我们想要得到的大量的时间点为到期日的零息票债券利率?例如,我们从市场上知道了一个附息债券,其票面本金额为 A,在期末可以得到本金,利息率为 i_a,每年支付利息的次数为 k,期限为 n 年,当前价格为 P,同时,我们也知道除到期日以外之前的各个支付利息时点的零息票债券利率,可否求出到期日时点的零息票债券利率呢?考虑(14.1)式,注意到其中的 i_{0kn} 就是我们要求的到期日的零息票债券利率,因此有:

$$i_{0kn} = k\left\{\left[\frac{1+i_a/k}{\dfrac{P}{A} - \dfrac{i_a}{k}\sum_{t=1}^{kn-1}\dfrac{1}{(1+i_{0t}/k)^t}}\right]^{\frac{1}{kn}} - 1\right\} \tag{14.2}$$

我们已经知道了表 14-6 中的各个期限的附息债券利率,用(14.2)式可以求出相应各个

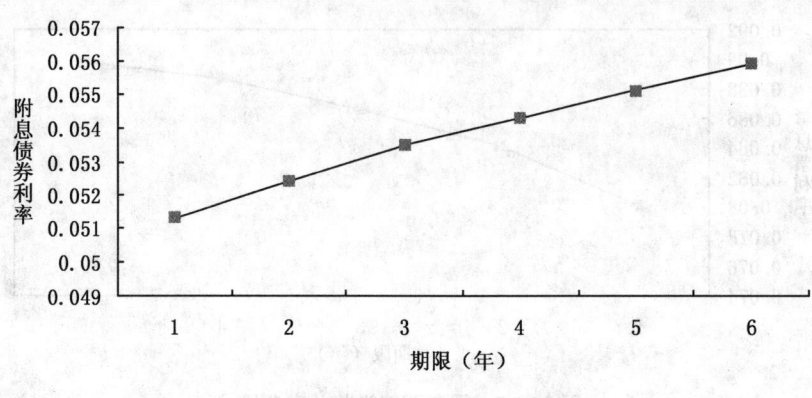

图 14—6 附息债券收益率曲线

期限的零息票债券利率(见表 14—7),画出图 14—7 的零息票债券收益率曲线。为了简单起见,假设当前附息债券的价格 P 等于其本金 A,$k=1$。

表 14—7 附息债券利率与相应期限的零息票债券利率

期限(年)	1	2	3	4	5	6
附息债券利率	0.051 3	0.052 4	0.053 5	0.054 3	0.055 1	0.055 9
零息票利率	0.051 3	0.052 43	0.053 58	0.054 43	0.055 3	0.056 19

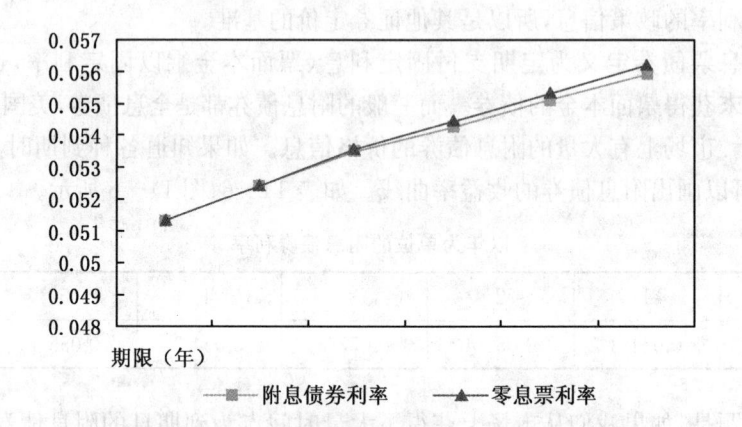

图 14—7 附息债券利率曲线与零息票收益率曲线

由图 14—7 可以看出,零息票收益率曲线略高于附息债券利率曲线,即在相同的到期日上,零息票收益率略大于附息债券的利率。

三、远期利率曲线

当知道零息票债券收益率曲线后,其实我们还是只能对固定利率的未来现金流进行定价。然而,互换产品中有的未来现金流是以未来的浮动利率为利息率进行计算的。这样,就必须知道资本市场的远期利率,以远期利率作为未来浮动利率来估计现金流的当前价值。远期利率是人们根据市场信息对未来即期利率的期望值。这样进行估计具有统计意义上的正确性。回忆在第三章的(3.1)式,其中的 r_l 和 r_s 实际上就是零息票利率。现在分别以 i_{0l} 和 i_{0s} 表示。设 i_{fsl} 表示未来从时间点 s 至时间点 l 的远期利率,有:

$$(1+i_{0s}/k)^{sk}(1+i_{fsl}/k)^{(l-s)k}=(1+i_{0l}/k)^{lk}$$

可得:

$$i_{fsl}=k\left\{\left[\frac{\frac{1}{(1+i_{0s}/k)^s}}{\frac{1}{(1+i_{0l}/k)^l}}\right]^{\left(\frac{1}{l-s}\right)}-1\right\} \tag{14.3}$$

如果令 $l-s=1$,可得:

$$i_{fsl}=k\left\{\left[\frac{\frac{1}{(1+i_{0s}/k)^s}}{\frac{1}{(1+i_{0l}/k)^l}}\right]-1\right\}$$

再令 $t=l$ 则 $t-1=s$,,那么,从 t 年开始的为期 1 年的远期利率为:

$$i_{ft}=k\left\{\left[\frac{\frac{1}{(1+i_{0t-1}/k)^{t-1}}}{\frac{1}{(1+i_{0t}/k)^t}}\right]-1\right\} \tag{14.4}$$

我们称 $\mu_t=\frac{1}{(1+i_{0t}/k)^t}$ 为零息票利率的贴现因子,有:

$$i_{ft}=k\left(\left(\frac{\mu_{t-1}}{\mu_t}\right)-1\right) \tag{14.5}$$

如果令 $k=1$,将表 14-7 的零息票利率代入(14.5)式,可得表 14-8。

表 14-8 附息债券利率,零息票利率,贴现因子与远期利率

期限(年)	1	2	3	4	5	6
附息债券利率	0.051 30	0.052 4	0.053 50	0.054 3	0.055 1	0.055 90
零息票利率 i_{0t}	0.051 30	0.052 43	0.053 58	0.054 43	0.055 3	0.056 19
贴现因子 μ_t	0.951 20	0.902 85	0.855 06	0.808 97	0.764 05	0.720 36
远期利率 i_{ft}	0.051 30	0.053 56	0.055 89	0.056 98	0.058 78	0.060 66

由图 14-8 可以看出,零息票收益率曲线略高于附息债券利率曲线,即在相同的到期日上,零息票收益率略大于附息债券的利率,而远期利率曲线由高于零息票收益率曲线。

上面讨论的是市场收益率曲线为正时的情况,即附息债券收益率随时间逐步走高的情况。如果市场收益率曲线为负时,三种曲线的情况与上述情况呈反向关系,即远期利率曲线处于最低位置,零息票收益率曲线次之,而附息债券利率则处于最高的位置。

有了上述三种收益率曲线,就可以解决互换的估值和定价问题了。

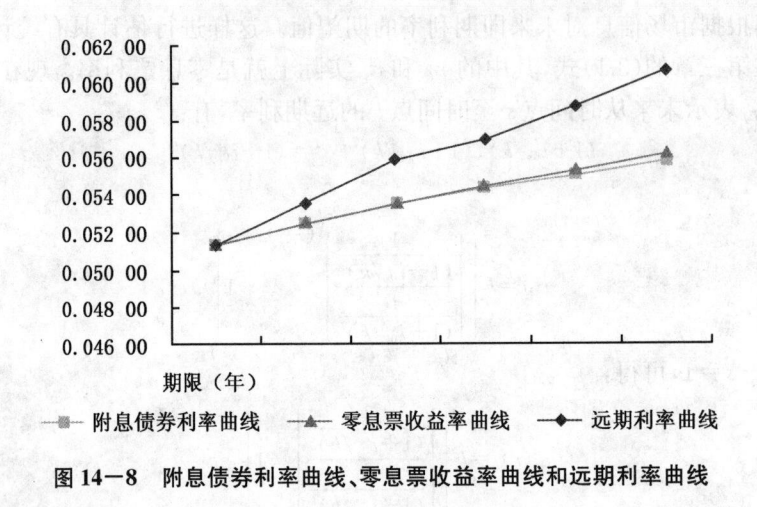

图 14—8　附息债券利率曲线、零息票收益率曲线和远期利率曲线

第三节　互换的估价

互换的估价问题，其实包含着对互换产品的定价和估值两个方面的问题。定价问题实际上是确定互换的报价问题。假定当前市场利率稳定，互换产品的互换利率是银行来报价的。定价实际上是：在互换的净现值为零的条件下，求报什么互换利率？也就是当市场利率结构不发生变化的情况下，不能存在无风险套利，互换的定价是研究交易发生之前的互换利率的确定问题。

而互换产品的估值问题是研究互换交易发生之后，如果市场利率结构发生了变化，则应确定互换产品的净现值问题。

一、利率互换的估值

标准的利率互换其实是一个系列的固定利率现金流与一个系列的浮动利率的现金流进行交换。那么，利率互换的估值问题是如何确定系列固定利率现金流的现值问题和系列浮动利率现金流的现值问题。

对于利率互换中固定利率现金流的现值计算，可用(14.1)式。

$$\begin{aligned} P &= \sum_{t=1}^{kn} \frac{Ai_a/k}{(1+i_{0t}/k)^t} + \frac{A}{(1+i_{0kn}/k)^{kn}} \\ &= \sum_{t=1}^{kn-1} \frac{Ai_a/k}{(1+i_{0t}/k)^t} + \frac{Ai_a/k + A}{(1+i_{0kn}/k)^{kn}} \\ &= \sum_{t=1}^{kn} (Ai_a/k)\mu_t + A\mu_{kn} \end{aligned} \quad (14.6)$$

其中，$\mu_t = \dfrac{1}{(1+i_{0t}/k)^t}$

对于利率互换中浮动利率现金流的现值计算，其中的浮动利率是当前并不知道的，只有当时间达到支付浮动利息时市场才会给出，那么怎么办呢？银行是以当前的远期利率替代未来的浮动利率来计算的。其实，通过前面的分析，我们知道远期利率就是人们对于未来浮动利率的预期或称为未来浮动利率的期望。这样,以远期利率替代浮动利率就具有统计意义上的合理性。这样,由(14.5)式,我们知道远期利率为:

$$i_{ft}=k\left(\left(\frac{\mu_{t-1}}{\mu_t}\right)-1\right)$$

由此,设利率互换中浮动利率现金流为 P_f 的现值计算为:

$$P_f=\sum_{t=1}^{kn}(Ai_{ft}/k)\mu_t+A\mu_{kn} \tag{14.7}$$

这样,对于标准利率互换中的以固定利率支付利息,以浮动利率收取利息的一方而言,利率互换的估值为:

$$V_1=P_f-P=\frac{A}{k}\sum_{t=1}^{kn}(i_{ft}-i_a)\mu_t \tag{14.8}$$

对于标准利率互换中的以浮动利率支付利息,以固定利率收取利息的一方而言,利率互换的估值为:

$$V_2=-V_1=P-P_f=\frac{A}{k}\sum_{t=1}^{kn}(i_a-i_{ft})\mu_t \tag{14.9}$$

[例 14—1] 有一个利率互换,本金为 100 000 元,每年支付利息一次,$k=1$,期限为 6 年,$n=6$,互换利率为表 14—9 中的"互换利率"所示,当该交易完成后,市场的利率结构变为表 14—8 所示,为了比较方便,将表 14—8 与实际的"互换利率"合并为表 14—9。对该利率互换进行估值。

表 14—9　　　　　互换利率不等于附息债券利率的互换利率的估值

期限(年)	1	2	3	4	5	6	合计
互换利率	0.050 30	0.051 45	0.052 51	0.053 32	0.054 0	0.053 90	
附息债券利率	0.051 30	0.052 40	0.053 50	0.054 30	0.055 1	0.055 90	
零息票利率 i_{0t}	0.051 30	0.052 43	0.053 58	0.054 43	0.055 3	0.056 19	
贴现因子 μ_t	0.951 20	0.902 85	0.855 06	0.808 97	0.764 05	0.720 36	
远期利率 i_{ft}	0.051 30	0.053 56	0.055 89	0.056 98	0.058 78	0.060 66	
固定利息支付	5 126.968	4 866.349	4 608.787	4 360.338	4 118.253	3 882.743	26 963.46
浮动利息支付	4 879.673	4 835.554	4 778.53	4 609.426	4 491.386	4 369.386	27 963.95

依据题意,$i_a=0.053\ 90$,由表 14—9 可知,
固定利息的现金流现值为:

$$P=\sum_{t=1}^{kn}(Ai_a/k)\mu_t+A\mu_{kn}=26\ 963.46+72\ 036=98\ 999.46(元)$$

浮动利息的现金流现值为:

$$P_f=\sum_{t=1}^{kn}(Ai_{ft}/k)\mu_t+A\mu_{kn}=27\ 963.95+72\ 036=99\ 999.95(元)$$

这样,以固定利率支付利息,以浮动利率收取利息的一方而言,利率互换的估值为:

$$V_1=P_f-P=1\ 000.49(元)$$

对于以浮动利率支付利息,以固定利率收取利息的一方而言,利率互换的估值为:

$$V_2=-V_1=P-P_f=-1\ 000.49(元)$$

二、利率互换的定价

利率互换的定价问题实际上是确定互换的报价问题。假定在当前市场利率结构稳定的情况下,银行报出什么样的互换利率,才能使得利率互换的净现值为零。也就是在当市场利率结构不发生变化的情况下,利率互换的定价不能存在无风险套利的机会。互换的定价是研究交易发生之前的互换利率的确定问题。

由(14.8)式,知道利率互换的定价问题是:

求 $i_a = ?$ 使得:

$$\frac{A}{k}\sum_{t=1}^{kn}(i_{ft}-i_a)\mu_t = 0 \qquad (14.10)$$

$$i_a = \frac{\sum_{t=1}^{kn}i_{ft}\mu_t}{\sum_{t=1}^{kn}\mu_t} \qquad (14.11)$$

[**例 14—2**] 有一个利率互换,本金为100 000元,每年支付利息一次,$k=1$,期限为6年,$n=6$,市场的利率结构为表14—8所示,怎样的互换利率才能使得互换的净现值为零呢?

由表14—8提供的数据可得:

$$i_a = \frac{\sum_{t=1}^{kn}i_{ft}\mu_t}{\sum_{t=1}^{kn}\mu_t} = 0.0559$$

可以求得表14—10的结果,利率互换的现值等于零。

表14—10　　　　　　　　　　　　互换利率的确定

期限(年)	1	2	3	4	5	6	合计
附息债券利率	0.051 30	0.052 40	0.053 50	0.054 30	0.055 1	0.055 90	
零息票利率 i_{0t}	0.051 30	0.052 43	0.053 58	0.054 43	0.055 3	0.056 19	
贴现因子 μ_t	0.951 20	0.902 85	0.855 06	0.808 97	0.764 05	0.720 36	
远期利率 i_{ft}	0.051 30	0.053 56	0.055 89	0.056 98	0.058 78	0.060 66	
固定利息支付	5 317.226	5 046.919	4 779.799	4 522.132	4 271.064	4 026.815	27 963.95
浮动利息支付	4 879.673	4 835.554	4 778.53	4 609.426	4 491.386	4 369.386	27 963.95

仔细观察会发现一个逻辑上的问题,我们将已知的市场利率结构数据代入(14.11)式求出 $i_a=0.0559$,刚好等于附息债券的6年期的附息债券利率0.0559,这是巧合吗?其实不是巧合,因为市场利率结构的其他诸如零息票债券利率、贴现因子、远期利率等都是在先知道了附息债券利率后,根据无套利原则而求出的。所以,当知道了市场利率结构后,再反推净现值为零的互换利率,互换利率一定等于附息债券的利率。事实上,银行是在附息债券利率的基础上加一个小的浮动数后,确定为互换利率。可见,在利率市场反映了所有的信息后,处于相对的稳定状态,理论上这种稳定的市场利率结构是无套利机会存在的。

三、货币互换的估值和定价

货币互换的估值与利率互换的估值原理是一样的,要对货币互换进行估值和定价,涉及与两种货币体系对应的两种市场利率结构,还涉及即期汇率和远期汇率。下面以两种货币的固定利率对固定利率的互换为例来讲述货币互换的估值和定价。如图14-9所示。货币互换的本金分别:A货币的本金为A,B货币的本金为B。

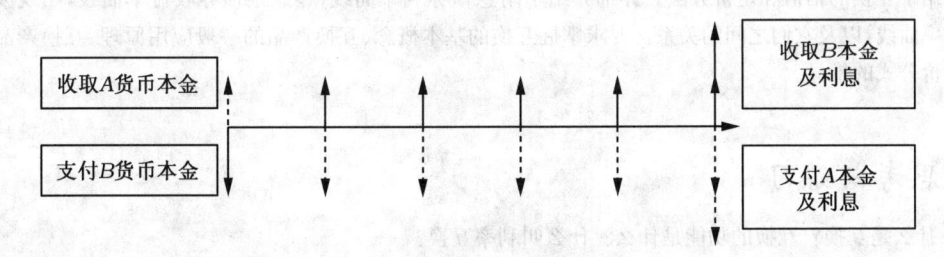

图14-9 标准货币互换现金流示意图

A货币的市场利率结构有附息债券利率i_{Aa},零息票债券利率i_{A0t},贴现因子μ_{At},远期利率i_{Aft}等;B货币的市场利率结构有附息债券利率i_{Ba},零息票债券利率i_{B0t},贴现因子μ_{Bt},远期利率i_{Bft}等;此外,还知道两种货币的远期汇率S_t(量纲为每单位B货币可兑换多少A货币)。那么如(14.6)式所示,A货币的现金流现值为:

$$P_A = \sum_{t=1}^{kn}(Ai_{Aa}/k)\mu_{At} + A\mu_{Akn} \tag{14.12}$$

B货币的现金流现值为:

$$P_B = \sum_{t=1}^{kn}(Bi_{Ba}/k)\mu_{Bt} + B\mu_{Bkn} \tag{14.13}$$

该货币互换,对于支付A货币利息,收取B货币利息的一方的估值为:

$$V_{AB} = \frac{1}{k}\sum_{t=1}^{kn}[(Bi_{Ba})\mu_{Bt} - (Ai_{Aa}/S_t)\mu_{At}] + B\mu_{Bkn} - A\mu_{Akn}/S_{kn} \tag{14.14}$$

对于支付B货币利息,收取A货币利息的一方的估值为:

$$V_{BA} = \sum_{t=1}^{kn}[(Ai_{Aa}/k)\mu_{At} - (Bi_{Ba}S_t/k)\mu_{Bt}] + A\mu_{Akn} - BS_{kn}\mu_{Bkn} \tag{14.15}$$

关于货币互换的其他形式的估值原理与上述方法一样,具体情况具体分析,在此不再赘述。

关于货币互换的定价,其原理与利率互换的定价原理相同,银行也是在两种货币附息债券利率的基础上外加一个浮动来确定,具体内容在此不再赘述。

本章小结

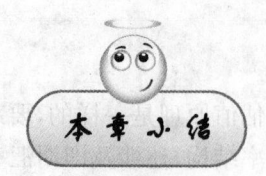

本章讲述了有关互换的基本概念。就互换的两种最常见的类型即利率互换和货币互换做了详细介绍。其次介绍了互换的估值和定价方法。详细介绍了附息债券利率曲线，零息票债券收益率曲线，贴现因子和远期利率曲线，以及它们之间的关系。要求掌握互换的基本概念、互换产品的一般应用原理、互换产品的估值和定价公式的推导。

思考与练习

1. 什么是互换？互换的功能是什么？什么叫利率互换？
2. 举例说明固定利率与浮动利率的互换，例子体现相对优势的特点。
3. 利率互换中的基准利率指的是什么？
4. 为什么说利率互换是银行的表外业务？
5. 举例说明一家有固定利率债券资产的公司如何通过利率互换来承担浮动利率风险？
6. 举例说明一家浮动利率资产与浮动利率负债相抵的银行如何通过互换达到收入浮动利率而支付固定利率。
7. 举例说明一家有固定利率资产与浮动利率负债的银行如何通过互换达到规避利率风险的目的。
8. 什么是货币互换？什么是货币互换的基本形式？
9. 举例说明货币互换，体现银行作为中介，两家互换的公司具有相对优势的特征。
10. 为一家英国公司设计货币互换。该公司营业收入为英镑，有一笔固定利率的美元借款，财务主管预测美元将升值，英镑将贬值，英镑利率将下跌。设计的互换存在本金的初始互换。
11. 举例说明一家公司如何利率货币互换来为资产避险。公司营业收入为本币，有一笔固定利息的外币资产，预测外币将贬值，本币将升值，本币利率将下跌。
12. 什么是零息票利率？为什么互换利率是以附息债券利率为基准制定的？

第十五章 基金及基金产品创新

【本章学习要点】

本章涉及的重要概念有：证券投资基金的定义、基金的基本分类、基金投资的特点、基金当事人等；介绍了几个基金的创新品种，例如 LOF 基金、ETF 基金以及分级基金的设立，以及相应的套利方法。

第一节 基金的基本概念

一、基金的定义

基金是一种间接的证券投资方式，是指通过发售基金份额，集中投资者的资金，形成独立财产，由基金托管人托管，基金管理人管理，以投资组合的方式对股票、债券等金融工具进行投资的一种利益共享、风险共担的集合投资方式。[①]

二、基金的基本分类

（一）货币基金、债券基金与股票基金

货币基金的投资对象是银行短期存款、大额可转让存单、政府公债、公司债券、商业票据等，总之，是以货币市场为投资对象。货币基金的出现为小额投资者进入货币市场提供了机会。货币基金具有投资成本低、流动性强、风险小等特点。投资者往往在股票基金业绩表现不佳时，将股票基金转换为货币基金，等待时机再选择认购股票基金或别的基金品种。

债券基金是指将基金资产投资于债券，通过对债券进行组合投资，寻求较为稳定的收益，适于稳健型投资者。

股票基金是指以股票为投资对象的投资基金，与直接投资于股票市场相比，股票基金具有流动性强，分散风险等特点。

（二）公司型基金与契约型基金

按照基金的不同组织形式可分为公司型基金与契约型基金。公司型基金是指基金公司依法设立，以发行股份的方式募集资金，投资者通过购买公司股份成为基金公司股东，也称为

[①] 中国证券业协会编，证券投资基金，中国金融出版社，2012.6. pp. 1－2

共同基金(mutual fund)。基金公司本身不从事实际运作,而是将其资产委托给专业的基金管理公司管理运作,同时,由有信誉的金融机构代为保管基金资产。基金公司章程及招募说明书是其设立法律性文件。

契约型基金也称信托型基金,或单位信托基金(unit trust),它是由基金经理人与代表受益人权益的信托人(托管人)之间订立信托契约而发行受益单位,由经理人依照信托契约从事对信托资产的管理,由托管人作为基金资产的名义持有人负责保管基金资产。契约型基金通过发行受益单位,使投资者购买后成为基金受益人,分享基金经营成果。契约型基金的设立法律性文件是信托契约,而没有基金章程。基金管理人、托管人、投资人三方当事人的行为通过信托契约来规范。

(三)开放型基金与封闭型基金

按照基金受益单位能否随时认购或赎回及转让方式的不同,可分为开放型基金和封闭型基金;开放型基金设立时,基金的规模不固定,投资者可随时认购基金受益单位,也可随时向基金公司或银行等中介机构赎回基金单位。

封闭型基金在设立基金时就规定基金的封闭期限及固定基金发行规模,在封闭期限内投资者不能向基金管理公司提出赎回,基金的受益单位只能在证券交易所或其他交易场所转让。[1]

三、基金的特点

(一)集合资金

基金将零散的资金汇集起来,交给专业投资机构进行投资,以获得资产的增值。

(二)分散风险

基金可以实现资产组合多样化,分散投资于多种证券。基金通过多元化经营,一方面使每个投资者面临的投资风险变小,另一方面又利用不同的投资对象之间的互补性,达到分散投资风险的目的。

(三)专家管理

基金实行专家管理制度,这些专业管理人员都经过专门训练,具有丰富的证券投资和其他项目投资经验。

(四)利益共享

基金投资者是基金的所有者,基金投资人共担风险,共享收益基金投资收益在扣除由基金承担的费用后的盈余全部归投资者所有,并依据各投资者所持有的基金份额比例进行分配。为基金提供服务的基金托管人、基金管理人只能按规定收取一定的托管费和管理费,并不参与基金收益的分配。

(五)严格监管

为切实保护投资者的利益,增强投资者对基金投资的信心,中国证监会对基金业实行比较严格的监管制度,对各种有损投资者利益的行为进行严厉的打击,并强制基金进行较为充分的信息披露。在这种情况下,严格监管与信息透明就成为基金的显著特点。

---

[1] 中国证券业协会编,证券投资基金,中国金融出版社,2012.6. pp.21—26

四、基金当事人

(一) 基金投资人

基金投资人是基金的出资人、基金资产的所有者和基金投资收益的受益人。基金投资人的权利可以分为以下两大类：一类为自益权，即为基金投资人个人的利益而享有的权利，如基金收益分享权、基金分配权、基金证券的转让权，以及基金证券的赎回权等。另一类为共益权，即为全体基金投资人的共同利益而享有的权利，当然也包含每一个基金投资人的个体利益在内，如召开基金持有人大会的提议权、对大会审议事项的表决权、对基金事务的知情权，以及对基金管理人、托管人等的起诉权。

基金投资人在享有权利的同时，也必须承担一定的义务。

(二) 基金管理人

基金管理人是基金产品的募集者和基金的管理者。基金管理人负责基金资产投资运作。作为专业从事基金资产管理的机构，基金管理人最主要的职责就是按照基金契约的规定，制定基金资产投资策略，组织专业人士，选择具体的投资对象，决定投资时机、价格和数量，运用基金资产进行有价证券投资。此外，基金管理人还须自行或委托其他机构进行基金推广、销售，负责向投资者提供有关基金的运作信息(包括计算并公告基金资产净值、编制基金财务报告并负责对外及时公告等)。在我国，基金管理人只能由依法设立的基金管理公司担任。

(三) 基金托管人

基金托管人通常由具备一定条件的商业银行、信托公司等专业性金融机构担任，负责保管基金资产。在公司型基金运作模式中，托管人是基金公司董事会所雇用的专业服务机构；在契约型基金运作模式中，托管人通常是基金的名义持有人。

三方当事人在基金的运作过程中形成三角关系：基金份额持有人委托基金管理人投资，委托基金托管人托管；基金管理人接受委托进行投资管理，监督基金托管人并接受基金托管人的监督；基金托管人保管基金资产，执行投资指令，监督基金管理人并接受基金管理人的监督。

第二节 LOF 基金

一、LOF 基金定义

LOF 基金(Listed Open-Ended Fund)，即上市型开放式基金。基金发行结束后，投资者可以在指定网点申购与赎回基金份额，也可以在交易所买卖该基金。投资者在指定网点申购的基金份额，想要上网抛出，须办理一定的转托管手续；投资者，如果在交易所网上买进的基金份额，想要在指定网点赎回，也要办理一定的转托管手续。LOF 基金属于开放型基金。

二、LOF 基金的特点

(一) 为小投资者提供了投资基金的方便

LOF 基金让中小投资者能够像买卖股票和封闭式基金一样买卖开放式基金。

（二）提供套利机会

LOF 基金采用交易所交易和场外代销机构申购、赎回同时进行的交易机制。这种交易机制为投资者带来了全新的套利模式，即跨市场套利：当二级市场价格高于基金净资产的幅度超过手续费，投资者就可以从基金公司申购 LOF 基金份额，再在二级市场上卖出；如果二级市场价格低于基金净资产，投资者就可以先在二级市场买入基金份额，再到基金公司办理赎回业务完成套利过程。

三、LOF 基金的两种套利模式

（一）A 类套利

LOF 基金有二级市场交易价格和基金净值两种价格。二级市场交易价格是投资者之间在二级市场互相买卖所产生的交易价格；交易价格在每天交易时间里，是连续波动的。基金净值是基金管理公司利用募集资金购买股票、债券和其他金融工具后所形成的实际价值，基金净值是在每天收市后，由基金管理公司根据当天股票和债券等收盘价计算出来的。净值一天只有一个。

当二级市场交易价格超过基金净值时大到一定程度，A 类套利的机会就出现了。

具体操作步骤：

(1)投资者进入自己的股票资金账户（深圳股东卡），选择股票交易项目下的"场内基金申赎"，输入 LOF 基金代码，然后点击"申购"和购买金额后，完成基金申购；投资者这时是以基金净值为价格申购的基金份额。

(2)T＋2 交易日，基金份额将出现在投资者账户。

(3)基金份额出现在投资者账户后，当市场价格大于净值的幅度超过套利交易费用（例如市场交易费用＝1.6%），例如投资者以 1 元净值申购，当二级市场交易价格在 1.016 元以上时，例如价格在 1.03 元，投资者以 1.03 元卖出。扣除交易费用 0.016 元，投资者将获益 1.03－1.016＝0.014 元，收益率达 1.4%。

（二）B 类套利

当 LOF 基金二级市场交易价格低于基金净值时达到一定程度时，B 类套利机会就出现了。

具体操作步骤：

(1)投资者进入自己的资金账户（深圳股东卡），选择股票交易，输入基金代码买入。这个过程被称为 LOF 基金二级市场买入，和买卖封闭式基金一样。

(2)投资者在二级市场买入的基金份额，在第二天（T＋1 日）出现自己的账户。当 LOF 基金二级市场交易价格低于基金净值一定程度（可以抵补交易费用）时，投资者就可以在股票交易项目下的"场内基金申赎"赎回了。

第三节 ETF 基金

一、ETF 基金定义

ETF 正式名称为"交易型开放式指数证券投资基金"（Exchange Traded Fund），简称"交易型开放式指数基金",又称"交易所交易基金"。ETF本质上是指数基金,但区别于传统指数基金,ETF可以在交易所上市,使得投资者可以有如买卖股票那样去买卖代表"标的指数"的一种基金。ETF是一种特殊的开放式基金,既吸收了封闭式基金可以当日实时交易的优点,投资者可以如买卖封闭式基金或者股票一样,在二级市场买卖ETF份额;也具备了开放式基金可自由申购赎回的优点,投资者可以如买卖开放式基金一样,向基金管理公司申购或赎回ETF份额。

二、ETF基金的特点

(一)一级市场申购门槛高

在一级市场申购ETF至少要100万份,如按现在的50ETF净值计算,最少需要280多万元资金。申购时不是用现金,而是要用一揽子股票来申购。如果是赎回基金份额,投资者最终拿到手的也是一揽子股票,赎回至少也要100万份。目前,ETF的申购、赎回只能在指定的代理券商柜台进行。中小投资者可通过二级市场参与ETF的投资,就像买卖封闭式基金一样,手续费较低,不用缴纳印花税,最小投资份额只有100份。

(二)T+0操作模式

如果一个投资者买好一揽子股票后,在一级市场申购ETF基金,申购成功后,并不用等基金到账,当天就可以在二级市场上抛出,实现"T+0"交易。

同样的道理,一个投资者也可以在二级市场上买入ETF,然后在一级市场要求赎回。赎回成功后,也不用等一揽子股票到账,就可以将这些股票抛出,也是"T+0"交易。

但投资者在同一市场中不能实现"T+0"操作,即当天在一级市场申购不得当天赎回,当天在二级市场买入,不得卖出。因此,ETF只能称为准"T+0"操作。

(三)分散投资,降低投资风险

投资者购买一个基金单位的"上证50ETF",等于按权重购买了上证50指数的所有股票。

(四)兼具股票和指数基金的特色

对普通投资者而言,ETF也可以像普通股票一样,在被拆分成更小的交易单位后,在交易所二级市场进行买卖。

赚了指数就赚钱,投资者再也不用研究股票,担心踩上"地雷股"。但由于中国证券市场目前不存在做空机制,因此目前仍是"指数跌了就要赔钱"。

(五)结合了封闭式与开放式基金的优点

ETF与我们所熟悉的封闭式基金一样,小的"基金单位"形式可以在交易所买卖;与开放式基金类似,ETF允许投资者连续申购和赎回。但是ETF在赎回时,投资者拿到的不是现金,而是一揽子股票;同时要求达到一定规模后,才允许申购和赎回。

与封闭式基金相比,其相同点是:同样可以在交易所挂牌交易,就像股票一样挂牌上市,一天中可随时交易;其不同点有两项。

第一,ETF透明度更高。由于投资者可以连续申购和赎回,要求基金管理人公布净值和投资组合的频率相应加快。

第二,由于有连续申购和赎回机制存在,ETF的净值与市价从理论上讲不会存在太大的折价、溢价。

与开放式基金相比：一般开放式基金每天只能开放一次，投资者每天只有一次交易机会（即申购赎回）；而 ETF 在交易所上市，一天中可以随时交易，具有交易的便利性。

三、ETF 基金的两种套利模式

（一）溢价套利

当 ETF 市场价格高于基金净值时，出现溢价套利机会，这时可以采用申购策略，在二级市场上买入一揽子股票，于一级市场申购 ETF 后再在二级市场上卖出 ETF 份额。

（二）折价套利

当 ETF 市场价格低于基金净值时，则出现折价套利机会，这时可以采用赎回策略，在二级市场上买入 ETF，于一级市场赎回 ETF 后并在二级市场上卖出一揽子股票。

第四节　分级基金

一、分级基金定义

分级基金又称"结构型基金"（structured fund），是指在一个投资组合下，通过对基金收益或净资产的分解，形成两级（或多级）风险收益表现有一定差异化子基金份额的基金品种。分级基金各个子基金的净值与份额占比的乘积之和等于母基金的净值。例如拆分成两类份额的母基金净值＝A 类子基净值×A 份额占比＋B 类子基净值×B 份额占比。如果母基金不进行拆分，其本身是一个普通的基金。

二、分级基金的分级模式

股票（指数）分级基金的分级模式主要有融资分级模式、多空分级模式。债券型分级基金为融资分级。货币型分级基金为多空分级。除了以上两种模式之外，还有更为复杂分级模式的分级基金。这里主要介绍融资分级模式的分级基金。

融资型分级基金通俗的解释就是，A 份额和 B 份额的资产作为一个整体投资，其中持有 B 份额的人每年向 A 份额的持有人支付约定利息，至于支付利息后的总体投资盈亏都由 B 份额承担。以某融资分级模式分级基金产品 X（X 称为母基金）为例，分为 A 份额（约定收益份额）和 B 份额（杠杆份额），A 份额约定一定的收益率，基金 X 扣除 A 份额的本金及应计收益后的全部剩余资产归入 B 份额，亏损以 B 份额的资产净值为限由 B 份额持有人承担。当母基金的整体净值下跌时，B 份额的净值优先下跌；相对应的，当母基金的整体净值上升时，B 份额的净值在提供 A 份额收益后将获得更快的增值。B 份额通常以较大程度参与剩余收益分配或者承担损失而获得一定的杠杆，拥有更为复杂的内部资本结构，非线性收益特征使其隐含期权。

三、分级基金的交易套利

分级基金可以通过场内场外两种方式认购或申购、赎回。场内认购、申购、赎回通过深交所内具有基金代销业务资格的证券公司进行。场外认购、申购、赎回可以通过基金管理人直销机构、代销机构办理基金销售业务的营业场所办理或按基金管理人直销机构、代销机构提供的其他方式办理。分级基金的两类份额上市后,投资者可通过证券公司进行交易。永续 A 类份额是否值得购买的标准是隐含收益率,有期限 A 类的标准是看到期收益率;而 B 类是否值得购买的标准是母基金所跟踪指数的波动性、价格杠杆的大小、成交量大小(流动性)。

1. 整体折溢价套利

由于母基金净值＝A 类子基金净值×A 类子基占比＋B 类子基金净值×B 类子基占比,AB 合并成本＝A 类子基金交易价×A 类子基占比＋B 类子基金交易价×B 类子基占比,当母基金净值和 AB 合并成本再扣除申赎费用存在价差的时候,就可以进行申购母基金拆分套利或合并子基金赎回套利。

2. 深交所分级基金折溢价套利

(1)当母基金净值＞AB 合并成本,即可在 T 日在场内按比例买入 AB 类子基金,T+1 日进行基金合并操作确认后合并母基金,T+2 后可赎回母基金。所以总共是 T+2 工作日。赎回费一般为 0.5%。

(2)当母基金净值＜AB 合并成本,先场内申购母基金(就是"买入股票"、代码输入母基金代码),T+2 可进行分拆,T+3 方可在场内卖出 AB 份额。所以总共是 T+3 工作日。母基金申购费一般股票型申购费 1.5%。一般在除银行、券商之外的基金直销、第三方基金销售公司申购母基金,会有四到六折的优惠费率。

本章小结

本章讲述了基金和基金产品创新,比较详细介绍了 LOF 基金、ETF 基金以及分级基金的定义、特点、套利模式。本章对基金产品的分析介绍是基础性和概念的。

思考与练习

1. 基金的定义是什么?
2. 从投资对象的角度,基金可分以为哪几类?
3. 从组织形式的角度,基金可以分为哪几类?
4. 按照基金受益单位能否随时认购或赎回及转让方式的不同,基金可以分为哪几类?
5. 基金有哪些特点?
6. 基金的当事人有哪些?
7. LOF 基金有哪两种价格?
8. LOF 基金有哪两种套利模式?
9. ETF 基金的定义是什么?
10. ETF 基金有哪两种套利模式?
11. 分级基金的分级模式有哪些?

第十六章
奇异期权

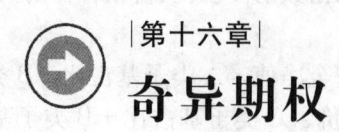

【本章学习要点】

本章主要介绍几种常见的奇异期权和比较简单的定价公式。要求了解奇异期权的主要类型,了解标准期权和奇异期权的异同点,熟悉奇异期权定价的几种方法。掌握数字期权、亚式期权、障碍期权和资产交换期权的定义、特性及定价。

第一节 奇异期权的产生与定义

20 世纪 70 年代末 80 年代初,标准期权开始为人熟知且在交易所的交易量逐步放大。虽然交易所的规范性期权合约有利于提高期权的流动性和普及性,但这些规范的期权合约却还不足以满足客户的具体和特殊要求。为此金融机构开始寻求其他形式的期权来满足客户的需求。20 世纪 80 年代末 90 年代初,奇异期权交易在场外交易市场开始活跃起来,其使用者遍及大公司、金融机构、基金管理者和私人银行等。

所谓奇异期权(exotic options),就是指在标准期权的基础上加入条件约束或者增加新的变量等方式,形成比标准期权更复杂的期权,比如执行价格不是一个确定的数,而是一段时间内的平均资产价格;或是在期权有效期内,只有当资产价格达到某个临界值时,期权合约才会被激活生效或者终止废除;等等。虽然近年来有些交易所推出了类似奇异期权的产品,但大多数奇异期权都是在场外交易的。由于场外交易市场的不透明性,奇异期权对于大部分投资者、专家,甚至对标准期权非常了解的人来说,仍然是难以理解的。它往往是金融机构根据客户的具体需求开发出来的,或者是嵌入结构性金融产品中用以实现特殊的风险收益,其灵活性和多样性是标准期权所不能比拟的。

奇异期权也被称为特殊目的期权,这意味着每种类型的奇异期权在某种程度上都可以提供标准期权所不能提供的服务。虽然不同种类的奇异期权之间有很大的区别,但它们总的来说都是用某种方式直接或间接地拓展了标准期权的概念。我们可将其大致分为以下三类:

(1)路径依赖期权:这类期权的最终收益不仅依赖于标的资产到期日的价格,更取决于随时间变化标的资产价格变化的路径。

(2)相关期权:期权的最终收益报取决于一种以上的标的资产。这些标的资产既可以是相同种类的资产,也可以是不同种类的资产,如股票、债券、货币、商品等。

(3)其他奇异期权:除了上面描述的两类奇异期权外,在场外交易市场还存在相当一部分其他期权,如数字期权、复合期权、迟付期权等。

具体分类如表16-1所示。

表16-1　　　　　　　　　　主要奇异期权的分类

主要的奇异期权产品	路径依赖期权 (path-dependent options)	亚式期权(asian options) 回望期权(lookback options) 阶梯期权(ladder options) 障碍期权(barrier options) 呐喊期权(shout options) 远期开始期权(forward start options)
	相关期权 (correlation options)	篮子期权(basket options) 交换期权(exchange options) 价差期权(spread options) 彩虹期权(rainbow options) 币种转换期权(currency translated options)
	其他奇异期权 (other exotic options)	百慕大期权(bermudan options) 数字期权(digital options) 复合期权(compound options) 迟付期权(pay later options) 选择者期权(chooser options)

第二节　奇异期权与标准期权的比较

在交易所交易的期权可以分为欧式期权和美式期权,这些期权的到期日、执行价格和合约面值等都是标准化的。虽然得到了很大的发展,但标准期权还是不能满足投资者的特殊需求。而奇异期权是标准期权经过扩展或者更新而推出的新品种,每种奇异期权都在一定程度上克服了标准期权的某种特定局限,很多金融机构自行开发奇异期权在柜台进行交易。奇异期权种类多样,由于能够满足投资者个性化需求,交易更加便利,因而广受机构和个人投资者的偏爱。

从本质上来讲,标准期权和奇异期权都属于期权的范畴,因而它们具有很多相似之处。

1. 期权条款

无论是标准化的期权还是奇异期权,其最基本的产品描述与条款都是相同的。其中包括期权的时间(日期)、标的资产、期权费、执行价格、执行方式、交易日、交易金额等很多因素都是标准期权和奇异期权所共有的基本描述。

2. 期权的风险指标

期权的风险指标是在假定其他影响因素不变的情况下量化单一因素对期权价格的动态影响,通常用希腊字母来表示,包括:delta、gamma、theta、vega、rho等。无论对于标准期权还是奇异期权的交易者来说,了解这些指标,更容易掌握期权价格的变动,有助于衡量和管理部位风险。

3. 定价模型

在涉及期权定价时,通常可以用以下三类定价模型来估计期权的价格,包括:解析模型

(analytic models)、数值模型(numerical models)和蒙特卡洛模拟模型(monte carlo simulation models)。

一是解析模型。这类模型是通过对微分方程求"解析解"来估算期权价格。布莱克—斯科尔斯模型是通过求解解析模型来获得期权定价公式的最典型的例子。除了标准期权以外,一些奇异期权,如远期开始期权、数字期权和选择者期权、简单的复合期权等,都存在一个可以表达期权合理价格的公式,通过该方法估算出期权的理论价格。

二是数值模型。有些模型在解析模型无法得出满意结论的情况下,就要考虑数值模拟了。数值模拟中最有名的就是斯科尔斯—罗斯和鲁宾斯坦提出的二叉树模型,该方法需要估计期权在到期日所有可能的结果,并根据每个结果发生的可能性赋予相应的权重,所有这些值的总和就是期权在到期日的预估价值,同时采用一个合理的折算率将这一预估价值折现为期权的现值即可。除简单的美式期权外,百慕大期权、阶梯期权和呐喊期权等都可以通过这种方法定价。事实上,任何一种期权都可以采用二叉树模型来确定其价值,但对于路径依赖型期权如亚式期权、回望期权、呐喊期权及障碍期权等,情况就比较复杂。因为二叉树的每一个可能的路径都必须进行计算,其二叉树网阵很庞大。一般来说,如果有 n 个步骤,标准期权网阵只需计算 $n+1$ 次最终价值,但路径依赖期权则要计算 2^n 次。如果用一个二十步的二叉树模型来给路径依赖期权定价,就必须计算一百多万个不同路径,如此巨大的计算量用计算机来处理也是很费时的。

三是蒙特卡洛模拟。在解析模型和数值模型都不能解决较难的定价问题时,可通过蒙特卡洛模拟来实现定价。通过上千次的试验模拟无规则的标的资产价格的路径,产生一个期权最终损益的估计分布函数,分析其平均分布后可得到奇异期权的理论价格。对一些路径依赖型期权,尤其是障碍期权,为了得到足够可信度的结果,必须以很小的时间段为一步进行成千上万次的模拟。而资产交换期权定价不仅有计算模拟选择的问题,还多出一个新问题,即估计两个金融变量间的预期相关性。衡量单个资产价格的变动率已经很困难,要较准确地估计两个变量彼此之间相互变动关系就更加复杂了。例如,汇率与利率之间的关系如何?或者两者中的一个与股票指数水平之间的关系如何?然而相关期权定价很大程度上依赖于这种相关性。如何除去其他因素,包括经济和社会政治因素的影响,是一个很困难的问题。

尽管标准期权和奇异期权具有很多相同点,但从交易形式和复杂程度来说两者却有所区别,其不同点归纳如表16—2所示。

表16—2　　　　　　　　　　　　标准期权与奇异期权比较

区别	标准期权	奇异期权
交易地点	可场内交易也可场外交易	通常情况以场外交易居多
难易程度	简单,标准	复杂,多变
客制化程度	一般	很高
应用范围	认购/认沽权证,可转债,高息票据	狭义结构性产品或另类投资产品

由表16—2可以看出,标准期权的交易范围比较广,相应的应用范围也大于奇异期权的应用范围,因为不管是交易条款还是定价,标准期权都比较简单,可以解决金融机构大众化的需求。而对特定的、较为复杂的单个需求,就需要借助奇异期权的特性来完成。

第三节　几种常见的奇异期权

奇异期权种类繁多、复杂多变，没有人能够准确地说出现在到底有多少种奇异期权，而且许多大型跨国金融机构也在不断的研究和开发中。下面我们仅以四种较为常见并应用广泛的奇异期权为例作具体介绍。

一、数字期权

(一)定义

数字期权(digital options)是最简单的奇异期权之一，具有不连续的收益。它不是传统意义上的期权，因为不像原始交易工具，数字期权不能赋予持有者权利买卖标的资产，取而代之的是持有者有权利获得固定的回报。它不像股票、外汇等传统金融工具，投资者需要同时考虑价格走向(看涨或者看跌)以及涨跌的幅度，数字期权只需考虑标的资产的价格走向(看涨或者看跌)，他们是针对到期日标的资产市场价格高于或低于执行价格的直接打赌。不管标的资产的价格如何，这种期权的损益是一个固定的数额。当标的资产的价格大于或者等于该期权的执行价格的时候，该期权的损益是一个固定的数额，从定价的角度看，这一固定的数额可以是现金，也可以是相关资产，据此，可将数字期权分为现金或无价值看涨期权(cash-or-nothing call)或资产或无价值看涨期权(asset-or-nothing call)。

一个标准看涨期权在到期日的损益为 $\max(0, S_T - K)$，其中，S_T 表示到期日标的资产的价格，K 是标准期权的执行价格。而对于一个数字期权来说，其损益为 $\max(0, Q) I_{S_T > K}$，其中，Q 是数字期权的收益，I 是表示数字期权存在的条件，只有当标的资产的价格大于或等于执行价格时，该期权的收益为 Q，K 是数字期权的执行价格。图 16-1 描绘了该数字期权的损益。

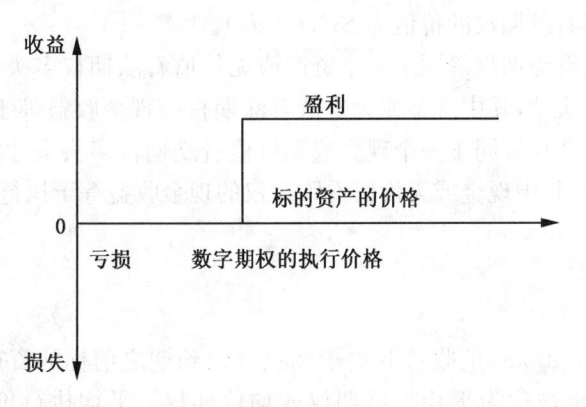

图 16-1　数字看涨期权在到期日的损益图

通过图 16-1，我们可以看出，只有当标的资产的价格大于或者等于该期权的执行价格时，该期权才会盈利，盈利值是一个事先约定好的固定数额；若标的资产的价格一直低于执行价格，那么期权持有方不会执行该期权，其损失的是期权费，或者说就算期权持有方执行该期权，他的收益也为零，所以说期权持有者用期权费博取一个较高的固定收益。

(二)特性与应用

传统上讲,数字期权大多在场外交易。但在2008年,美国证券交易所和芝加哥期权交易所开始推出了一系列在交易所交易的数字期权。

数字期权的一个突出特征和投资优势在于,它只需在到期日期权的价格相比执行价格是有价格上的增额(即使只波动了1分钱)就会获得很高的盈利。因此,即便是在市场清淡时期,数字期权也会给投资者带来显著的投资收益。数字期权由于收益模式简单和特性独特对许多场外交易市场参与者而言非常具有吸引力,可以为投资人提供客制化的资产组合,以满足投资人希望与标的资产市场表现密切相关的特定要求。

总体而言,数字期权用于捕捉投资者对于市场走向的判断。它们之所以受到欢迎主要是使用起来非常便捷。然而,尽管理论上数字期权可以对冲风险,但因为市场流动性有限,在实际操作中对冲风险并不容易。

(三)定价

数字期权的定价方法可以被看作是布莱克—斯科尔斯模型的直接扩展。现金或无价值看涨期权在T时刻股票价格低于执行价格时一文不值,而当股票价格高于执行价格时该期权支付一个固定数额Q。前面我们已经了解,在风险中性世界中,期权到期日时的资产价格高于执行价格的概率是$N(d_2)$,其中d_2和下面的d_1如布莱克—斯科尔斯期权定价公式所定义。因此,现金或无价值看涨期权的价值为$Qe^{-rT}N(d_2)$。现金或无价值看跌期权的定义与现金或无价值看涨期权类似。如果资产价格低于执行价格该期权支付Q,如果资产价格高于执行价格则不支付。现金或无价值看跌期权的价值为$Qe^{-rT}N(-d_2)$。

而对于资产或无价值看涨期权(asset-or-nothing call),若期权到期时标的资产价格低于执行价格则该期权一文不值,而当标的资产价格高于执行价格时该期权支付一笔等于资产价格本身的款额。资产或无价值看涨期权的价值为$S_tN(d_1)$。资产或无价值看跌期权在资产价格低于执行价格时支付一笔等于资产价值本身的款额,而在资产价格高于执行价格时不支付。资产或无价值看跌期权的价值为$S_tN(-d_1)$。

一个常规的欧式看涨期权等同于一个资产或无价值看涨期权多头头寸加上一个现金或无价值看涨期权空头头寸,其中现金或无价值看涨期权的现金收益等于执行价格。同样地,一个常规的欧式看跌期权等同于一个现金或无价值看跌期权多头头寸加上一个资产或无价值看跌期权空头头寸,其中现金或无价值看跌期权的现金收益等于执行价格。

二、亚式期权

(一)定义

亚式期权(asian options)的收益取决于期权合约到期之前标的资产在约定期限的平均价格,因此亚式期权也被称为平均价格期权或均价期权。平均执行价期权(average strike options)也是亚式期权的一种,其执行价是期权有效期内标的资产价格的平均值,而不像标准期权那样标的资产的执行价格是一个固定值。

标准期权到期时的收益是执行价格与到期日标的资产价格差。而亚式期权到期收益的计算采用一段时间内标的资产的平均价格为计算依据。这个平均可以有好几种:(1)可以为月平均、周平均、日平均或任何一个预先确定的时间周期的平均;(2)平均周期可以是期权整个有效期,也可以是有效期中的时间段;(3)算术平均或几何平均都可以(算术平均更常用,因为这种方法易于理解、便于计算,是常用的反映风险程度的平均方法。然而算术平均价期权的估价比几何平均价期权的估价困难得多)。究竟采用哪种方法通常取决于使用者所面临标的资产的风险程度。

如果用平均值取代到期标的资产价格,我们就得到平均价期权(average price options),如果用平均价取代执行价格就得到平均执行价期权(average strike options)。

平均价看涨期权的收益为 $\max(0, S_{ave}-K)$,平均价看跌期权的收益为 $\max(0, K-S_{ave})$,其中 S_{ave} 是事先确定的期权有效期内标的资产平均价值。平均价期权通常比标准期权便宜。这是因为标准期权的资产价格在一段时间内的平均值的变化比特定日价格变动的幅度小,相应的期权风险也小,从而降低其时间价值,导致平均价期权比相同期限的标准期权便宜。

平均执行价看涨期权的收益为 $\max(0, S_T-S_{ave})$,平均执行价看跌期权收益为 $\max(0, S_{ave}-S_T)$。平均执行价期权可以保证在一段时间内频繁交易资产所支付的平均价格低于最终价格。另外,它也可以保证在一段时期内频繁交易资产所获得的平均价格高于最终价格。

为了说明标准期权,平均价格期权,平均执行价格期权三者之间的区别,每一种我们都以看涨期权为例列出收益表达式如下:

标准期权: $\max(0, S_T-K)$;
平均价期权: $\max(0, S_{ave}-K)$;
平均执行价期权: $\max(0, S_T-S_{ave})$。

至于选择哪种收益选择哪种期权更好,将由风险的程度来决定。为了说明这一点,我们来看看三家美国公司均向英国卖出商品的例子。

甲公司出口到英国是非经常性的。制造商品需耗 125 万美元,该公司需要有 20% 的盈利。由于竞争使得出口到英国时的售价固定在 100 万英镑。在收到订单和最终收到英镑之间有 6 个月的时间。甲公司必须购买英镑的标准看跌期权(或美元的标准看涨期权),约定执行价格为 1 英镑=1.5 美元。

乙公司经常出口货物到英国,并且在每月的最后一天收到英镑。这些收到的英镑将会以当时的即期汇率立刻变成美元。该公司的成本和价格结构与 A 公司相同。因此,乙公司必须考虑在每年年初购买英镑的十二个月平均汇率看跌期权,约定执行价格为 1 英镑=1.5 美元,其收益由每月末的平均汇率所决定。

丙公司在英国有制造厂,每个月将发生 833 333 英镑的费用,这些费用由母公司汇来。该厂正接手一个将于年末完成的大型项目,完工时将获得1 200万英镑。以英镑计算的这些收入可以保证所要求的 20% 的盈利,但由美元计算的利润率将在每月末尤其是年末面临汇率风险。此时,该公司考虑购买英镑的十二个月平均执行价看跌期权。

在甲公司和乙公司的例子中,以美元计算的成本在一开始就已确定,这就使得执行价格必须定为 1 英镑=1.5 美元。丙公司以美元计算的成本在年底之前不可能知道,这就是为什么丙公司所采用的期权的执行价格必须由平均汇率所决定的原因。

(二)特性与应用

亚式期权是当今金融衍生品市场上交易最为活跃的奇异期权之一,它被广泛应用于商品和货币市场。作为欧式期权的一种创新产品,亚式期权的引入主要是用来防止市场的操纵行为(尤指临近到期时对价格的操纵)。在交易量很小的市场,大户们可以通过大单交易操纵价格,从而在标准期权的买卖中牟取暴利。而亚式期权的结算价格是由一段时间内的平均价格决定,因此难以操纵。相对标准期权,亚式期权价值通常具有较小的波动性。因此,它们提供了一种便宜的对冲周期性现金流的方法,降低了运输和出口的成本。对于一家能够合理预测自身现金流的企业,亚式期权提供了一种方便的套期保值方式,并且往往比运用一系列普通期权达到同样目的所耗费的成本更低。

(三)定价原理

无论是平均价期权还是平均执行价期权,亚式期权的价值取决于以下几个因素:平均价格的计算方式(算术平均/几何平均)、平均价格的取样方式(连续取样/离散取样)、平均价格的取样区间。

在亚式期权中,只有几何平均期权能得到精确的解析解。几何平均期权的解析价格公式之所以存在,是因为布莱克-斯科尔斯模型假设标的资产价格服从对数正态分布,而一系列对数正态分布变量的几何平均值仍为对数正态分布。在这些公式中,最著名的就是连续取样几何平均资产价期权。在风险中性世界中,如果一个股票的预期收益率等于 $\frac{(r-q-\sigma^2/6)}{2}$,而非原来的 $(r-q)$,波动率等于 $\sigma/\sqrt{3}$ 而非原来的 σ,则这个股票的价格在一定时间内的几何平均的概率分布等同于该时期末股票价格的概率分布,这意味着我们在为连续取样几何平均资产价期权定价时,只要将波动率看作 $\sigma/\sqrt{3}$,红利率看作 $r-\frac{(r-q-\sigma^2/6)}{2}=\frac{(r+q+\sigma^2/6)}{2}$,就可以应用已知红利率的布莱克-斯科尔斯定价公式求出期权价值。

亚式期权中更常见的情况是取算术平均,但是一系列对数正态分布值的算术平均值并不服从对数正态分布,尽管人们采用了各种方法,仍然无法得到解析的定价公式。对算术平均亚式期权更多的是采用数值方法或以几何平均亚式期权来近似逼近。

三、障碍期权

(一)定义

障碍期权(barrier options)是指期权的收益依赖于标的资产的价格在一段特定时间内是否达到了某个特定的水平,即临界值,这个临界值就叫作"障碍"水平。通常有许多种不同的障碍期权在场外市场进行交易,它们一般可以归为两种类型:

一是敲出障碍期权(knock-out options)。当标的资产价格达到一个特定的障碍水平时,该期权作废(即被"敲出");如果在规定时间内资产价格并未触及障碍水平 H,则仍然是一个常规期权;二是敲入障碍期权(knock-in options)。正好与敲出期权相反,只有资产价格在规定时间内达到障碍水平 H,该期权才得以存在(即"敲入"),其回报与相应的常规期权相同;反之该期权作废。

在此基础之上,我们可以通过考察障碍水平与标的资产初始价格的相对位置,进一步为障碍期权分类:如果障碍水平 H 高于初始价格 S_0,则我们把它称作向上期权;如果障碍水平 H 低于初始价格 S_0,则我们把它称作向下期权。将以上分类进行组合,我们可以得到诸如向下敲出看涨期权、向下敲入看跌期权和向上敲出看涨期权等八种障碍期权。它们的最终收益如表16-3所示。

表 16—3　　　　　　　　　　　障碍期权的收益

	看涨期权	看跌期权
向下敲出	$(S_T-K)^+ I(m_T^S > H), H<S_0$	$(K-S_T)^+ I(m_T^S > H), H<S_0$
向上敲出	$(S_T-K)^+ I(M_T^S < H), H>S_0$	$(K-S_T)^+ I(M_T^S < H), H>S_0$
向下敲入	$(S_T-K)^+ I(m_T^S \leq H), H<S_0$	$(K-S_T)^+ I(m_T^S \leq H), H<S_0$
向上敲入	$(S_T-K)^+ I(M_T^S \geq H), H>S_0$	$(K-S_T)^+ I(M_T^S \geq H), H>S_0$

其中 S_0 是标的资产在 0 时刻的价格,S_T 是标的资产在时刻 T 的价格。K 是执行价格,H 是障碍水平,$(\cdot)^+$ 表示 $\max(\cdot,0)$,$M_T^S = \max\limits_{0 \leq u \leq T}(S_u)$,$m_T^S = \min\limits_{0 \leq u \leq T}(S_u)$,$I$ 表示障碍期权存在的范围。

从障碍期权的基本分析中我们可以看到,障碍期权是路径依赖期权,它们的回报,以及它们的价值要受到资产到期前遵循的路径的影响。比如,一个向上敲出看涨期权在到期时同样支付 $\max(S_T-K,0)$,除非在此之前资产交易价格达到或超过障碍水平 H。如果资产价格到达这个价位(显然是从下面向上达到),那么该期权敲出即失效。而向上敲入看涨期权只有在期权有效期内当资产价格达到或者超过障碍水平该期权才被触发即生效,此时的期权就是常规的看涨期权。但是障碍期权的路径依赖的性质是较弱的,因为我们只需要知道这个障碍是否被触发,而并不需要知道关于路径的其他任何信息。这和那些强式路径依赖的期权如亚式期权等是不同的。关于路径的信息不会成为我们定价模型中的一个新增独立变量,如果障碍水平没有被触发,障碍期权到期时的回报仍然和常规期权是相同的。因此障碍期权属于弱式路径依赖。

(二)特性与应用

障碍期权之所以产生是为了满足老练的投资者例如对冲基金管理者的需要。投资者可以通过障碍期权获取两项特别优势。其一,下降敲出期权的标的资产多为波动剧烈的资产,例如,股票,而这些股票的普通看涨期权的期权费通常较高;其二,当股票期权交易相对低迷的时候,障碍期权提供了便利选择。

障碍期权受欢迎的主要原因在于:它们通常比常规期权便宜,这对那些相信障碍水平不会(或会)被触发的投资者很有吸引力。而且,购买者可以使用它们来为某些非常特定的具有类似性质的现金流保值。通常来说,如果购买者相信标的资产的价格在到期之前会上涨,但不会触及障碍水平,他希望获得看涨期权的回报,但并不愿意支付相应看涨期权的期权费,那么他就有可能去购买一份向上敲出看涨期权,这个期权的价格比相应的普通看涨期权价格便宜。如果他的预测是对的,这个障碍水平并没有触发,障碍期权到期时的回报仍然和普通期权是相同的,这样他就可以以较少的投入得到他所想要的回报。障碍距离资产价格现价越近,期权被敲出的可能性越大,合约就越便宜。相反,一个敲入期权将会被某个相信障碍水平将会被触发的人购买,这时期权同样也会比相应的普通期权便宜。

(三)定价原理

障碍期权是弱势路径依赖的,这使得我们仍然可以直接应用布莱克—斯科尔斯期权定价模型来为其定价。在障碍水平被触发之前,期权价值仍然满足

$$\frac{\partial f}{\partial t} + rS\frac{\partial f}{\partial S} + \frac{1}{2}\sigma^2 S^2 \frac{\partial^2 f}{\partial S^2} = rf$$

而障碍条件则反映在相应的边界条件上。

对于敲出障碍期权,当标的资产的价格达到敲出障碍水平时,期权合约作废,因此边界条件为当 $t<T$ 时,$f(H,t)=0$,其中 H 可以是向上或者向下的障碍水平。对于一个向上敲出障碍期权来说,我们要在 $0 \leqslant S \leqslant H$ 的条件下解出布莱克—斯科尔斯偏微分方程,同时考虑资产价格达到 H 时的边界条件,最后如果障碍水平没有达到,还需要考虑回报。如一个看涨期权,我们有 $f(S,T)=\max(S-K,0)$ 这一边界条件。如果是一个向下敲出障碍期权,则将范围改为 $H \leqslant S \leqslant \infty$,考虑相应的两个边界条件,解出偏微分方程。

对于敲入障碍期权,只有在障碍水平被触及时才有价值,因此,如果没有到达障碍水平,则 $f(S,T)=0$。敲入期权的价值在于到达障碍的可能性。如果是一个向上敲入期权,那么在资产价格到达上限时,合约的价值 $f(H,t)$ 就等于一个相应的常规期权价值。对于敲入期权来说,当障碍被触及时,我们得到的是衍生工具本身,因此一个敲入期权实际上是一个二阶合约。在解敲入期权价值时,我们必须先得到常规期权的价值,因此要花解敲出期权两倍的时间才能得到敲入期权的价值。

具有相同的执行价格、到期时间和障碍水平的敲入期权和敲出期权具有如下的关系:

敲入期权+敲出期权=执行价格和时间相同的常规期权

这是因为无论资产价格是否触及障碍水平,敲入期权和敲出期权的组合总能得到与常规期权相同的回报。这个关系在障碍期权定价中很有意义,只需要求出其中一个障碍期权,即可得到另一个的价值。

四、资产交换期权

(一)定义

资产交换期权(exchange options)有两个基础资产,期权的买方有权在一定时间内,按照事先约定的比例将一种资产转化为另外一种资产。它可以有多种形式:比如对于一个美国投资者而言,用澳元购买日元的期权就是用一种外币资产交换另一种外币资产的期权,股权收购(stock tender offer)则可以看成是用一个公司的股份换取另一个公司股份的期权。该期权被广泛应用在外汇市场中。例如,一个资产交换期权使其持有者有权在 2015 年 3 月 1 日以 130 万美元交换 100 万欧元。如果到 2015 年 3 月 1 日,美元兑欧元的汇率是 1.35 美元/欧元,那么该期权持有者可以用 130 万美元买入 100 万欧元,再在外汇现货市场上用欧元换回美元,他将获得 135 万美元。那么他最终的收益是 5 万美元。

(二)特性与应用

资产交换期权可以用来构造许多其他的奇异期权,例如彩虹期权或者二元彩虹期权,因为这两类期权的收益取决于两种资产中表现较优或较差的资产,因此能够用相应的资产交换期权进行定价。因为在以横轴、纵轴分别表示两项资产价格的二维图形中,两项资产的最高和最低价格形成的形状类似彩虹。彩虹期权可以直接定价,也可以通过相应资产交换期权定价。它们在很多金融应用领域发挥重要作用,如外国货币债券的定价、补偿计划和风险分担合同。

资产交换期权主要应用于国际贸易、进出口结算等金融领域。交换期权为金融机构与企业进行资产负债管理提供了很大的灵活性。而交换期权的定价模型对于基金管理费用的制定,对其他衍生证券的定价比如可转换债券的定价也有很大的贡献。

(三)定价

一个在 T 时刻用价值为 S_T^1 的资产来换取价值为 S_T^2 的资产的欧式看涨交换期权,其回报为:

$$\max(S_T^2 - S_T^1, 0)$$

Margrabe 于 1978 年率先对这种期权进行了研究。它是布莱克—斯科尔斯期权定价模型的推广。

假设两种标的资产的价格过程都遵循几何布朗运动,波动率分别为 σ_1 和 σ_2,无风险利率 $r > 0$ 为常数。假定市场是无摩擦的,股票不支付任何红利,t 时刻的资产价值分别为 S_t^1 和 S_t^2。进一步假设驱动两种资产价格运动的两种布朗运动的相关关系为 ρ,则欧式看涨交换期权价格 $f(S_t^1, S_t^2, t)$ 满足下列微分方程:

$$\begin{cases} \dfrac{\partial f}{\partial t} + rS^1 \dfrac{\partial f}{\partial S^1} + rS^2 \dfrac{\partial f}{\partial S^2} + \dfrac{1}{2}\left[\sigma_1^2 (S^1)^2 \dfrac{\partial^2 f}{\partial (S^1)^2} + \sigma_2^2 (S^2)^2 \dfrac{\partial^2 f}{\partial (S^2)^2} + 2\rho\sigma^1\sigma^2 \dfrac{\partial^2 f}{\partial S^1 \partial S^2}\right] = rf \\ f(S^1, S^2, t) = \max(S^1 - S^2, 0) \end{cases}$$

通过求解上述微分方程得出欧式看涨交换期权的定价公式为:

$$S_t^2 N(d_1) - S_t^1 N(d_2)$$

其中,$d_1 = \dfrac{\ln(S_t^2/S_t^1) + \sigma^2/2(T-t)}{\sigma\sqrt{T-t}}$,$d_2 = d_1 - \sigma\sqrt{T-t}$,$\sigma^2 = \sigma_1^2 + \sigma_2^2 - 2\rho\sigma_1\sigma_2$,$N(\cdot)$ 是标准正态分布分布函数。

奇异期权的种类非常繁多,而且正在不断扩大中,除了前面具体分析的四种期权,还有很多其他种类,如:

回望期权(lookback options)的收益依附于期权有效期内标的资产达到的最大或最小价格。

呐喊期权(shout options)是一个常规欧式期权加上一个额外的特征:在期权有效期内持有者可以向期权出售方"呐喊"一次。在期权到期时,期权持有者获得的收益或者等于通常情况下欧式期权的收益,或者等于呐喊时期权的内在价值,持有者会选择两者之中较大的一个。

远期开始期权(forward start options)是现在支付期权费而在未来某个时刻才开始的期权。

彩虹期权(rainbow options)是指标的资产有两种以上的期权,比如篮子期权(basket options)。篮子期权的回报取决于一篮子资产的价值。这些资产包括单个股票、股票指数或是外汇等。

复合期权(compounded options)是一种以期权为标的物的期权。

选择者期权(chooser options),有时被称为任选期权,指的是在经过一段指定时期后,持有者可以选定期权的类型是看涨期权或是看跌期权。

奇异期权是根据投资者及机构自身需求设计出来的个性化产品,是场外市场最为活跃的交易工具。只要市场需要,奇异期权就会持续不断地产生不断拓展,我们过去或现在称之为奇异期权的品种,也正在成为进一步衍生的基础。

本章小结

本章首先阐述了奇异期权的产生与定义,其次比较了标准期权和奇异期权的异同点,阐述了奇异期权定价的方法,最后重点介绍了四种常见的奇异期权:数字期权、亚式期权、障碍期权、资产交换期权。

思考与练习

1. 什么是奇异期权,主要类型有哪些?
2. 标准期权和奇异期权的相同点和不同点分别是什么?
3. 奇异期权定价的方法有哪几种?
4. 什么是数字期权?如何定价?
5. 什么是亚式期权,有几种类型,它的作用是什么?它与标准期权的区别是什么?
6. 什么是障碍期权?有哪几种障碍期权?分析障碍期权的特性。
7. 什么是资产交换期权?如何定价?

练习题

第1章 绪 论

判断题：
1. 西方理论界公认金融学的发展大致经历了三个主要阶段：定性描述阶段、定量分析阶段和工程化阶段。
2. 芬纳蒂关于金融工程的定义强调"创新"和"创造"。
3. 远期合约和期货合约都是标准化的合约。
4. 如果要将期权按形式分类的话，可以把期权分为欧式期权和美式期权。
5. 看涨期权授予期权的持有者以某种特定价格出售某种资产的权利。
6. 最基本的互换类型有利率互换和货币互换。
7. 史密斯和史密森对金融工程的定义强调的是非标准现金流。
8. 金融工程确立的重要标志是金融工程学科的诞生。

简答题：
1. 在金融学的定量分析阶段，有哪些重要的金融理论？
2. 金融工程学诞生的重要标志是什么？
3. 芬纳蒂关于金融工程的定义是什么？
4. 史密斯和史密森关于金融工程的定义是什么？
5. 洛伦茨·格利茨的金融工程的定义是什么？
6. 金融工程的基本工具有哪些？
7. 解释签订购买远期价格为30元的远期合同与持有执行价格为30元的看涨期权的区别。
8. 金融工程发展的推动因素有哪些？

第2章 MM命题

判断题：
1. 净收益理论认为，利用债务可以降低企业的加权平均资本成本。
2. 营业净收益理论认为，企业增加成本较低的债务资本的同时，企业的风险也增加了，这会导致股权资本成本的提高，企业的加权平均资本成本没什么变动。
3. MM第一命题是在MM条件下，企业的价值与其资本结构正相关。
4. 在有税的情况下（假定MM其他条件不变，EBIT不变），公司的税后加权平均资本成本和无税时是相等的。

简答题:

1. 为什么说 MM 命题对金融工程的发展意义重大?
2. MM 条件是什么?
3. 什么是 MM 第一命题?
4. 为什么说在金融市场上的交易都是零净现值行为?
5. 为什么说资金的成本在于对其应用而不缘于其来源?
6. 发行债券可以为公司股东带来价值增长的先决条件是什么?

推导题:

1. 详细推导 MM 第二命题: $WACC = r_e \dfrac{E}{D+E} + r_d \dfrac{D}{D+E}$。

第3章 远期利率协议

判断题:

1. 远期价格是指在未来确定的在将来进行交易的价格。
2. 传统远期业务对银行盈利的最大损害是由资产负债表上对资本充足的要求而引起的。
3. FRA 交易中没有实际的本金支付,所以银行方面规避了资本充足率方面的要求。
4. FRA 是由交易所提供的场内市场交易产品。
5. FRA 的所谓借款的一方被称为"买方",所谓贷出款项的一方则被称为"卖方"。
6. 品种为"3×6"的 FRA,表示 3 个月后开始的 6 月期 FRA 合约。
7. 在合约的基准日,如果参考利率高于协议利率,那么合约的买方补偿卖方。
8. LIBOR 即 London Inter-Bank Offered Rate 的缩写,译成的中文名字为"伦敦同业拆放利率"。

选择题:

1. 某银行按 10% 的年利率借入 100 万美元的资金,借期为 30 天,同时按 15% 的年利率进行贷款,贷款期限为 60 天,银行需要确定第二个 30 天的借款利率是( ),才能确保这笔交易没有风险(单利计息)。

   A. 18.18% B. 19.8% C. 20.8% D. 20.2%

2. FRA 的出现是为了规避巴塞尔协议中( )的要求。

   A. 资本充足率 B. 监管部门的监管
   C. 市场约束 D. 以上都是

简答题:

1. 为什么商业银行要大力开展表外业务?

2. FRA 的基本要素有哪些?

3. FRA 有哪些相关术语?

4. FRA 是如何进行未来利率风险规避的?

5. 银行开展 FRA 业务的盈利原理是什么?

计算题:

1. 如果 1 年期的即期利率为 10%,2 年期的即期利率为 10.5%,那么其隐含的 1 年到 2 年的远期利率约等于多少?

2. 远期利率是如何计算的?

3. 假定现期 3 个月的 LIBOR 和现期 6 个月的 LIBOR 分别为 8% 和 9%,求一份 "3×6" FRA 的协议利率。

4. 某公司买入一份 3×9 FRA,合约金额为 1 000 万元,合约利率定为 9.5%,到结算日时市场参考利率为 11.45%,计算该份 FRA 的结算金。

第 4 章 远期外汇综合协议

判断题:

1. 升水或贴水指的是远期汇率与即期汇率的差额。

2. 一般称(0.01)为一个基点。

3. 如果远期外汇买入价格的点数报价小于卖出价格的点数报价,则把远期点数还原为小数点值,然后加到即期汇率上,所得到的就是相应的远期完全标价。

4. 如果远期外汇买入价格的点数报价大于卖出价格的点数报价,则把远期点数还原为小数点值,然后即期汇率上减去,所得到的就是相应的远期完全标价。

5. 在远期外汇市场,升水是指远期点数必须加到即期汇率,贴水是指远期点数必须由即期汇率中扣除。

6. SAFE 与 FRA 类似,属于场内交易的金融产品。

7. 从银行业务的角度来看,SAFE 属于表外业务,从而脱离了资本充足率的限制。

简答题:

1. 什么是远期汇率?

2. 什么是远期汇率的点数标价?

3. 什么是传统的外汇互换?

4. 什么是远期对远期外汇互换?

5. SAFE 的定义是什么?

6. FXA 和 ERA 的实质区别是什么?

计算题：

1. 目前人民币与美元的即期汇率为 1 美元兑换 6.25 人民币，人民币的即期年利率为 2%，美元的即期年利率为 0.75%，求两种货币半年后的远期汇率。

2. 英镑兑美元远期汇率报价如下表所示，计算 6 个月远期买入汇率和卖出汇率。

英镑兑美元远期汇率报价（USD/GBP）

	买入汇率	卖出汇率
即期汇率	1.526 6	1.535 3
6月期互换点数	25	20
6个月远期汇率		

3. 美元兑加元远期汇率报价如下表所示，计算 3 个月远期买入汇率和卖出汇率。

美元兑加元远期汇率报价（USD/CAD）

	买入汇率	卖出汇率
即期汇率	0.7640	0.7671
3月期互换点数	15	17
3个月远期汇率		

第 5 章 期货基础知识

判断题：

1. 期货产生的直接原因是为了规避产品的价格风险。
2. 期货投资者只能在合约到期时进行实物交割。
3. 期货交易的违约风险和远期交易相当。
4. 金融期货指以金融工具为标的物的期货合约。
5. 期货每次报价时价格的变动必须是最小变动价位的整数倍。
6. 每日价格最大波动幅度限制条款是指交易日期货合约的成交价格不能高于或低于该合约上一交易日开盘价的一定幅度。
7. 期货交易的目的是为了转让实物资产或金融资产的财产权。
8. 屏幕交易的优点是快速和方便，具有更高的撮合效率，缺点是交易者难以感受交易池中市场气氛和情绪。
9. 投机是指根据对市场的判断，把握机会，利用市场出现的价差进行买卖从中获得利润的交易行为。所以投机是没有风险的。
10. 套期保值即买入（卖出）与现货市场数量相等、但交易方向相反的期货合约，以期在未来某一时间通过卖出（买入）期货合约来补偿现货市场价格变动所带来的实际价格风险。

选择题：
1. 最早出现的金融期货是( )。
   A. 外汇期货 B. 股票指数期货 C. 利率期货 D. 黄金期货
2. 期货交易的真正目的是( )。
   A. 作为一种商品交换的工具
   B. 转让实物资产或金融资产的财产权
   C. 减少交易者所承担的风险
   D. 上述说法都正确
3. 期货市场具有高风险高收益的特点，原因在于( )。
   A. 合约标准化
   B. 每天无负债结算制度
   C. 对冲机制
   D. 杠杆机制
4. 期货市场的套期保值功能是将市场价格风险转移给了( )。
   A. 套期保值者
   B. 生产经营者
   C. 期货交易所
   D. 投机者和套利者
5. 期货市场上套期保值规避风险的基本原理是( )。
   A. 现货市场上的价格波动频繁
   B. 期货市场上的价格波动频繁
   C. 期货价格比现货价格变动更频繁
   D. 同种商品的期货价格和现货价格走势一致
6. 期货价格具有对( )进行预期的功能。
   A. 现货供求关系
   B. 现货价格变化
   C. 现货定价
   D. 未来供求关系及其价格变化趋势
7. ( )是期货市场风险控制最根本、最重要的制度。
   A. 保证金制度
   B. 持仓制度
   C. 大户报告制度
   D. 强行平仓制度
8. 在期货交易中，( )是会员单位对每笔新开仓交易必须缴纳的保证金。
   A. 基础保证金
   B. 初始保证金
   C. 追加保证金
   D. 变更追加保证金
9. 期货交易中，由于每日清算价格的波动而对保证金进行调整的数额称为( )。
   A. 初始保证金
   B. 维持保证金
   C. 变动保证金
   D. 以上均不对
10. 下列说法中，正确的是( )。
    A. 维持保证金是当期货交易者买卖一份期货合约时存入经纪人账户的一定数量的资金
    B. 维持保证金是最低保证金，低于这一水平期货合约的持有者将收到要求追加保证金的通知
    C. 期货交易中的保证金只能用现金支付
    D. 所有的期货合约都要求同样多的保证金
11. 某投资者出售一份大豆期货合约，数量为5 000蒲式耳，价格为5.3美元/蒲式耳，初始保证金为1 000美元，当日结算价为5.27美元/蒲式耳，那么该投资当日交易账户余额为( )。

A. 850 美元   B. 950 美元   C. 1 050 美元   D. 1 150 美元

12. 对于期货交易来说,保证金比例越低,期货交易的杠杆作用就(　　)。
   A. 越大   B. 越小   C. 越不确定   D. 越稳定

13. 以下不属于期货交易基本特征的是(　　)。
   A. 合约标准化和杠杆机制   B. 交易集中化
   C. 双向交易和对冲机制   D. 实物交收

14. 通过期货价格而获得某种商品未来的价格信息,这是期货市场的主要功能之一,被称为(　　)功能。
   A. 风险转移   B. 商品交换   C. 价格发现   D. 锁定利润

15. 期货市场规避风险的功能是指借助(　　),通过在期货和现货两个市场进行交易,建立一种盈亏冲抵机制,实现锁定成本、稳定收益的目的。
   A. 套期保值交易方式   B. 套利交易方式
   C. 期权交易方式   D. 期现套利交易方式

简答题:

1. 期货的定义是什么?
2. 期货和远期交易的区别有哪些?
3. 金融期货产生的主要历史背景是什么?
4. 主要的金融期货有哪几种?
5. 期货合约的主要要素有哪几项?
6. 标准期货合约包括哪些主要条款?
7. 期货交易的主要目的是什么?
8. 金融期货的市场功能有哪些?
9. 简述结算公司制度。
10. 期货的交易方式有哪几种?
11. 期货市场的参与者有哪些?
12. 金融期货的定价原理有哪些假说?

计算题:

1. 一名投资者出售了一份鸡蛋期货合约,鸡蛋价格为每千克7.1元,每手合约的交割数量为5吨。问,期货合约到期时,鸡蛋价格分别为(a)每千克7.07元和(b)每千克7.12元时,投资者的损益分别为多少?

2. 在期货交易所以每千克3 200元的价格卖空了一份12月份到期的白银期货合约,合约规模为15千克。初始保证金为2 000元,维持保证金为1 500元。问,将来价格发生什么样的变化会导致追加保证金通知?如果收到通知但不补足保证金会怎样?

3. 一名投资者签订了两份白糖的多头期货合约。每份合约的交割数量都是10吨。当前期货价格为每吨5 600元。每份合约的初始保证金都为3 500元,维持保证金都为2 500元。价格如何变化会导致追加保证金通知?在什么情况下,可以从保证金账户中提取2 000元?

4. 在某天结束时,一名清算所成员有50份多头合约,结算价格每份合约为5 000元。

每份合约的初始保证金为1 000元。第二天,这名成员又以每份合约5 050元的价格签订了20份多头合约。当天的结算价为5 030元。问,这名成员第二天需向清算所交多少保证金?

5. 商品交易所的玉米期货保证金比率为5%,某客户以2 020元/吨的价格买入5张玉米期货合约(每张10吨),那么他必须向交易所支付的初始保证金为多少元?已知维持保证金比率为75%,假设客户以2 020元/吨的价格买入后的第三天,玉米结算价下跌至1 950元/吨,那么客户保证金账户余额还剩多少?他需要追加多少保证金?

第6章 外汇期货

判断题:
1. 外汇期货是指在特定的交易场所内通过会员或经纪人公开叫价的方式决定汇率价格,由清算公司进行清算,买卖交割数量、时间、地点、币种等合约条件高度标准化的期货合约。
2. 买入套期保值是指通过期货市场买入期货合约以防止因现货价格上涨而遭受损失的行为。
3. 在进行套利时,交易者关注的是合约的绝对价格水平,而不是相互价格关系。
4. 套利的主要作用是增强市场的流动性,并不能帮助扭曲的市场价格回复到正常水平。
5. 外汇期货合约在交易所内交易,外汇远期合约在场外进行交易。
6. 外汇期货合约和外汇远期合约都是标准化合约。

简答题:
1. 外汇期货合约的主要内容有哪些?
2. 外汇期货的价格在理论上是如何确定的?
3. 外汇期货市场的参与者有哪些?
4. 外汇期货市场的不同交易行为之间的关系如何?
5. 外汇期货市场与远期外汇市场有哪些不同?

计算题:
1. 假定某个国家的国内货币年利率为2.5%,该国货币与美元的当前汇率为一单位的该国货币兑换0.159 8美元,美元的当前年利率为0.75%,问1份期限为180天的该国货币的期货合约价格的理论定价是多少?

第 7 章　利率期货

判断题：
1. 欧洲美元泛指美国境内外的美元存款。
2. 基差有时为正，有时为负，但不可能为 0。
3. 随着利率期货最后交易日的靠近，利率现货价格和利率期货价格会趋于一致。
4. 当基差为正数时，收益率曲线的斜率为正；当基差为负数时，收益率曲线的斜率为负。

选择题：
1. 欧洲美元是指（　　）。
   A. 存放于欧洲的美元存款　　　　B. 欧洲国家发行的一种美元债券
   C. 存放于美国以外的美元存款　　D. 美国在欧洲发行的美元债券
2. 利率期货交易中，价格指数与未来利率的关系是（　　）。
   A. 利率上涨时，期货价格上升　　B. 利率下降时，期货价格下降
   C. 利率上涨时，期货价格下降　　D. 不能确定
3. 利用预期利率上升，一个投资者很可能（　　）。
   A. 出售美国中长期国债期货　　　B. 在小麦期货中做多头
   C. 买入标准普尔指数期货合约　　D. 在美国中长期国债中做多头
4. 在期货交易中，基差是指（　　）。
   A. 期货价格与现货价格之差　　　B. 现货价格与期货价格之差
   C. 现货价格与预期价格之差　　　D. 期货价格与远期价格之差
5. 当期货合约愈临近交割日时，现货价格和期货价格渐趋缩小，即（　　）逐渐趋于零。
   A. 转换因子　　B. 基差　　C. 趋同　　D. Delta 中性
6. 基差＝计划进行套期保值资产的现货价格－所使用合约的（　　）价格。
   A. 远期　　B. 期货　　C. 期权　　D. 互换

简答题：
1. 利率期货的定义是什么？
2. 利率期货的主要交易规则有哪些？
3. 利率期货是如何报价的？为什么要这样报价？
4. 什么是交割月份？什么是挂牌月份？
5. 收益率与贴现率有何区别？其关系是怎样的？
6. 利率期货的理论计算公式是什么？
7. 什么是基差？如何计算？
8. 什么是利率期货的价格趋同现象？
9. 什么是收益率曲线？

10. 利率期货的理论价格与不同利率变化之间的关系如何？
11. 利率期货的主要市场功能有哪些？
12. 利率期货的交易策略有哪些？

第8章 债券期货

判断题：

1. 债券期货交易主要在期货交易所中进行，而债券远期交易则以柜台买卖的形式进行交易。
2. 久期越大，投资组合受利率变化的敏感度越小。
3. 如果投资者持有债券期货仓位，合约到期前没有进行对冲结算，那么就必须按照合约规定进行实物现券的交割结算。
4. 凡是票面利率>6%的可交割国库券，其转换因子>1；凡是票面利率<6%的可交割国库券，其转换因子<1。
5. 凡是票面利率<6%的可交割国库券，期限越长，其转换因子越大；凡是票面利率>6%的可交割国库券，期限越长，其转换因子越小。
6. 通过转换因子，能使得所有可交割债券的收益率完全等同于标准债券。

选择题：

1. 以下利率期货合约中，不采取指数形式报价方法的有（　　）。
   A. CME 的 3 月期短期国库券期货　　B. CME 的 3 月期欧洲美元定期存款期货
   C. LIFFE 的 3 月期英镑定期存款期货　　D. CBOT 的 2 年期国债
2. 在下列期货的交割或结算中，出现"卖方选择权"的是（　　）。
   A. 短期利率期货　　B. 债券期货
   C. 股价指数期货　　D. 外汇期货
3. 假设当前市场上长期国债期货的报价为 93－08，下列债券中交割最便宜的债券为（　　）。
   A. 债券市场报价 99－16，转换因子 1.0382
   B. 债券市场报价 118－16，转换因子 1.2408
   C. 债券市场报价 119－24，转换因子 1.2615
   D. 债券市场报价 143－16，转换因子 1.5188
4. 债券期货是指以（　　）为基础资产的期货合约。
   A. 短期国库券　　B. 中期国库券
   C. 长期国库券　　D. 中长期国库券

简答题：

1. 什么是债券期货？

2. 债券期货合约的基本要素有哪些？
3. 解释标准债券这一概念。
4. 什么是可交割债券？
5. 债券期货对冲结算的结算金如何计算？
6. 债券期货交割结算收取债券方的支付金额如何计算？
7. 债券期货交割结算支付债券方的收入金额如何计算？
8. 现券交割单价如何计算？
9. 举出债券期货卖方的两项选择权。
10. 什么是转换因子？
11. 何谓债券期货的发票金额？
12. 解释债券期货的最便宜可交割债券这一概念。
13. 债券期货的合理价格公式是什么？
14. 何谓隐含回购利率？
15. 套期保值所需要的债券期货的合约数量是如何确定的？

推导题：
1. 推导转换因子的计算公式。指出公式中每一项的含义。

$$CF = \left\{ \frac{r}{i} \times \frac{\left(1+\frac{i}{2}\right)^n - 1}{\left(1+\frac{i}{2}\right)^{\frac{m}{6}}} + \frac{100}{\left(1+\frac{i}{2}\right)^{\frac{m}{6}}} - r \times \frac{6-U}{12} \right\} \div 100$$

2. 推导债券期货价格 FP 的计算公式，并解释各个变量的含义。

计算题：
1. 某投资者，在 7 月份的某交易日，以价格为 97.75 美元的价格买入 9 月份到期的十年期美国中期债券期货，票面金额为 100 万美元。在该债券期货到期前，进行对冲平仓，以 99.50 美元的价格卖出同样数量的十年期美国中期债券期货标准债券。单笔交易的手续费为每张合约 0.80 美元。计算结算金。

2. 某投资者以 94.58 美元卖出 3 月份到期的某标准债券期货，面值为 1 000 万美元，到期时该标准债券结算价为 93.69 美元。用来交割的实物债券的转换因子为 1.060 271，票面年利率为 8%，债息支付日为每年 6 月 20 日和 12 月 20 日；单笔交易的手续费为每张合约 0.80 美元。免除交易税；计算该投资者所获得的收取金额。

3. 2015 年 9 月 10 日是某五年期美国中期债券期货的交割日，一种可交割债券的票面年利率为 8%，该可交割债券的到期日是 2018 年 6 月 10 日，可交割债券的转换因子为 0.997 4，付息日是每年的 6 月 10 日和 12 月 10 日。假设在最后交易日该债券期货的结算价为 95—32，计算其发票金额（一份合约）。

第9章 债券久期的基本概念

判断题：
1. 久期相等的资产对于利率波动的敏感性是一致的。
2. 麦考利久期是使用加权平均数的形式计算债券的平均到期时间。
3. 债券的价格的变化等于债券的修正久期乘以债券的价格再乘以市场利率的变化。
4. 附息债券本身是利率风险免疫的。
5. 只有债券具有久期，其他有未来现金流的资产没有久期。
6. 债券组合在其久期所指的未来时间点上的市场价值是免疫的，即不受市场利率变化的影响。

选择题：
1. 下面说法正确的是（　　）。
   A. 零息票债券本身是免疫的
   B. 有息债券是免疫的
   C. 一项资产组合受到免疫，是指其利率不变
   D. 债券资产的价值变动应与其息票收入再投资收益率同方向变动
2. 对久期的不正确理解是（　　）。
   A. 用以衡量债券持有者在收回本金之前，平均需要等待的时间
   B. 是对固定收益类证券价格相对易变性的一种量化估算
   C. 是指这样的一个时点，在这一时点之前的债券现金流总现值恰好与这一时点后的现金流总现值相等
   D. 与债券的息票高低有关，与债券到期期限无关
3. n年期限的附息债券的久期为（　　）。
   A. 大于n年　　　　B. 小于n年　　　　C. n年　　　　D. 都有可能

简答题：
1. 一般而言，债券的价格变化与利率变化之间的关系有何规律？
2. 麦考利久期的计算公式是什么？各个变量是何意义？
3. 久期与债券的到期期限以及息票支付额之间的关系如何？
4. 固定收益率证券资产组合的久期是如何计算的？
5. 什么是债券的风险免疫概念？

推导题：
1. 推导有关久期的关系式 $\dfrac{\Delta P_B}{P_B} = -\dfrac{D_M}{(1+i)} \Delta i$。

2. 推导债券的凸度计算公式,并解释各个变量的含义：$C_B = \dfrac{1}{P_B(1+i)^2} \sum^T \dfrac{t(t+1)C_t}{(1+i)^t}$。

3. 推导债券价格变化和久期及利率变化的关系公式。

计算题：

1. 债券组合包括三种不同的债券 A、B 和 C,市值分别为 280 万元,360 万元和 670 万元,各自的久期分别为 3.4 年,5.8 年和 4.5 年。问债券组合的久期是多少?

第 10 章 股票指数期货

判断题：

1. 股票指数期货合约是交易双方按照约定的股票指数价格在未来特定的时间进行股票指数交易的标准化的合约。
2. 股指期货的交易费用和股票的交易费用几乎相等。
3. 股指期货合约的交割和其他期货合约类似,既可以实物交割,也可以提前平仓离场。
4. 投资者不能通过购买多种特征的股票来分散系统风险。
5. 贝塔系数为 1 的证券,其价格统计地与市场的变化没有关系。
6. 股票投资组合的贝塔值,即组合中所有股票贝塔值的加权平均值,权重即为每个股票的资金比重。
7. 理论上讲,将资金分别投资于国债和股指期货,可以拟合出将资金全部投资于实际股票的效果。

选择题：

1. 如果你以 950 美元的价格购买一份标准普尔 500 指数期货合约,期货指数为 947 美元时卖出,则你将（ ）。

  A. 损失 1 500 美元　　　　　　　B. 获利 1 500 美元
  C. 损失 750 美元　　　　　　　　D. 获利 750 美元

2. 贝塔系数是统计学概念,可以作为一种评估证券（ ）的工具。

  A. 系统性风险　　　　　　　　　B. 非系统性风险
  C. 全部风险　　　　　　　　　　D. 向下风险

简答题：

1. 什么是股票指数?
2. 什么是股票指数期货的合约乘子?
3. 何谓股票市场的系统风险和非系统风险?
4. 什么是股票组合的贝塔系数?
5. 投资股票本身就是为了获取收益,获取收益必须承担相应的风险,为什么还要对股票组合进行保值?

6. 股票指数期货的主要市场功能有哪些?

7. 相对于股票现货交易,股票期货交易有哪些优势?

计算题:

1. 一位投资者在9月1日以20 650点的价格买了1份10月份到期的恒生指数期货合约。到交割日,恒生指数收在22 500点。如果不考虑交易费用,问该投资者的收益情况。

2. 一个机构投资者在香港股市投资了3种股票,假设当前时间为某年3月份,当前总市值为16 000万港元,每种股票的β系数如下表所示。该投资者认为未来半年内香港股市整体下跌可能性很大,但是,又不愿意现在就将手中的股票抛掉,为规避风险该投资者运用恒生指数期货进行套期保值。假设当前恒生指数为23 000点,9月份的恒生指数期货合约的指数点数为23 600点,合约乘子为50港元/点。问该投资者对自己的股票投资组合进行保值,要卖出多少份9月份的恒指期货合约?如果期货到期时恒生指数果然大幅下跌,变为20 000点,分析该投资者的保值效果。

股票资产组合

股 票	市场价值(万港元)	β系数(相对于恒指)
1	5 000	1.3
2	3 000	−0.9
3	8 000	0.4
合 计	16 000	

第11章 期权市场概述

判断题:

1. 期权又称选择权,当期权购买者支付给期权出售者一定的期权费用后,在特定的时间,期权购买者就拥有了以特定的价格交易某种一定资产的权利。

2. 期权和期货合约双方的权利和义务都是对等的。

3. 在金融期权交易中,期权购买者可在期权合约所规定的某一特定的时间,以事先确定的价格向期权卖方买进一定数量的某种金融商品或金融期货合约。

4. 期权购买方要求执行期权,期权卖方可以拒绝履行义务。

5. 期权费一旦支付,则不管期权购买者是否执行期权均不予退回。

6. 美式期权的买方只能够在合约规定的日期提出执行指令。

7. 看跌期权的多头方有权在某一确定时间以某一确定价格出售标的资产,但无履约义务。

8. 对于看跌期权来说，$X>S$ 时的看跌期权称为实值期权，$X=S$ 的看跌期权称为平价期权，把 $X<S$ 的看跌期权称为虚值期权。

9. 期权价值等于期权的内在价值减去时间价值。

10. 期权的内在价值是指立即执行期权合约时即可获得的收益。

11. 期权的时间价值是指在期权有效期内标的资产价格波动为期权持有者带来收益的可能性所隐含的价值。

12. 看涨期权的多头的损益与看涨期权的空头的损益之和为零。

选择题：

1. 对于期权买方来说，其收益及损失表达正确的是(　　)。
   A. 收益无限损失无限　　　　　　B. 收益有限损失无限
   C. 收益无限损失有限　　　　　　D. 收益有限损失无限

2. 期权的最大特征是(　　)。
   A. 风险和收益的对称性
   B. 期权的卖方有执行或放弃执行期权的选择权
   C. 风险和收益的不对称性
   D. 必须每日计算盈亏，到期之前会发生现金流动

3. 美式期权是指期权的执行时间(　　)。
   A. 只能在到期日
   B. 可以在到期日之前的任何时候
   C. 可以在到期日或到期日之前的任何时候
   D. 不能随意改变

4. 假定 IBM 公司的股价是每股 100 美元，一张 IBM 公司 4 月份看涨期权的执行价格为 100 美元，期权价格为 5 美元，忽略委托佣金，看涨期权的持有者将获得一笔利润，股价(　　)。
   A. 涨到 104 美元　　　　　　　　B. 跌到 90 美元
   C. 涨到 107 美元　　　　　　　　D. 跌到 96 美元

5. 下列工具中既能规避不利的风险，也能把有利的方面留下的是(　　)。
   A. 远期利率协议　　　　　　　　B. 金融期货
   C. 互换　　　　　　　　　　　　D. 期权

6. 欧式期权是指在(　　)执行的期权。
   A. 欧洲　　　　　　　　　　　　B. 欧洲以外
   C. 到期日　　　　　　　　　　　D. 到期日前任何时间

7. 影响期权价格的因素不包括(　　)。
   A. 股票价格　　　　　　　　　　B. 到期期限
   C. 波动率　　　　　　　　　　　D. 市场供求关系

简答题：

1. 期权合约的构成要素有哪些？

2. 期权与期货交易的主要区别有哪些？
3. 影响期权价格的主要因素有哪些？
4. 用图形表示持有看涨期权多头和股票空头的盈亏状况。
5. 举例说明如何用期权对现货市场进行套期保值。
6. 什么是看涨期权？
7. 美式期权和欧式期权有什么异同？

计算题：

1. 一名投资者用3美元买入一个股票欧式看跌期权。买入期权时股票价格为35美元，执行价格为30美元，在何种情况下投资者会获利？在何种情况下期权会被执行？

2. 假设一种执行价格为180美元的股票欧式看涨期权的价格为3美元，且该期权被持有到期。在何种情况下期权持有者可以赚取利润？何种情况下期权会被执行？用图形来表示期权多头方利润随期权到期日的股价变化情况。

第12章 期权的交易策略

判断题：

1. 看跌期权多头与标的资产多头的组合等于看涨期权多头。
2. 差价期权是指买入一个期权同时卖出另一个同一种类的期权。
3. 牛市差价期权，只能由看涨期权来构造，不能由看跌期权来构造。
4. 跨式期权组合是由同一标的资产的看涨和看跌期权组合，即在期权交易中同时购入或卖出涨、跌期权。
5. 购进看涨期权与购进股票的组合能实现风险规避的意图。

简答题：

1. 解释构造熊市差价期权的两种方法。
2. 对于投资者来说什么时候购买蝶式期权是合适的？
3. 在标的资产与期权的组合策略中，"保护"与"抵补"有什么区别？
4. 用表格说明执行价格为 K_1 和 K_2（$K_1<K_2$）的看跌期权所构成牛市差价期权的损益情况。

计算题：

1. 执行价格为50元的看涨期权的权利金为2元，执行价格为45元的看跌期权的价格是3元，解释用这两种期权如何构造宽跨式期权，并表示出其损益状态。

2. 假设执行价格为30美元和35美元的标的资产看跌期权的价格分别为4美元和7美元。怎样使用这两种期权构建牛市差价组合和熊市差价组合？用表格表示两个期权的盈亏。

第13章 期权定价模型

判断题：
1. 二叉树模型仅能为不支持股利的欧式股票看涨期权进行定价。
2. 在风险中性假定下，所有风险资产期望收益率大于无风险资产收益率。

选择题：
1. 假设一种不支付红利股票目前的市价为10元，我们知道在3个月后，该股票价格要么是11元，要么是9元，假设现在的无风险年利率等于10%，该股票3个月后的欧式看涨期权的协议价格为10.5元，则（　　）。
   A. 一单位股票多头与4单位该看涨期权空头构成无风险组合
   B. 一单位看涨期权空头与0.25单位股票空头构成了无风险组合
   C. 当前终值为9元的无风险证券多头和4单位看涨期权多头复制了股票多头
   D. 以上说法都对
2. 关于期权定价的模型主要有（　　）模型和布莱克—斯科尔斯模型两种。
   A. 二叉树 B. 资本资产定价
   C. 无套利定价 D. 资产组合

简答题：
1. 简述风险中性定价的假设。
2. 考虑这样一种情况，在某个欧式期权有效期内，标的资产价格运动可用两步二叉树图形来描述。解释为什么用股票和期权构建的头寸在期权的整个有效期内不可能一直是无风险的。

推导题：
1. 用资产组合复制定价法为单步看涨期权定价。

计算题：
1. 某股票现价为50元，6个月后将变为55元或45元，无风险年利率为10%，执行价格为50元，6个月后到期的欧式看跌期权的价格是多少？
2. 某股票现价为50美元，已知2个月后股价将变为53美元或48美元，无风险年利率为10%（按连续复利计），执行价格为49美元，2个月期的欧式看涨期权的价值为多少？
3. 某股票现价为100元，有连续两个时间步，单个时间步的步长为6个月，每个单步二叉树预期上涨10%，或下跌10%。无风险年利率为8%。其执行价格为100元的一年期欧式看涨期权的价格为多少？
4. 对于美式看跌期权，已知 $t=0$ 时，股票的价格为125美元，执行价格定为120美元，到期日为未来第5期末,每期利率为1%,$u=1.05$,$d=0.96$,求需提前执行的节点位置。

5. 假设某种不支付红利的股票的市价为50元,无风险年利率为10%,该股票的年波动率为30%,求该股票协议价格为50元,期限1年的欧式看跌期权价格。

6. 一种不支付红利股票目前的市价为10元,我们知道在3个月后,该股票价格要么是11元,要么是9元,假设现在的无风险利率等于10%,以该股票为标的资产的欧式看涨期权的执行价格为10.5元,求(1)股票的风险中性概率;(2)看涨期权的价值。

(已知 $e^{0.025}=1.0253$,$e^{0.05}=1.0513$,$e^{0.075}=1.0778$,$e^{0.1}=1.1052$)

第14章 互 换

判断题:

1. 利率互换和货币互换都需要交换本金。
2. 利率互换的信用风险很小。
3. 从商业银行经营的角度来分析,开展利率互换业务可以规避资本充足率的限制,扩大银行的经营规模。
4. 货币互换在期初和期末各有一次本金的交换。

选择题:

1. A公司可以10%的固定利率或者LIBOR+0.3%的浮动利率在金融市场上贷款,B公司可以以LIBOR+1.8%的浮动利率或者以X的固定利率在金融市场上贷款。因为A公司需要浮动利率,B公司需要固定利率,它们签署了一个互换协议,请问下面哪个X值是不可能的?(　　)

A. 11%　　　　　　B. 12%　　　　　　C. 12.5%　　　　　　D. 13%

2. (　　)本金本身并不交换。

A. 利率互换　　　　B. 货币互换　　　　C. 所有互换　　　　D. 没有互换

简答题:

1. 什么是互换?互换的功能是什么?什么是利率互换?
2. 利率互换中的基准利率指的是什么?
3. 为什么说利率互换是银行的表外业务?
4. 举例说明一家有固定利率债券资产的公司如何通过利率互换来承担浮动利率风险。
5. 举例说明一家浮动利率资产与浮动利率负债相抵的银行如何通过互换达到收入浮动利率而支付固定利率。
6. 举例说明一家固定利率资产与浮动利率负债相抵的银行如何通过互换达到规避利率风险的目的。
7. 什么是货币互换?什么是货币互换的基本形式?
8. 举例说明货币互换,例子要求体现银行作为中介,两家互换的公司具有相对优势的特征。

9. 为一家英国公司设计货币互换。该公司营业收入为英镑,有一笔固定利率的美元借款,财务主管预测美元将升值,英镑将贬值,英镑利率将下跌,设计的互换要求存在本金的初始互换。

10. 举例说明一家公司如何利用货币互换来为资产避险,公司营业收入为本币,有一笔固定利息的外币资产,预测外币将贬值,本币将升值,本币利率将下跌。

11. 什么是零息票债券利率?为什么互换利率是以附息债券利率为基准制定的?

推导题:

1. 对标准利率互换中的以固定利率支付利息,以浮动利率收取利息的一方的利率互换的估值公式进行推导。

计算题:

1. 举例说明固定利率与浮动利率的互换,例子要求体现相对优势的特点。

2. A公司和B公司如果要在金融市场上借入3年期本金为5 000万美元的贷款,需支付的年利率分别为:

	固定利率	浮动利率
A	12.0%	LIBOR+0.2%
B	13.4%	LIBOR+0.7%

A公司需要的是浮动利率贷款,B公司需要的是固定利率贷款。请设计一个利率互换,其中银行作为中介获得的报酬是0.1%的利差,而且要求互换对双方具有同样的吸引力。

3. X公司希望以固定利率借入美元。Y公司希望以固定利率借入日元。经即期汇率转换后,双方所需要的金额大体相等。经过税率调整后,两家公司可以得到的利率报价如表所示。

	日元(%)	美元(%)
X公司	4.0	9.6
Y公司	5.5	10.0

设计一个互换,银行作为中介,其收益率为50个基点,并使得该互换对双方有相同吸引力,在互换中要确保银行所承担所有的汇率风险。

参考文献

1. John D. Finnery, Financial Engineering in Corporation Finance: An overview, Financial Management, Vol.7(4), 1988.

2. Franco Modigliani and Merton H. Miller, The Cost of Capital, Corporation Finance and the Theory of Investment, *The American Economic Review*, Vol. 48, No. 3 Jun., 1958, pp. 261—297.

3. Irving Fisher, Theory of Interest (Reprints of economic classics) (Hardcover), Augustus M. Kelley Pubs, June 1956.

4. Harry Markowitz, Portfolio Selection, *The Journal of Finance*, Vol. 7, No. 1. (Mar., 1952), pp. 77—91.

5. Fama, Eugene F. (September/October 1965). "Random Walks In Stock Market Prices". *Financial Analysts Journal* 21 (5): pp.55—59.

6. Fischer Black and Myron Scholes, The Pricing of Options and Corporate Liabilities. *The Journal of Political Economy*, Vol. 81, No. 3 (May — Jun., 1973), pp. 637—654.

7. Ross, S.. The Arbitrage Theory of Capital Asset Pricing. *Journal of Economic Theory*. 13: 1976.341—360.

8. Darrell Duffie, Dynamic Asset Pricing Theory, Third Edition. Princeton University Press; 3 edition (November 1, 2001).

9. Lawrence Galitz, Financial Engineering: Tools and Techniques Manage Financial Risk, McGraw—Hill, 1th edition, Feb.1995.

10. Clifford W. Smith & Charles W. Smithson, The Handbook of Financial Engineering, Harper & Row, 1993.

11. Miller, Merton, and Franco Modigliani, Dividend Policy, Growth and The Valuation of Shares, Journal of Business, vol. 34, October 1961, pp. 411—433.

12. Joseph Stampfli, Victor Goodman, The Mathematics of Finance: Modeling and Hedging, American Mathematical Society, Apr. 2009.

13. John F. Marshall, Pratima Bansal, Financial Engineering: A Complete Guide to Financial Innovation, Prentice Hall Professional, Oct. 1991.

14. Neftci, Salih N., An introduction to the mathematics of financial derivatives. Academic Press, New York, 1996.

15. John C. HullOptions, Futures, and Other Derivatives, Prentice Hall(4th Edition), Jan. 2000.

16. Don M. Chance, An Introduction to Derivatives, Prentice Hall; 4 Har/Dsk edition, Jan. 2000.

17. Charles Errington, Financial Engineering, Palgrave MacMillan, 1st edition, 1994.

18. Fischer Black and Myron Scholes, The Valuation of Option Contracts and a Test of Market Efficiency, Journal of Finance, Vol.27 May. 1972) pp. 399—417.

19. Merton, R. C., Theory of Rational Option Price, Bell Journal of Economics and Management Science, 4 Spring 1973, pp.141—183.

20. Merton, R. C., On the pricing of corporate debt: the risk structure of interest rates, *Journal of Finance*, 29, 1974. pp.449—470.

21. [美]冯·诺伊曼,[美]摩根斯顿著,王文玉,王宇译:《博弈论与经济行为》,三联书店 2004 年版。

22. Frank J. Fabozzi, Franco Modigliani, Capital Markets: Institutions and Instruments (2nd Edition),(影印版)清华大学出版社 1998 年版。

23. 威廉·F. 夏普等,赵锡军,龙永红等译:《投资学》(第五版),中国人民大学出版社 1998 年版。

24. 宋逢明:《金融工程原理:无套利均衡分析》,清华大学出版社 1999 年版。

25. [美]约翰.马歇尔,维普尔.班赛尔著,宋逢明等译:《金融工程》,清华大学出版社 1998 年版。

26. [美]兹维.博迪,罗伯特·C.莫顿著,欧阳颖等译:《金融学》,中国人民大学出版社 2000 年版。

27. 中国证券业协会:《证券投资基金》,中国金融出版社 2012 年版。